本書はそんな時代に起きた戦慄・驚愕の35の事件を取り上げた1冊である。閉鎖的な村社会で孤立し住民の殺戮を図った者、惚れた芸妓の裏切りに狂気を爆発させた者、エリートによる金と女絡みの凶行、拷問に近い取り調べで犯人に仕立て上げられた冤罪事件、身勝手な復讐劇。それらは現代でも起きうる犯罪でも、やはり根底には時代の空気が色濃く反映され今の世とはまた違う独特の狂い方が確実にある。

記事本文には、現代では使わない差別用語や蔑称が頻出する。残酷な記述もふんだんにある。が、その言葉を用いなければ、事件の本質、時代のニュアンスが伝わらないと判断し、あえて当時の表現をそのまま使用している。あしからずご了承いただきたい。また巻末には、取り上げた事件当時の社会情勢がわかるよう年表を付記した。犯人、犯行の動機を知るうえでの参考にしてほしい。

鉄人ノンフィクション編集部

戦前の日本で起きた35の怖い事件｜目次

# 戦前の日本で起きた35の怖い事件

35 Scary Incidents in Prewar Japan

TETSUJINSYA

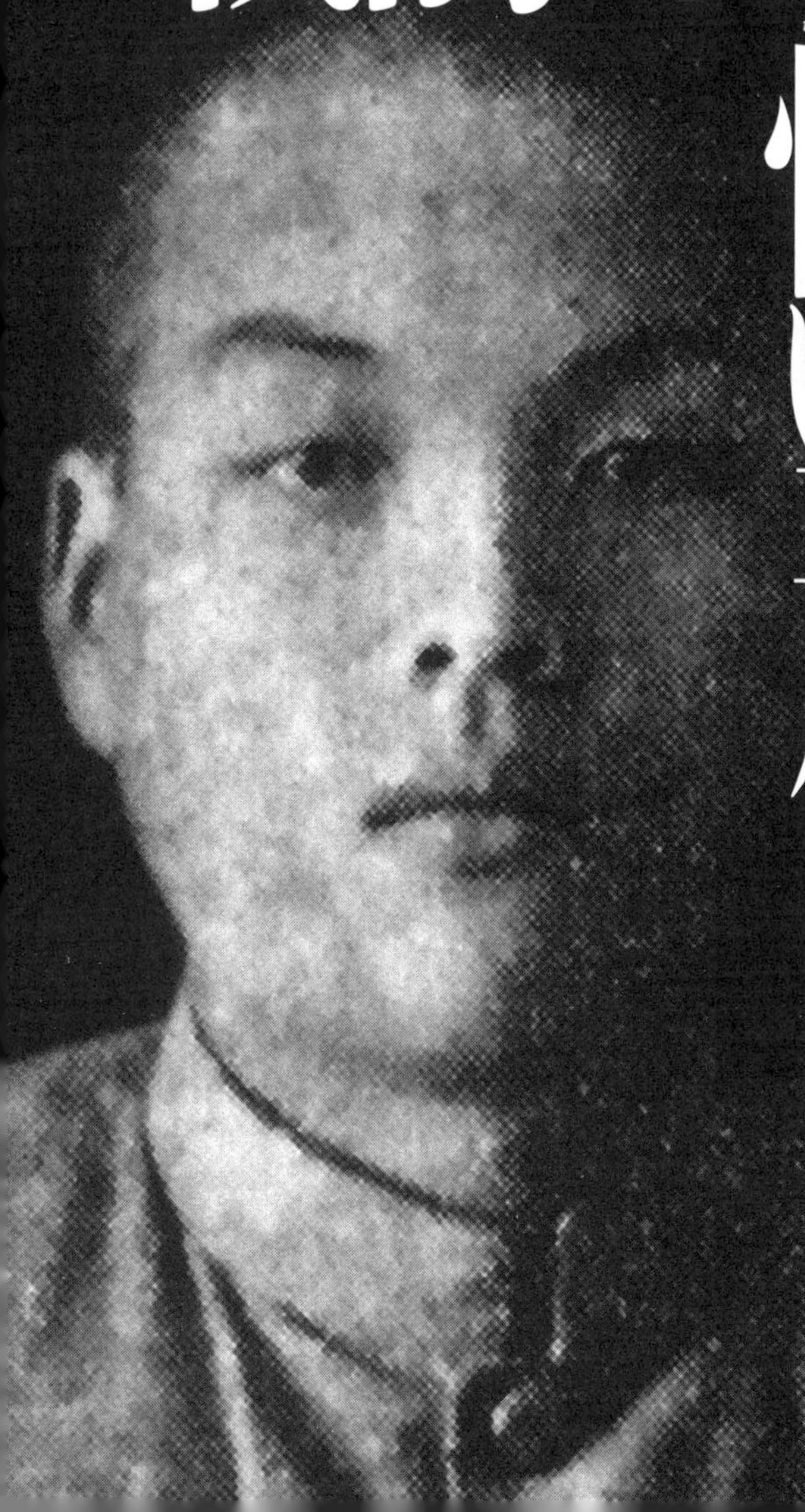

The Tsuyama massacre (津山事件, Tsuyama jiken) was a revenge spree killing that occurred on the night of 21 May 1938 in the rural village of Kamo close to Tsuyama in Okayama, Empire of Japan. Mutsuo Toi (都井睦雄, Toi Mutsuo), a 21-year-old man, killed 30 people.

鉄人ノンフィクション編集部

# 「昔はよかった」と言える昔はなかった

今から80年以上前、日本は無謀な戦争に突入した。欧米列強の支配からアジアの国を守り独立・繁栄を目指すという「大東亜共栄圏」を大義名分に近隣諸国を侵略した。その結果として、軍人に砲弾・病・飢餓が襲い、国中が空襲に遭い、広島・長崎に原爆投下の惨劇をもたらした。太平洋戦争の死者は軍人軍属、民間人合わせて約310万人。天皇陛下を神と奉り、悲劇への道を疾走した国の指導者の責任は極めて重い。戦後、日本は民主国家に生まれ変わった。勤勉な国民性は急速に経済を発展させ世界でも有数の先進国に上り詰めた。右傾化が懸念される昨今でも、多くの人々は平和を享受し自由を謳歌している。戦争は二度と起こしてはならない。あの時代に戻ることは決して許されない。

では、戦争前の日本はどんな社会だったのだろう。果たして、人々の暮らしは幸福だったのか。昔はよかった、と言える昔があったのだろうか。答えはノー。戦前の日本は極めて貧しく残酷だった。人権意識は低く、農村は生活に窮し、女性は卑しめられ、忌まわしき風習に縛られ、国家に逆らう主義主張を唱える者は弾圧され、要人テロが横行した。明治から大正、太平洋戦争が始まる昭和前半までの73年間、誤解を恐れずに言えば、日本は想像以上に野蛮で愚かな国だった。

本書掲載の情報は2023年5月時点のものです。

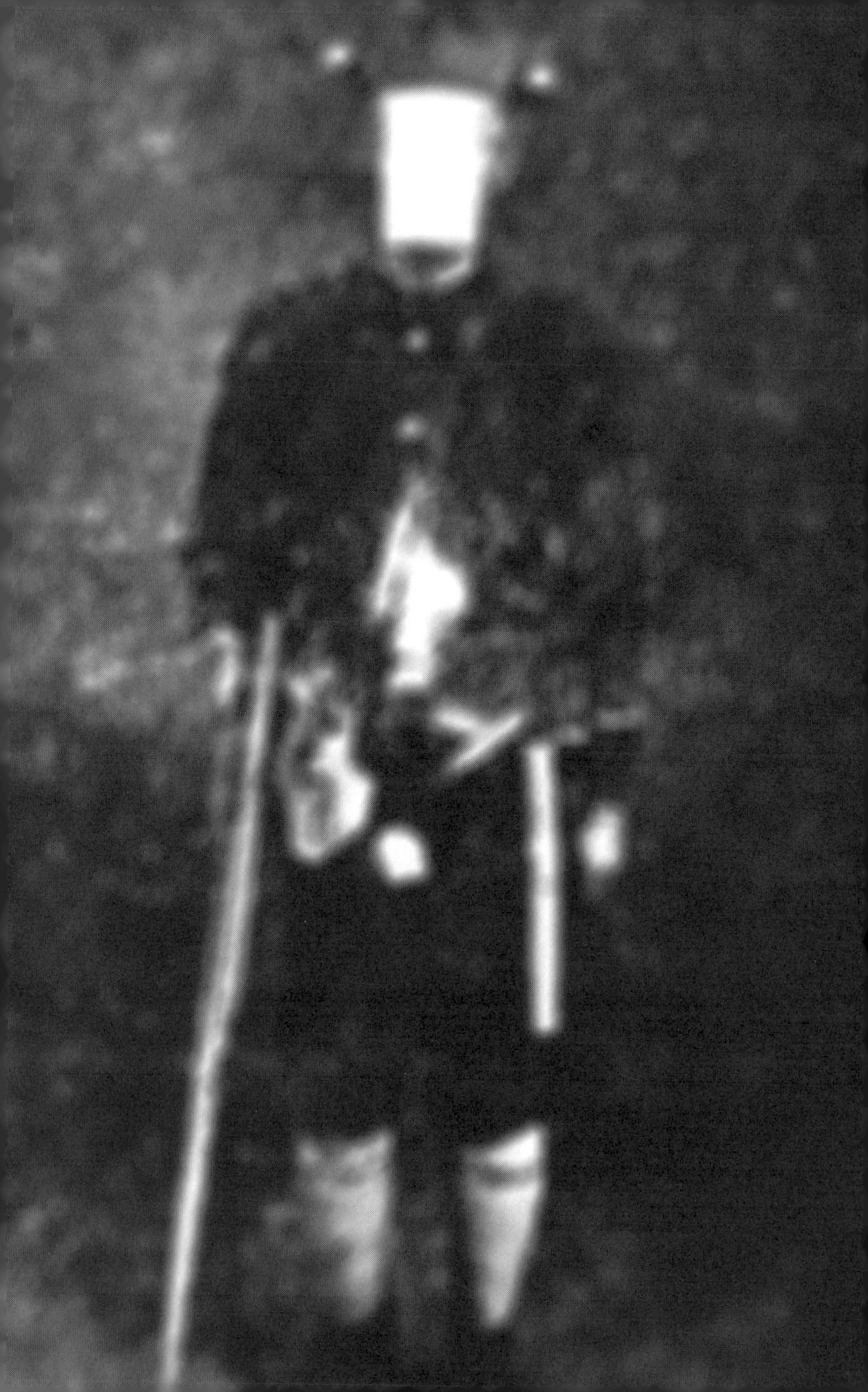

# 第1章 大量殺戮

# 河内十人斬り事件

## 金銭トラブルのあった家族、浮気した内縁の妻らを一晩で惨殺

「♪男持つなら熊太郎弥五郎、十人殺して名を残す」

大阪の伝統芸能である河内《かわち》音頭のスタンダードナンバーにして、大衆演劇の人気演目で、作家・町田康の小説『告白』の題材にもなった「河内十人斬り」。これは、1893年（明治26年）5月、大阪府南部で起きた残虐な大量殺人事件が基になっている。

事件の現場となったのは河内の国、石川郡赤阪村字水分（現在の大阪府南河内郡千早赤阪村水分《ちはやあかさかむらすいぶん》）。忠臣の誉れ高い楠正成《くすのきまさしげ》が誕生した場所で金剛山《こんごうさん》の千早《ちはや》の渓谷から水が清く流れ落ちる由緒ある土地である。

この村に城戸熊太郎《きどくまたろう》（事件当時36歳）という男が住んでいた。熊太郎は「飲む打つ買う」を地で行く男で、妻子がありながら、森本ぬい（同19歳）という女性と内縁関係にあった。

1892年（明治25年）11月、熊太郎は博打仲間である松永虎吉《まつながとらきち》（同23歳）を家に呼び、ぬいと3人で夜更けまで酒を飲んだ。虎吉はそのまま熊太郎の家に泊まり、酔った勢いでぬいと肉体関係を持つ。激怒した熊太郎は別れ話を切り出したが、ぬいの母とら（同44歳）に「おまえとぬいが一緒になるときに自分に毎月仕送りをする約束だったのに、全然仕送りをもらっていない。別れるなら払わなかった分を全部払ってから別れろ」となじられる。とはいえ、定職を持たない博打打ちの熊太郎に金の工面ができるはずもなく、そこで以前、金回りの良かった頃に虎吉の兄・熊次郎（同28歳）に貸していた23円50銭（現在の貨

**殺害と死を決意し、生前に自らが建立した**
**城戸熊太郎の墓（南河内郡の建水分《たけみくまり》神社）**

幣価値で約47万円）の返済を迫る。ところが、熊次郎は記憶にないと言い張ったうえ、子分に命じて熊太郎に殴る蹴るの暴行を働いた。松永一家に女を盗られた挙句、借金まで踏み倒されて半殺しにされた熊太郎の怒りは頂点に達し、舎弟の谷弥五郎《たにやごろう》（同26歳）に焚きつけられたこともあり犯行を決意するに至る。

弥五郎の家で養生しながら、「捨て身の覚悟」の証しとして自分の墓を用意したり、京都・奈良・大阪で日本刀や仕込み杖、猟銃を買い揃えるなど復讐の準備をすること半年。殺戮は１８９３年５月25日の深夜に決行される。熊太郎がこの日を選んだのは、郷土の誇りである楠正成が湊川《みなとがわ》の戦い（１３３３年）で壮絶な死を遂げたのと同じ日だったからだ。

嵐のような暴風雨が吹き荒れるなか、熊太郎と弥五郎は松永家の主、傳次郎《でんじろう》（同50歳）宅前でズドンと砲声を鳴らすと戸口を激しく叩いた。出てきた傳次郎は斬りつけられたものの、深手を負ったまま家の後ろの竹藪を潜って逃走。熊太郎らは家の中にいた傳次郎の妻たけ（同54歳）、三男の左五郎《さごろう》（同20歳）、三女するゑ（同13歳）を惨殺し、家に火を放つ。続いて、長男である熊次郎宅を襲い、慌てて家の近くの道路を越え逃げる熊次郎を麦畑まで追いかけズタズタに刺殺。家にいた熊次郎の妻りゑ（同26歳）、長子の久太郎（同5歳）、幸太郎（同3歳）、赤ん坊のはるえがむごたらしく斬殺《ざんさつ》された。

熊太郎と弥五郎は最後に、ぬいの家を訪れ、まずは母とらの背中を銃で撃ち殺害。このとき、ぬいは松永傳次郎宅が燃えていることを聞きつけ庭先に出ていたが、2人に見つかり切りつけられたうえ、最終的に納屋で頭を撃ち抜かれ死亡する。熊太郎の彼女に対する恨みは激しく、殺害後、ぬいの内蔵を引き出し、さらに顔の皮を剥いだという。家には、ぬいの妹うの（同15歳）居合わせていたが、逃げなかったらおまえも殺すぞと言われ、その足で警察に通報。熊太郎らは金剛山へ逃げ隠れた。ちなみに、ぬいと密通し、熊太郎の最重要ターゲットだった松永虎吉はこの日、宇治へ製茶の仕事に出かけており難を逃れている。

犯行翌日の5月26日、富田林《とんだばやし》警察署から警部・巡査、大阪地方裁判所から判事・検事、大阪府警部長が水分村に到着。当初、犯人は複数であること、そのうち1人が城戸熊太郎であること程度しか見当がついていなかったが、目撃者の証言などから谷弥五郎も犯行に加担していることがわかり、2人が逃亡したと思われる金剛山の捜索に着手。28日には阪南《はんなん》、東、堺の三警察署に非常招集を発令し、総勢147人が現地に集結し、探索エリアを16区に分け、それぞれに指揮官をおき犯人の行方を追った。

事件は村の内外に瞬く間に知れ渡り、誰が言いふらしたか、熊太郎は村中を焼き払って焦土にして一人残らず殺す、と噂が立ち村中は恐れおののいた。住民は家業を休んで昼間に寝て、夜は竹槍、鋤《すき》、鍬《くわ》など

事件を報じる新聞（1879年＝明治26年5月27日）

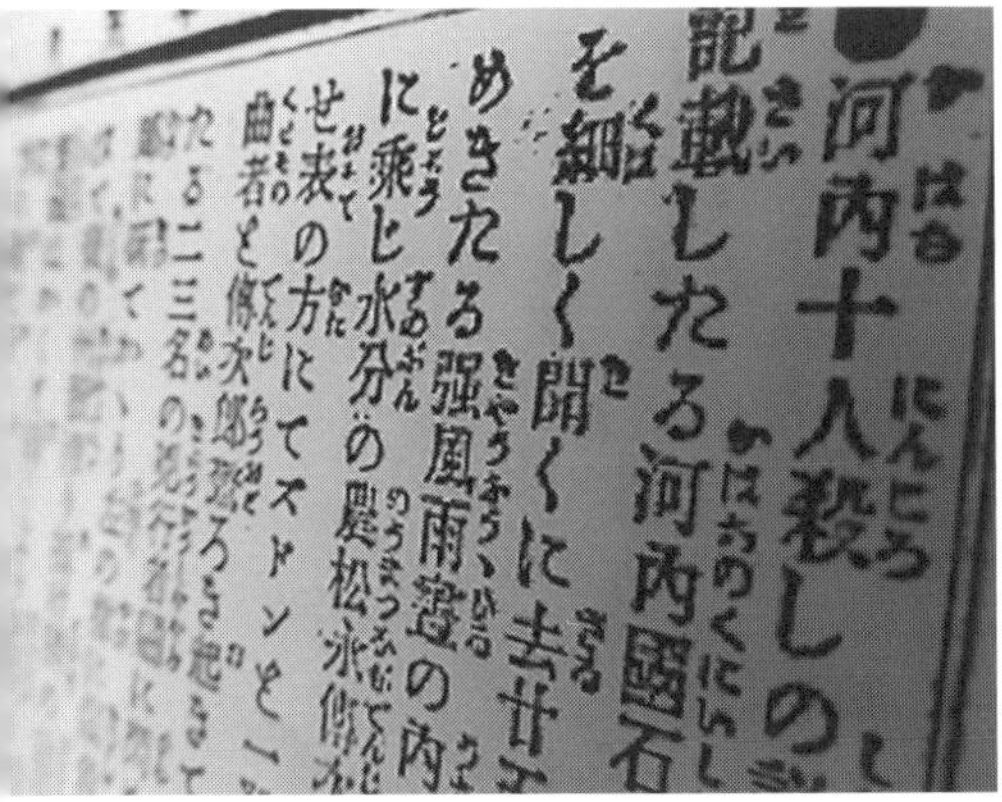


を持って村内を巡回。中には、老人や子供を他村の親戚に預ける者もいた。

一方、犯人の2人は食料を強奪しながら逃亡を続けていた。5月26日夜、二河原辺にいる親戚宅で粥《かゆ》を食べ、28日の夕方には金剛山中の二河原辺《にがらべ》字餅子坂《あざもちこざか》に現れた。2人はそこに居たきこりの男性に銃口を向けて逃げねば殺すと威嚇《いかく》。きこりが逃げて出張所に届け出たことで、中津原《なかつはら》・東坂《ひがしさか》・千早などから各村10人が竹槍を持って捜索したが見つからなかった。同日19時には林業を営む男性2人が寝泊まりしている山の中の木挽小屋《こびきごや》（木材製造職人の住まい）へ。このとき、熊太郎は普通の着物に羽織を着て短刀と村田銃を携帯、弥五郎は普段着の上に法被を着て仕込銃と短銃を携えていたそうだ。

熊太郎は男性2人に、警察が来たかどうかを尋ねた。実際、警察は前日の16時頃に木挽小屋を訪れていたが、2人がこの事実を隠したため、熊太郎らはここで一泊すると言い、男性らには我々が去るまで便所にも行くなと命令した。その夜、熊太郎は一睡もせず2人に語ったそうだ。警察は我々を発狂人のように云っているようだが可笑しいことだ。まだ恨みのある者が4、5人いる。旧暦9月ごろまで逃げてその間に宿志《しゅくし》を晴らして自首するか自殺する覚悟、人の手にかからぬつもりだ――。熊太郎は翌朝4時頃、小屋を後にした。

事件から7日目の5月31日、青木谷の地蔵堂近くを見張っていた巡査が、熊太郎・弥五郎が通りかかったのを見つけ取り押さえようとした。対し、熊太郎らは2発発砲して逃走、水分の徳赤《とくあか》という難所に身を潜める。警察はさらに捜索隊を増強し2人の行方を追ったが、彼らの足取りは掴めなかった。

村の内外で恐怖が拡大するなか、熊太郎の親は自害しようとも考えたが、熊太郎の異母弟がまだ17歳でその難儀を思うと死ぬこともできない。そこで、熊太郎が売り残した田地一反《いったん》あまりを松永傳次郎に送って謝罪。また、森本とら親子の仏事料として所有していた藪・畑地・山林を遺族に与え、さらに犠牲者の霊魂を慰め、熊太郎の懺悔を祈るために四国88ヶ所西国33ヶ所の霊場を巡礼する覚悟であると涙ながらに語った。

6月3日と4日、熊太郎の親族5人が総出で金剛山に入り捜索したものの成果はゼロ。6日になって大阪から165人の警官が送り込まれ、1隊3人、全部で50余隊が改めて捜索に乗り出したところ、7日15時頃、難波山《なんばさん》の杉の木に足をかけ仰向けに死んでいる熊太郎が発見された。そのすぐ左側に弥五郎の遺体。状況から察するに、熊太郎が弥五郎を背後から銃殺し、その後銃で自身の胸を撃って自殺したものと推察された。惨劇から2週間。事件は犯人の死によりようやく解決をみた。

大阪の片田舎で起きた大量殺人事件はその後、思わぬ展開を迎える。水分村の責任者に対して、大阪の大劇場や富田林の興行者など演劇関係者から事件を芝居にしたいと依頼が届き、朝日新聞からも『十人斬恨《ちょうこん》の刃《やいば》』という小説にしたい旨、申し出が舞い込んだのだ。

対し、富田林署の署長お抱えの人力車夫の初代・岩井梅吉《いわいうめきち》（本名・内田梅吉）が、捜査情報をもとに趣味であった河内音頭に歌詞をつけようと考えたものの、梅吉は文字を書けなかった。そこで彼の友人である松本吉三郎（現存する河内音頭の会である岩井会6代目・岩井梅吉の父親、現在は9代目）が河内音頭の平節に歌詞をつけ、事件から1ヶ月後の6月に、道頓堀の五座（朝日座、難波座、中座、弁天座、角座の5つ）の中の一つである中座で「河内音頭恨白鞘《うらみのしらさや》」を講演したところ、たちまち45日間も続く大ヒットとなる。当時、歌われていた音頭は義士ものや任侠ものが多かったが、岩井梅吉が歌った「河内十人斬り」は、実際に最近起きた出来事を題材にしていた（この手の音頭を「新聞《しんもん》詠《よ》み」と呼ぶ）ことから、世間には斬新と受け入れられたようだ。明治中期は義務教育も普及しておらず、大部分の民衆は文字を書くことはおろか、新聞も読むこともできなかったため、この事件の有様を河内音頭で知ることができたというわけだ。

　今や「河内十人斬り」は旧き大衆文化の人気演目の一つと位置づけられているが、そのベースとなった事件は極めて残虐なものである。

事件は多くの大衆文化に影響を与えた。上は芸人の河内家菊水丸が1991年にリリースし話題をとった「河内家菊水丸の真説・河内十人斬り」。下は事件をモチーフとした2005年の映画「修羅場の侠《おとこ》たち　伝説・河内十人斬り」

# 堀江六人斬り事件

## 嫉妬に狂った貸座敷の店主が身内を日本刀で斬殺

大阪市西区堀江《ほりえ》。多くのアパレルショップやカフェが立ち並ぶ大阪きってのおしゃれタウンだが、かつてここに遊郭《ゆうかく》があり、その花街を舞台に日本犯罪史上に名を刻む残忍な大量殺人事件が発生していたことはあまり知られていない。

時は1905年（明治38年）。日本は日露戦争の真っ只中で同年5月27日、日本の連合艦隊がロシアのバルティック艦隊を撃破し、国内が勝利の余韻に酔いしれていた。事件はその1ヶ月後の6月21日未明に起きる。大阪・北堀江にある貸座敷（芸妓《げいぎ》や遊女を呼んで飲食させる店）の「山梅楼《やまうめろう》」で、当主である中川萬次郎《なかがわまんじろう》（当時52歳）が、妻アイ（同27歳）の家族や下女《げじょ》たち6人を日本刀で切つけ殺傷したのだ。被害者はアイの母の座古谷《ざこたに》コマ（同54歳）、弟の安次郎（同20歳）と妹スミ（同14歳）、女中の中尾キヌ（同16歳）、山梅楼が抱えていた芸妓の梅吉《うめきち》こと杉本ヨネ（同20歳）と妻吉《つまきち》こと河内ヨネ（同18歳）は左腕を切り落とされる重傷を負いながらもなんとか一命は取り留めたが、他の5人は死亡という大惨事だった。当時の新聞報道によれば、1階の奥座敷では布団の上でコマ、スミ、キヌの3人がうつ伏せで倒れ、2階の10畳間では首をばっさり切られ皮一枚で繋がっている安次郎の遺体、その隣には妻吉の左腕が転がり、さらに3畳の間には布団をかぶったまま頸部を切りつけられ辺り一面血の海と化したなかに梅吉の遺体という、実におぞましい惨状だったそうだ。

なぜ、このような残酷な事件が起きたのか。原因は萬次郎の極端に嫉妬深い性格にあるとされる。彼は尾張国《おわりのくに》（愛知県）海東郡《かいとうぐん》福田村の生まれで（旧姓・犬飼《いぬがい》）、実家は尾張徳川家の家来筋。幼少期に犬山藩藩主・成瀬長門守《なるせながとのかみ》の家来、岩田家の養子となり同家の船手《ふなて》役を務めていたが、維新後に失業し、その後は帆船の船頭を生業としていた。そんな萬次郎が仕事で大阪に入港するたび足繁く宿泊していたのが山梅楼である。

山梅楼は江戸時代末期に中川タミという女性が開業した老舗の貸座敷だ。容貌に優れ口が達者な萬次郎は店に出入りするうちタミの養女の八重《やえ》と男女の関係となり、やがて中川家の婿養子に。1878年（明治20年）にタミが亡くなると、八重が家督《かとく》を継いだものの、店の実質的な支配権は萬次郎が掌握した。平穏な暮らしが数ヶ月続いた後、萬次郎は生来の女好きな顔を露骨に表に出すようになる。店の芸妓に次々と手を出した挙げ句、萬次郎を頼って名古屋か

犯人・中川萬次郎の似顔絵

# 堀江六人斬り事件

ら上阪した店の芸妓・お作《さく》と愛人関係を築き、そのことで八重と喧嘩が絶えなくなると、お作と北海道に駆け落ち。数年後には彼女を捨て、1人で大阪に舞い戻った。その間、八重は店の経営について知人の男性に相談しながら1人で山梅楼を切り盛りしていたが、帰阪した萬次郎は八重とその相談相手との仲を邪推し、八重に殴る蹴るの暴行を働いたうえ、裸同然で店から追い出し山梅楼を乗っ取る。

その後、大阪市西区にあった松島遊廓で芸妓をしていたスエ（同39歳）と出会い、内縁の妻として山梅楼に迎え入れる。ス

新聞に掲載された被害現場の見取り図

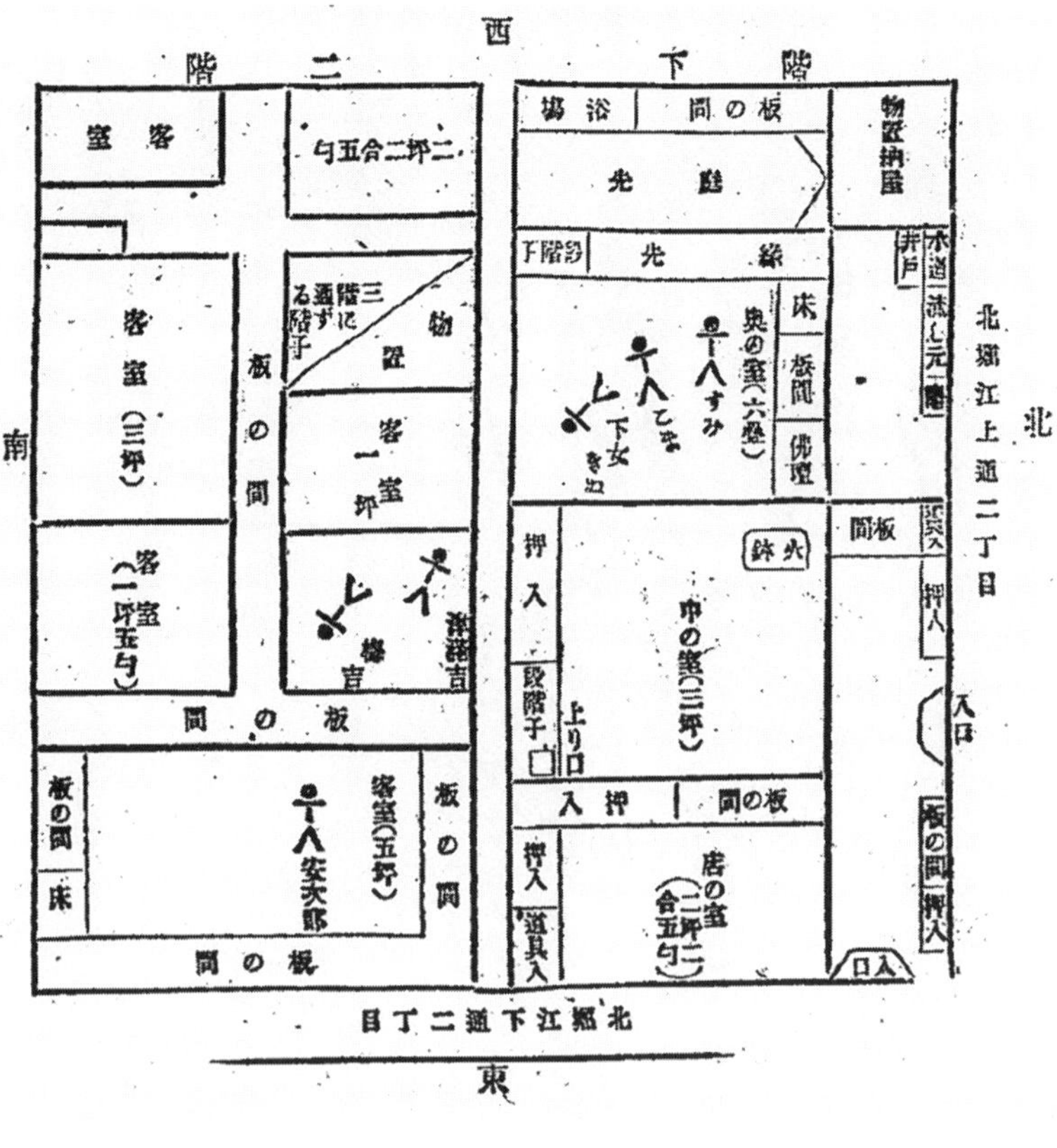

エには当時一緒に暮らしていた座古谷アイという姪《めい》がおり、彼女もスエと共に店で生活するようになったのだが、萬次郎はこのアイを大層気に入り小萬という名で座敷に上げる。やがて愛想が良く美貌の人気の芸妓となった二回りも下のアイに萬次郎は下心を抱き、しきりに彼女を口説く。しかし、アイは頑なに萬次郎を拒否した。受けいれれば叔母のスエを裏切ることになるからだ。が、結局は萬次郎は自分の思い通りに事を運ぶ。1895年（明治28年）9月のある日、スエとアイを連れ有馬温泉に行き、スエが1人で湯に入っている間、アイを奥座敷に連れ込み強引に犯してしまうのだ。彼女が18歳のときである。

その頃の日本は日清戦争で同年に結ばれた下関条約で台湾を手に入れ、一攫千金のチャンスを求め台湾に渡る者が数多くいた。萬次郎もその1人でアイに台湾行きを持ちかける。叔母スエを裏切った良心の呵責《かしゃく》に悩まされていたアイは、自分が傍からいなくなれば少しはスエの気持ちが晴れるだろうと、この申し出を了承。同年10月、2人は台湾に向かう。このとき、アイは台湾で一儲けできたら、京都で宿屋を営んでいいとの約束を萬次郎に取り付けていた。しかし、台湾滞在中に萬次郎の子供を身ごもってしまい、1897年（明治30年）に大阪へ戻ることに。宿屋の話も立ち消えとなったが、山梅楼に戻っては

萬次郎を狂わせた三番目の内妻、アイ

事件で両腕を失くした芸妓、妻吉

八重に合わせると顔がないと、アイは別の部屋で娘の初光《はつこ》を生み育てた。
そんな状況に萬次郎は八重の存在を邪魔に感じるようになり、根拠のない言いがかりをつける。養子として預かり山梅楼で働いていた萬次郎の兄の子供、明治郎と八重が男女の関係にあると非難、1901年（明治34年）、山梅楼から八重を追放し、アイを内縁の妻として呼び戻した。が、アイが萬次郎に愛情を示すことはなく、むしろ嫌悪感さえ抱いていた。当然、萬次郎が面白く思うはずはなく、アイへの執着は以前よりエスカレートし、彼女が反抗しようものなら、そのたびに暴力をふるい、無理やり詫び状を書かせた。さらにアイの行動に目を光らせ、山梅楼の常連客や、共に働く明治郎との仲を疑い、時に容赦のない虐待を働く。
そんな生活が数年続いた1905年4月のある日、萬次郎と口論になった明治郎（当時29歳）が外出したまま、山梅楼に戻らず姿をくらました。さらに翌月5月5日にはアイも「自分は尼寺に入るので娘の初光をくれぐれも頼む」との置き手紙を残し家を飛び出す。対し萬次郎は2人が駆け落ちしたに違いないと邪推し、彼らの行方をくまなく捜索。警察にも届けを出すほど嫉妬に怒り狂っていた。が、アイと明治郎の消息は杳《よう》として知れない。アイの気を引くため、彼女の母コマと、弟の安次郎と妹のスミを山梅楼に招き入れたものの、彼らも萬次郎を疎ましく思うばかり。やがて女将がいなくなった山梅楼は客足が遠のき、萬次郎は酒浸りの毎日を送る。そして考えるのだ。皆がグルになって2人を庇い自分をのけ者にしている。かくなるうえは皆を殺害するよりほかはない——。

6月19日夜、山梅楼には萬次郎、コマ、安次郎、スミ、キヌ、妻吉、梅吉、アイの娘・初光の8人がいた。梅雨時で連日の長雨に萬次郎は「気も鬱陶しくてたまらんから家内中で大散財を遣うでないか」と言い、近くの料理屋から西洋料理や日本料理を取り寄せ、一同に振る舞った。西洋料理は初めてという妻吉はフライとカツレツ、梅吉はライスカレーを注文したという。しかし、飲み騒いでいる間も萬次郎は「こんな晩にアイが居たらさぞ面白かろうに」と愚痴をこぼし、梅吉や妻吉らにからかわれていたそうだ。

宴会は午前3時頃にお開きとなり、一同がぐっすりと寝込んだ4時頃、萬次郎は行動に出る。タンスから刃渡り一尺八寸の日本刀を取り出し、まずは1階で寝ていたコマとスミを斬殺。次に2階で寝ている安次郎の首を切り落とし、隣で寝ていた妻吉が驚き声をあげるや彼女の左腕を一刀で切り落とし、右腕も深く切り込む。さらに「人殺し！」と絶叫する妻吉の口内に血刀を突き込み「よくも、わいの悪口をしゃべりおったな」と舌を切り裂き顎を削いた。

怪しい物音を聞いて駆けつけた梅吉は萬次郎の異様な姿を見て「兄はん堪忍してぇ」と泣きながら後ずさったが、顔と背中を切られ絶命。再び階下に降りた萬次郎は命乞いをするスミを容赦なく斬殺し、化粧室で寝ていたキヌには「オイ大変な用がある、起きろ起きろ」とコマの部屋へ引きずりこみ、後頭部を切りつけ殺害した。

その後、萬次郎は真新しい浴衣と袴に着替え、自殺を決意し刀で喉を突こうにも手が震え断念。人力車に乗って大阪西署に出頭する。すでに夜は明け、朝6時頃になっていた。

堀川監獄に収容された萬次郎は、一審で故殺罪《こさつざい》として無期徒刑《とけい》（懲役）を下されるも、大阪控訴院では謀殺罪とみなされ死刑判決を受ける。その後、大審院に上告したものの棄却され刑が確定。執行は1907年（明治40年）2月1日。享年53だった。

惨劇から生き残った妻吉は事件後、搬送先の病で院緊急手術を受けたものの両腕ともに切断となる。しかし、心までが壊れることなく退院した後も芸事に励み、双手《そうしゅ》なき芸妓として寄席の高座に立ち、客の人気を呼ぶ。その後、旅芸人として全国を巡っていた際に、巡業先の仙台でカナリアがヒナに口移しで餌を運ぶ姿を見て口筆《くちふで》を思いつき、独学で書画を始め、寄席の舞台から惜しまれながら引退。1912年（明治45年）、日本書画家の山口草平《やまぐちそうへい》と結婚し、同年に長男、1917年（大正6年）に長女を授かったもの

妻吉が1931年に出版した自叙伝を映画化した「実説　妻吉物語」のポスター

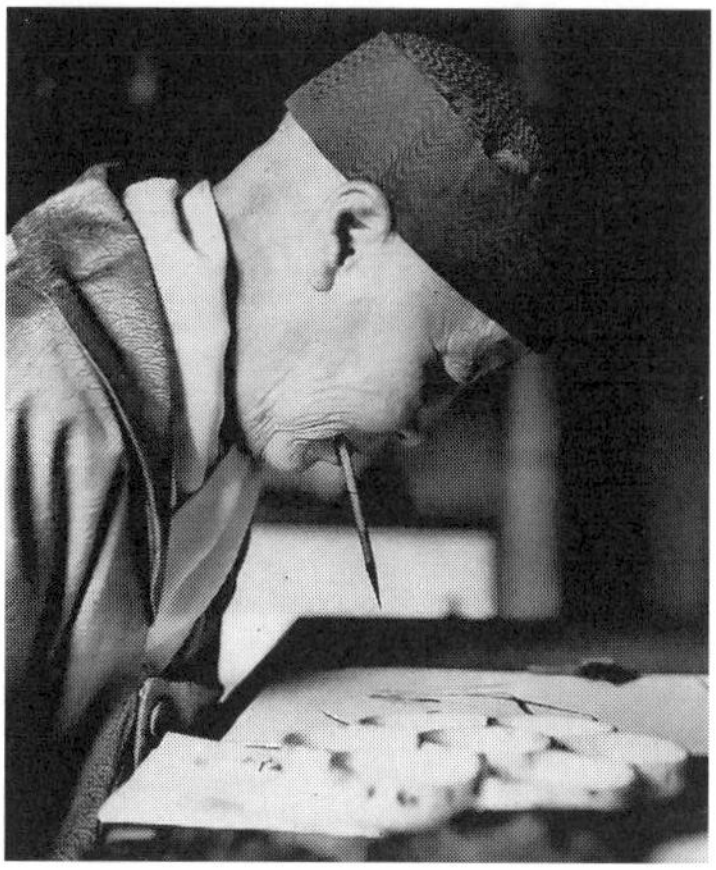

尼僧になった晩年の妻吉こと大石順教。口筆写経を極め日展にも入選を果たした

の、夫の不倫により１９２７年（昭和2年）に離婚し、以降、身体障害者の相談を始める。子供を抱えて東京・渋谷で更紗絵《さらさえ》を描いて生計を立てた後、１９３１（昭和6年）に自叙伝『堀江物語』を出版、映画化されて全国的な大反響を得ると同時に、大阪の高安《たかやす》に庵《いおり》を建て尼僧を志し、１９３３年に高野山金剛峯《こうやさんこんごうぶ》寺《じ》にて得度《とくど》、名を「順教《じゅんきょう》」と改める。以来、仏道の毎日を送る傍ら、１９３６年（昭和11年）に京都市山《やま》科《しな》の勧修寺《かじゅうじ》に移住し、身障者の相談所「自在会」を設立、自分と同じ立場の身体障害者の自立を支援する福祉活動に励み１９３７年には来日した視覚と聴覚の重複障害者であるヘレン・ケラーと対談している。１９５１年（昭和26年）に塔頭《たっちゅう》寺院・佛光院《ぶっこういん》を建立《こんりゅう》し、１９５５年（昭和30年）、口筆写経が日展に入選、晩年まで書画の道を全うした。心筋梗塞で死亡したのはヘレン・ケラーが亡くなったのと同じ年の１９６８年（昭和43年）４月。79年の波乱に満ちた人生だった。

一方、萬次郎の最初の内縁の妻である八重は山梅楼を追い出された後、自殺を図るも未遂に終わり、その後、貸座敷を経営したが、この頃から精神を病み巷では「堀江の狂人」と呼ばれるようになった。萬次郎の事件を聞いても「ちっともさしつかえおまへん」と言い捨て煙草を吸っていたという。また二番目の妻スエは後に山口県徳山市で再婚。事件の直接の原因ともなったアイは事件後に高塚で井戸に落ち事故死している。

# 大米龍雲尼僧連続強姦殺人事件

## 「殺尼魔」の異名をとった日本初のシリアルキラー

明治時代後半から大正時代初期、全国をまたにかけ尼僧を中心に強姦・強盗殺人を働いた僧侶がいる。大米龍雲《おおこめりゅううん》。一説には十数人を手にかけたとされる通称「殺尼魔《さつにま》」だ。日本初のシリアルキラーとも言える大米の犯行形態は鬼畜にも劣る残虐なものだった。

大米は1872年（明治5年）、東京・浅草の質屋で生まれた。本籍が定かではなく本名もよくわかっていないが、幼くして両親が亡くなり、7歳の頃に親類に財産を横領された挙げ句、大分県大分市の禅寺《ぜんでら》曹洞宗・龍昌寺《りゅうしょうじ》に預けられる。龍雲の法名は同寺の住職、大米龍元から授かった。

1890年（明治23年）、18歳のとき、父親代わりだった龍元が死亡。大米は寺を出て、熊本の柔道道場の内弟子となり三段を取得する。1894年（明治27年）に勃発した日清戦争に出兵した際、地雷に触れ負傷、鼻柱を失う（親の病気が原因という説もある）。このことについて、大米は後の予審（旧刑事訴訟法に定められていた、裁判を実施するかどうか判断するための審理）尋問調書で次のように供述している。

「私はご覧のとおり醜《みにく》い容姿でありますので、これまで女に好かれたことがなく、こちらで好いたらしく思いましても振り向きもされず、惚れた気持ちを打ち明けようものなら笑われるのが落ちでありとうとう四十を過ぎてしまったわけであります」

戦地から負傷送還された大米はその後、静岡県島田町の福仙寺《ふくせんじ》で住職に就くも、檀家《だんか》が少なかったことから22歳のとき寺の仕事に見切りをつけ詐欺や窃盗を重ねながら全国各地の寺を転々とする。黒染の衣を着た大米は行脚僧《あんぎゃそう》にしか見えず、どこの寺も疑うことなく宿を提供した。

最初の殺人は１９０５年（明治38年）１月。兵庫県尼崎市の真如庵《しんにょあん》に押し入り、当時72歳の老尼僧を殺害。24円（現在の貨幣価値で約48万円）を奪い逃走する。同年６月、島根県松江市の千寺院《せんじいん》で金を詐取しようとしたところ、住職に通報され逮捕。偽名を使っていたため先の殺人は露見しなかったものの、松江監獄に収監され６ヶ月の服役生活を送る。３年後の１９０８年（明治41年）12月、三重県桑名市で窃盗10件を働き、再逮捕。懲役４年の判決を受け、またも偽名で安濃津《あのつ》監獄に服役し、１９１３年（大正２年）１月に出所。以降、大米の犯行は大胆かつ残虐になっていく。

同年４月、神奈川県小田原市の尼寺、願修寺《かんしゅうじ》の66歳の尼僧が寺を改修する寄付金を集めていることを耳にした大米は、信者を装って寺に訪れ５円を寄付し信用させたうえで、泊めてもらったその夜に強姦。翌日、寄付してくれる資産家を紹介すると偽り尼僧を小田原の海岸に連れ出し、海に突き落とし殺害した。この犯行で得た現金20円、総額２００円（現在の約４００万円）の預金は全て神戸・福原遊郭で散財している。

同年夏、兵庫県川崎波止場で25、26歳の男性とケンカになり、相手を撲殺して福岡に高飛び。うどん屋を経営していた既婚女性の中山タマ（同40歳）と強引に関係を結び、翌１９１４年（大正３年）夏に共に上京し京橋の下駄屋に間借りした。妻がいれば部屋を借りやすく、目立ちにくいと考えての行動だったようだが、ここで大米は昼は仕事に出かけるふりをして窃盗を働き、夜は尼寺に押し入るという日々を送る。同年9月、京都・西七条の尼寺、正覚寺を襲い、悲鳴をあげた庵主の舌を引き抜いたうえ、金品を奪い逃走。庵主は出血が止まらず1週間後に死亡した。翌10月、多摩郡戸塚町（現在の東京都新宿区）諏訪の森地蔵堂に押し入り、72歳の尼僧を凌辱したうえ細紐で絞殺。金がなかったので、米3升と布団1枚を盗み大阪へ。しばらく住み着きひと稼ぎした後、東京に舞い戻り、今度は神田の洋服屋に間借りした。

翌年1915年（大正4年）1月には鎌倉の感応寺《かんのうじ》に押し入り、美人尼僧として評判の教道《きょうどう》（同21歳）を強姦・殺害し衣類数点を強奪。大米によれば、教道とは以前から情交関係にあったとのことで、後に犯行の模様を次のように語っている。

「（情交の後）お前は男好きの堕落尼僧なのだ、と私が云ってやりますと、教道はひどく腹を立てて生け花用の花バサミを持ってかかって来ましたから、私はハサミを取り返し、教道尼の喉を突いて殺したのでありますす。このとき、裾《すそ》が乱れて陰部が見えましたから、意趣を晴らすために陰部も突こうと思ったのですが、これは実行しませんでした」

同年5月、大阪府下三島郡の慈願寺《じがんじ》に押し入り、住職を殺害し金品を奪い、7月初めに再び上京。杉並村阿佐ヶ谷の尼寺、法仙庵《ほうせんあん》で69歳の尼僧を強姦したうえ、現金5円と衣類19点を強奪、逃走した。一命を取り留めた尼僧は犯人の風体《ふうてい》をしっかりと憶えており、証言によれば「年齢40歳前後。丈5勺2寸（約167センチ）ぐらいの色白の男で、鼻筋が欠けている」との特徴を持っていた。ちなみに2ヶ月前の同年5月頃、富山出身の前科三犯の46歳の男性が一連の尼僧殺しについて自供したとの報道がなされたが、これは完全な誤報である。男は警察の拷問による偽の自白を強いられており、大米の被害関係者による面通しでも「こんなに良い男じゃない」と否定されたそうだ。

神奈川県警と警視庁が競い合うように捜査を進めていくうち、法仙庵で奪われた衣類が芝霜月町《しばしつきまち》（現在の東京・麻布）の古着屋で発見される。売主は鼻筋の欠けた男で「松本四郎」と名乗っていた。その他にも被害に遭った全国の寺の住職やその関係者たちの証言から、鼻筋が欠けた男の情報が次々と浮上し、大米が人相写真をつけて全国に指名手配される。

8月、パナマ帽を被った松本四郎とみられる男が女と一緒に新橋駅から22時40分発の博多行き列車に乗ったという情報が同駅員から寄せられ、博多駅に狙いを絞った福岡警察に捜査員が同駅前で待ち構えた。と、15時過ぎ、荷車に荷物を積んだ松本らしき男と、その連れ合いの女性が駅に姿を現した。捜査員が「あんた、松本さん？」と声をかける。と、松本は「そうだが…」と答え身構えたところを、2人の捜査員が飛びかかり身柄を取り押さえた。大米龍雲、逮捕。このとき、一緒にいた内縁の妻も逮捕されたが、後の調べで彼女は大米に脅されるまま連れ回されていた被害女性と判明、ほどなく釈放されている。

その後、警視庁に移送された大米は取り調べに対し、法仙庵での窃盗については認めたものの、一連に尼僧殺しは頑なに犯行を否認した。しかし、警察が物的証拠を提示すると居直ったように口を開いた。

「こうなったら仕方ない。悪事は全部白状する。だが、そこら辺の小泥棒とは訳が違う。殺しと強盗だけで200はある。忍び込みと空き巣もその位はあるだろう。俺はそれほどの大泥棒だ。それを白状するの

# 大米龍雲尼僧連続強姦殺人事件

逮捕時の大米龍雲(右から2人目。1915年8月8日、博多駅にて。
大米の左が行動を共にしていた中山タマ)

だから警視庁の一番上役を連れて来てくれ」

その後の調べで強盗殺人3件、強盗強姦5件、強盗7件、窃盗9件の裏付けが取れた。が、大米の自供によれば実際に殺めた者は10人以上、強姦した相手にはドイツ人男性の24歳の愛人や神社の巫女《みこ》（51歳）も含まれていたという。

1916年（大正5年）5月22日、東京地裁は大米に対し死刑判決を言い渡す。裁判長が「最期に何か云うことはないか？」と問いただすと、大米は息巻いた。

「面倒臭えから、さっぱりやって貰いやしょうぜ。なあに、早く死刑になった方が、さっぱりしてようがさあ」

東京監獄（現在の新宿区富久町に所在）で絞首刑が執行されたのは1ヶ月後の6月26日。当時の看守によれば、処刑寸前も供物《くもつ》の饅頭とお茶を平らげ、さらには要求したタバコを美味しそうに吸い「永えこと吸わねえもんだから、畜生ッ、頭がクラクラしやがらア。さあ。やって貰はうか」と終始堂々とした態度だったという。そして、看守が目隠しをしようとした際には「止せやいッ。クタばっちまえばどうせ何も見えねえんだ」と宣《のたま》い、絞首台の露と消えていった。享年44だった。

# 小石川七人斬り事件

## 金品目的で、東京電力の営業所主任一家と作業員の計7人を撲殺

1915（大正4年）3月15日朝、東京府東京市小石川《こいしかわ》区表町（現在の東京都文京区小石川）にあった東京電燈（東京電力の前身）小石川出張所を用務員の男性が訪ねたところ、その日に限って表の戸が閉まっているのに気づいた。不審を感じつつ裏口から屋内に入ると異様な臭気が鼻を襲い、ますます不審感が増す。震える手で座敷と台所の間の障子を開け、不審は戦慄に変わる。6畳の座敷に男性作業員の須田胤蔵（当時28歳）、菅谷松之助（同28歳）、大野忠雄（同30歳）、吉野国衛（同21歳）の4人が血まみれで倒れていたのだ。通報を受けた警視庁富坂署の捜査員が現場に駆けつけ、須田の死亡、残る3人の重傷を確認したところで、階上から子供の泣き声が聞こえた。すぐさま階段を駆け上ると2階もまた血の海だった。同出張所の主任である奈木定行（同37歳）、妻のくま（同24歳）、定行の姪である山崎あい（同19歳）が頭から血を流し倒れていた。唯一無事だったのは、泣き声をあげた定行の長女くに（同4歳）で、彼女には何の被害もなかった。

現場検証の結果、土間に置かれた金庫をこじ開けようとした痕跡が見つかった。犯人の目的はこれを奪うことにあったと推察されたが、鉄製で堅固な金庫は破壊されることなく、そのまま放置されていた。また、殺傷や金庫の開錠に使用したとみられる手斧と玄能《げんのう》（打撃部分の片側が平らに、片側がわずかに凸状に膨らんでいる金槌）の2種類の凶器が現場に残されていた（指紋は検出されていない）ことから、犯人

は2人であることが判明。2階の窓ガラスを破り錠を外して屋内に侵入し、裏口から逃走した可能性が高いこともわかった。

一方、被害に遭った7人は明治病院に緊急搬送されたものの、作業員の須田と、定行の妻くまは即死。残る5人も瀕死の状態で時間の経過とともに次々に息を引き取ったが、作業員の菅谷が絶命寸前、なにやら言葉を発した。警察は必死だった。犯人の目撃証言を聞きたかったからだ。捜査員の必死の呼びかけに、菅谷が微かな声でつぶやく。「ヒ…ラ…タ」。そのまま事切れた菅谷の言葉に、警察は彼が最後に犯人の名前を口にしたものと思い込む。そして、ほどなく捜査線に出張所元所員の平田某が浮上し、厳しい取り調べが行われる。しかし、平田は奈木一家は知っているものの、犯行は頑なに否認。アリバイも完璧で身の潔白が証明される。では、菅谷が最後に発した言葉は何だったのか。謎は解明されなかった。

その後の調べで、犯行現場で見つかった凶器は、小石川上富坂にある中村商店で販売された可能性の高いことが判明する。店主によれば、14日夕刻に40歳ほどのインバネスコート（当時日本で流行した二重回しとも呼ばれるコート）を着た田舎っぽい男が訪れ、15銭の玄能と70銭の斤を買っていったという。現場の凶器と一致することから、警察はこの男が犯人の1人であるとの疑いを強め、田和由行（同42歳）を取り調べる。田和は惨劇のあった小石川出張所で生き残った作業員の義兄で前科があった。が、結果はシロ。さらに警察は奈木方で銀時計が盗まれていたことから、事件後に銀時計を質入れしていた魚商人の真起重左衛門（同34歳）と妻のすま（同30歳）、すまの兄である尾崎寅吉（年齢不明）を追及するも、彼らが質入れしていた銀時計は犯行現場から持ち去られたものとは別のものと判明。見込み捜査は完全な徒労と化す。

# 小石川七人斬り事件

犯人の大岩寅次郎（上）と香取彦次郎

事件から半年後の9月12日、警視庁は突如、最有力容疑者の身柄を確保した。犯行現場から持ち去られていた奈木定行所有の懐中時計を追っていた捜査員が東京市内でこれを発見。そこからたどり着いたのが強盗前科3犯で、事件前年の12月30日に宮城監獄を出所していた大岩寅次郎《おおいわとらじろう》（同39歳）だった。大岩は素直に犯行を自供する。事件は、監獄で知り合った香取彦次郎《かとりひこじろう》（同38歳）と2人で起こしたこと、香取が巣鴨にある東電出張所で作業員として働いていた関係で奈木宅に時折出入りし金がありそうだと目星を付けていたこと。凶行当日の夕方、富坂町の中村商店で凶器を買い求め、香取と共に犯行に及んだこと。この自供により香取も逮捕され、10月18日から東京地裁で公判が始まった。検察の陳述によると、2人は3月15日の午前1時頃、小石川出張所の便所の窓から入り、まず大岩が薪割で作業員2人の頭部を殴打、香取も続いて玄能で2人を殴打。さらに2階に上がって、奈木定行、妻のくま、山崎あいの3人も乱打した。その後、くまは、泣き出した子供に母乳を与え、定行は2人の後を追って階段を下りたが、ウンウンとうなりながら倒れたそうだ。薪割りや玄能で何度も金庫を殴ったがカンカンと音がするばかりで壊れなかったので止めたと話し、自首も考えたが2人で相談するうちに延び延びになったという。検事が被害の惨憺たる状況や被告らの獰猛な犯行から死刑を求刑すると、裁判長もこれを認め、同月22日に死刑を宣告。翌年1916年（大正5年）8月12日、2人の絞首刑が執行された。

# 吹上佐太郎連続少女強姦殺人事件

## 年上の女に弄ばれた男が、関東一円で10代の少女を凌辱・絞殺

大正時代、関東8都県で主に10代前半の少女を中心に少なくとも27人以上を強姦し、うち6人を殺害したシリアルキラーがいる。吹上佐太郎《ふきあげさたろう》。当時の新聞に「少女殺人鬼」「稀代の淫殺魔」「残虐性淫楽犯」などと称されたこの男の犯行は、極めて歪んだ少年期の体験が大きく影響している。

吹上は第4回パリ万博が開催された1889年（明治22年）2月、6人兄弟姉妹の長男として京都市西陣で生まれ育った。父親は西陣織の職人だったが、一家は貧しく住まいはボロボロの長屋。子供たちは常に空腹を抱えていたものの、父親は働くのが嫌いな怠惰な人間で毎日酒を飲み、暇を持て余しては子供たちの前で妻と性交していた。その姿を見ていた吹上も7歳の頃から妹の性器を弄り回していたそうだ。

金のない一家は吹上をわずか9歳で地元・西陣の工場に年季奉公に出す。が、ほどなく金を持ち逃げして解雇。その後は職を転々とし、機屋《はたや》に勤務する頃には11歳になっていた。食住は保証されていたものの1日18時間の激務。疲れて仕事中に居眠りすると、容赦のない暴力が飛んできた。特筆すべきは、ここで吹上が受けた性的虐待である。職場の同僚に17～18歳の女中が2人おり、彼女らに毎晩のように性の道具として弄ばれたのだ。この体験は吹上のトラウマとなり、後の残虐な犯行の要因の一つと化す。

女中らとの淫らな行為が発覚すると職場を解雇され、次の仕事先では5円を盗んだとして12歳で逮捕。京都監獄に収容されるが、監獄での暮らしは実家や丁稚奉公のときとは比べものにならないほど快適な

**稀代のシリアルキラー、吹上佐太郎**

ものだった。監獄の職員は吹上を親切に扱い、教誨師《きょうかいし》が小学校低学年程度の算数を丁寧に教えてくれた。こうして1年間ほどの監獄生活を送り釈放の後、すでに縁を切られていた実家に戻ることはできず、大阪の工場に勤務。真人間になるチャンスだった。しかし、前科がバレたことで解雇され、その後は野宿をしながら夜露をしのぎ泥棒集団に加入するも、すぐに無銭飲食で捕まり更生施設送りに。この施設はヤクザ者が管理しており、吹上はここでスリ、

# 吹上佐太郎連続少女強姦殺人事件

窃盗、レイプ、詐欺など犯罪者になるための教育を受け、もはや、人として真っ当な道は歩めないことを否が応でも知らされる。

退所後、京都に戻り窃盗容疑で懲役1年をくらい再び京都監獄へ。釈放されて以降は、泥棒を生業としながら、酒と女に溺れていく。それでも家族のことは気になり、16歳のとき西陣に戻ると、一家は離散して四国で物乞い生活を送っていた。吹上はそんな家族を不憫《ふびん》に思い、泥棒で稼いだ金と貯金で京都に家を借り、一家を住まわせる。

吹上が再び年上の女に弄ばれるのは17歳のとき。53歳の女性（女侠客《きょうかく》だったとされる）と関係を持ち、彼女の〝若いツバメ〟となるのだ。手当をもらいながら性交を強要されること1年。さすがに吹上も嫌気を覚え始めた頃、自分でも思わぬ欲望が芽生える。今まで年上の女性の性の道具にされてきたことの反動からか、逆に年下の少女に強い性的願望を抱くようになったのだ。

手始めに53歳女性の11歳の娘に手を出し、さらには近所の娘や女工を強姦。徴兵検査を受ける直前の1906年（明治39年）9月には、近所に住んでいて仲の良かった11歳の少女を性交目的で「金閣寺の裏山にイナゴを拾いに行こう」と誘い出す。が、山中で行為に及ぼうとしたところ少女が激しく抵抗したため少女を殴打。顔に傷を負わせたこともあり、このまま帰すと一大事になると考えた吹上は少女を強姦した後、タオルで首を絞めて殺害する。初めて人を殺めた吹上は逃走も考えたが、所持金がなく断念。53歳女性に全てを打ち明けたうえで、生糸の産地である群馬で名前を変えて人生をやり直すと別れを告げる。対し、女性は自分に飽きたものと怒り狂い警察に通報。あえなく逮捕され京都地裁で無期懲役の判決を受け大阪・三池監獄に収監となる。が、６年後の１９１２年（明治45年）７月30日に明治天皇が崩御、年号が大正となるとき恩赦が行われ、吹上は犯行時未成年だったこともあり懲役15年に減刑され、１９２２年（大正11年）３月、33歳で仮釈放となる。

仮釈放後はトンネル工事の作業員や、田舎回りの劇団員になったものの長続きせず、名古屋・横浜・東京と移動。この間、「木村道蔵」「早川義郎」「橋本利三郎」などと名前を偽り、多くの少女を強姦し続ける。東京では旅館に勤務していたとき女中と肉体関係を持ったことで解雇され、さらに会津若松・秋田・能代《のしろ》・宇都宮を経由して京都に戻った後に再び上京して米屋に就職した。が、勤務中に米屋の主人の娘を負傷させて逮捕。このときは吹上が反省しているとして実弟が保証人となったことで釈放されたが、吹上は実弟宅を飛び出して関東近県を転々とし、いよいよ凶行の幕を開ける。

１９２３年（大正13年）６月９日、群馬県利根郡沼田町（現在の沼田市）で12歳の少女を強姦・殺害し桑畑に死体を遺棄。２ヶ月後の８月16日、長野県小県郡県村《ちいさがたぐんあがたむら》（現在の東御市《とうみし》）で14歳の駄菓子屋の娘を桑畑で凌辱し絞殺。８月23日に群馬県小野上村《おのがみむら》（現在の渋川市《しぶかわし》）で11歳の少女、９月21日には千葉県金谷村《かなやむら》（現在の富津市《ふっつし》）で16歳の少女、さらに翌年１９２４年３月に埼玉県中川村（現在の秩父市）で16歳、４月に群馬県東村《あずまむら》（現在の伊勢崎市）で15歳を殺める。現在なら連日、メディアが騒ぐに違いない連続殺人事件である。が、当時、一連の犯行は世間でさほど話題にならなかった。というのも１９２３年９月１日に関東大震災が起きたことに加え、同年12月に義烈団《ぎれつだん》事件、翌年１月に虎ノ門事件という２つの大逆・不《ふ》

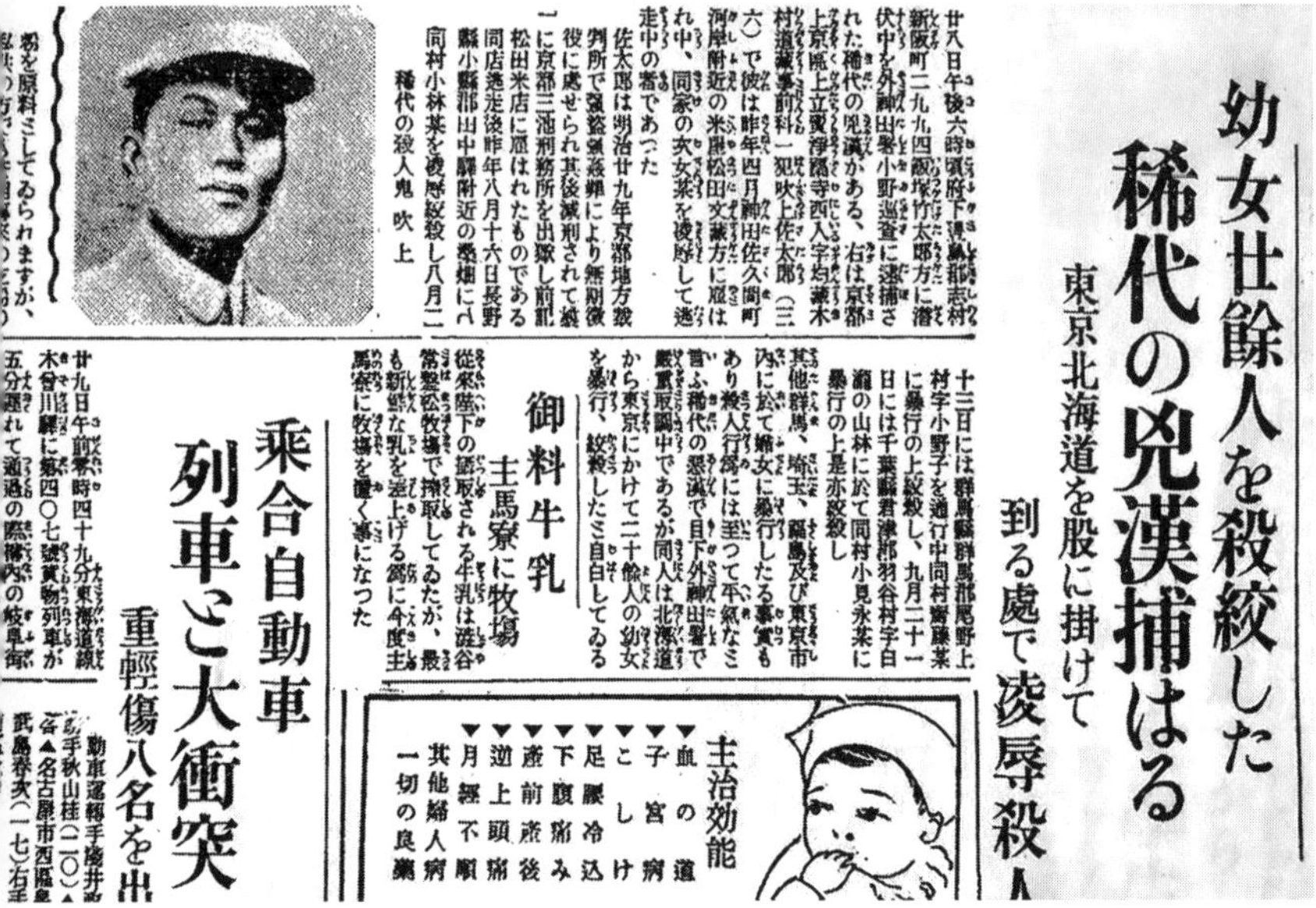

幼女廿餘人を殺絞した
稀代の兇漢捕はる
東京北海道を股に掛けて
到る處で凌辱殺人

廿八日午後六時頃府下北豊島郡志村新阪町二九九四飯塚竹太郎方に潜伏中を外神田署小野巡査に逮捕された稀代の兇漢がある、右は京都上京區上立賣淨福寺西入字均蔵木村道蔵事前科一犯吹上佐太郎（三六）で彼は昨年四月神田佐久間町河岸附近の米屋松田文蔵方に雇はれ中、同家の次女某を凌辱して逃走中の者であつた

佐太郎は明治廿九年京都地方裁判所で強盗強姦罪により無期徒役に處せられ其後減刑されて纔一に京都三池刑務所を出獄し前記松田米店に雇はれたものである同店逃走後昨年八月十六日長野縣小縣郡出中驛附近の桑畑にて同村小林某を凌辱絞殺し八月二十三日には群馬縣群馬郡尾野上村字小野子を通行中同村齋藤某に暴行の上絞殺し、九月二十一日には千葉縣君津郡羽谷村字白瀬の山林に於て同村小見永某に暴行の上是亦絞殺し其他群馬、埼玉、福島及び東京市内に於て婦女に暴行したる事實もあり殺人行爲には至つて平氣なさ言ふ稀代の惡漢で目下外神田署で嚴重取調中であるが同人は北海道から東京にかけて二十餘人の幼女を暴行、絞殺したと自白してゐる

稀代の殺人鬼 吹上

御料牛乳
主馬寮に牧場

從來陛下の御料に搾取される牛乳は澁谷常盤松牧場で搾取してゐたが、最も新鮮な乳を差上げる爲に今度主馬寮に牧場を置く事になつた

主治効能
▼血の道
▼子宮病
▼こしけ
▼足腰冷込
▼下腹痛み
▼産前産後
▼逆上頭痛
▼月經不順
▼其他婦人病
一切の良藥

乘合自動車
列車と大衝突
重輕傷八名を出

廿九日午前零時四十九分東海道線木曾川驛に第四〇七號貨物列車が五分遅れて通過の際構内の岐阜街

動車運轉手飯井
助手秋山桂（二〇）▲
谷▲名古屋市西區
武島春次（一七）右手

逮捕を報じる東京朝日新聞（1924年7月29日発行）

敬《けい》事件が発生、さらにその直後に皇太子（昭和天皇）の結婚の儀が執り行われるなどして、その狭間で起きた少女連続殺人には国民の関心が及ばなかったようだ。

しかし、吹上逮捕のときは来る。１９２４年4月24日、東京・神田で10歳の少女を連れ込み凌辱・負傷させたとして父親が警察に通報。少女の目撃証言などから犯人の行方を追っていた警視庁の刑事が3ヶ月後の7月28日、北豊島《きたとしま》郡《ぐん》志村《しむら》（現在の東京都板橋区）の民家に潜んでいた1人の男の身柄を確保する。男は木村道蔵と名乗っていたが、この人物こそが稀代の殺人鬼、吹上佐太郎だった。

外神田署の取り調べに素直に犯行を自供し勾留された吹上は、さらに少女連続強姦殺人への関与を追及され、これも自身の犯行と認める。実は、１９２４年4月に群馬県東村で発生した事件の際に犯人が残したと思われる俳句のような文章と、1923年7月に犯行を起こしたと疑われる人物が信州・御代田《みよた》（現在の長野県北佐久郡《きたさくぐん》）の花柳界で芸者と一緒に写った写真が関東一円の警察に配布されており、これを見た外神田察署の刑事が逮捕した吹上の顔と筆跡に酷似していることに気づいたのがきっかけだった。吹上左太郎の名前も、警察はこのとき初めて把握した。

警視庁の取り調べに対し、吹上は「18人～19人はやっつけました」と豪語し、殺すか殺さないの境界線は相手が自分の言うままに楽しませてくれるかどうかで、素直に体を提供すれば「生き別れ」、抵抗した者は「死に別れ」と独特の表現で自身の犯行を説明した。

その後、吹上の身柄は群馬県警前橋署に移される。ここでも不敵な態度は変わらず、「どうせ死刑に決まっているので、ただこれからの念願は志那人や外国人

群馬県前橋署に移送・起訴された吹上の様子を報じる上毛新聞（1924年8月11日発行）

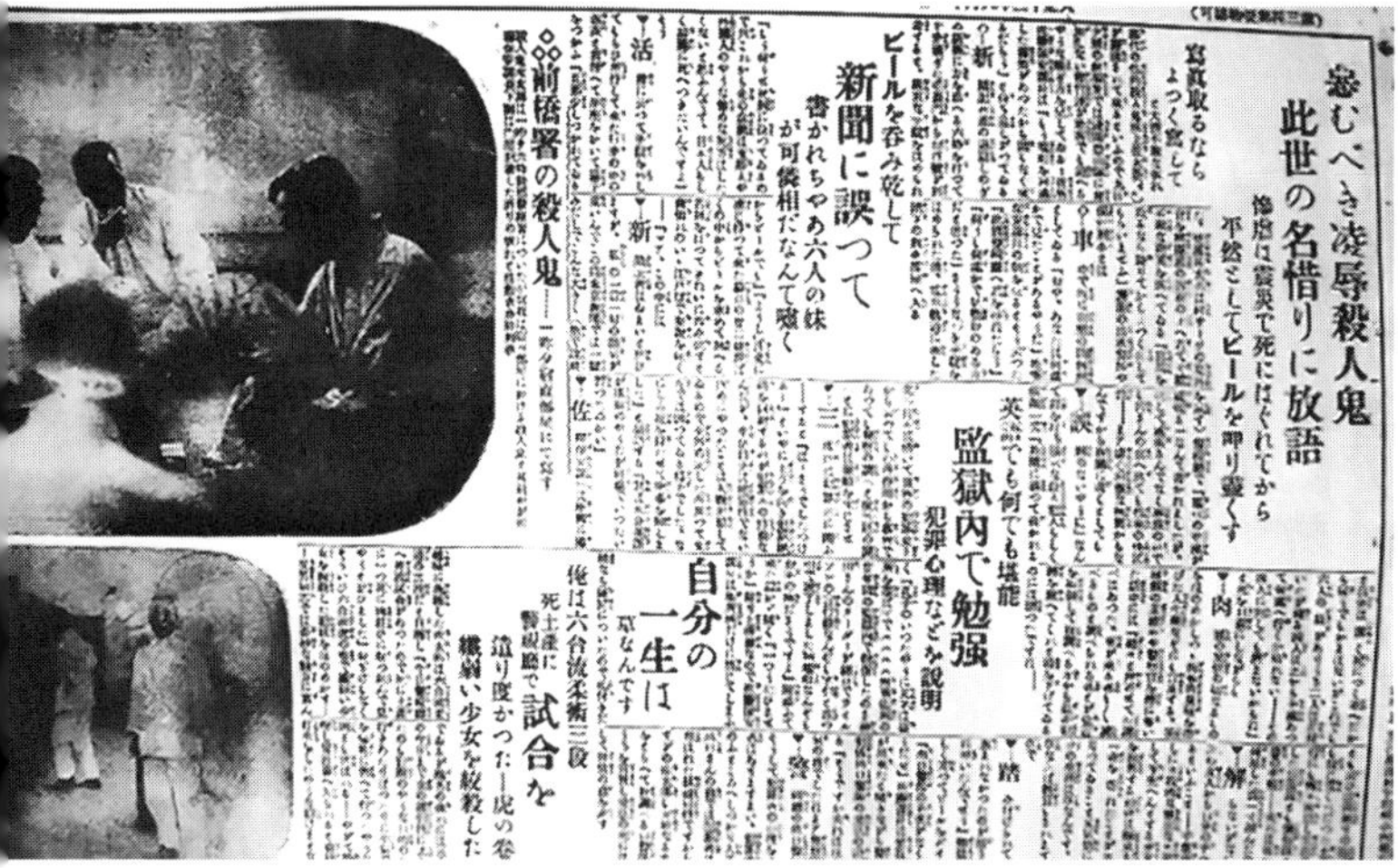
忌むべき凌辱殺人鬼
此世の名借りに放語
平然としてビールを呷り…
写真取るなら よっく写して
ビールを呑み乾して
新聞に誤って
書かれちゃあ六人の妹が可愛相だなんて…
英語でも何でも堪能
監獄内で勉強
犯罪心理など説明
自分の一生は 草なんです
俺は六合流柔術三段
試合を
前橋署の殺人鬼

のようなみじめな死に方はしたくない。日本人らしくきれいに死につきたい」と述べた後、所持してきた行李《こうり》の中の浴衣に着替え、あぐらをかき「少し疲れているから」と注文したビールを美味そうに飲み干したそうだ。

1924年8月9日、吹上は少女27人（10～15歳未満16人、15歳以上11人）に暴行を働き、うち6人（15歳未満4人、15歳以上2人）を絞殺したとして前橋地裁に起訴され、予審に付される。判事はこのうち、群馬県の2件と長野県の1件だけ公判にかけることを表明。対し、吹上は「さて物足りん。歯がゆい。強姦殺人6件全てを公判に付されてこそ安心して死につけるというものだ」と不平を漏らしたが、1925年に始まった公判では一転して犯行を否認。官選弁護人が自伝を執筆するよう勧めると、これに没頭する。判決は同年5月7日。裁判長は「すでに犯証は明らかである」として検察の求刑どおり死刑を宣告する。

吹上は判決を不服として控訴、審理の場は東京控訴院に移される。吹上はなお否認を続けていたが、審理が進み裁判長が膨大な証拠資料の読み上げを「一審で十分」と省略しようとしたところ、「全て読み上げてください」と要求、仕方なく裁判長が改めて読み上げを行うと、その途中で「もう結構です。裁判長さん、では本当のことを申し上げましょうか」と、ここにきてようやく起訴事実を全て認めた。

1926年4月17日の公判で検察が「異常な性癖で、犯行は身勝手」として死刑を求刑すると、吹上は立ち上がり次のように反論した。

「ただいま検事さんは性癖という言葉を使われたが、性癖と言われると、私が後天的に悪い性質を自分で育成したようで語弊がある。私のこの性欲は先天的に母親の母体にあるとき養成されたのですから、性癖という言葉を先天的とか遺伝的とかいう言葉に訂正されたい」

もちろん、この申し出が受け入れられることはなく、その後、裁判長の「何か最後に言いたいことはないか」という求めに対し、以下のとおり述べる。

「私が（1908年の犯行を含む）7人の少女を殺し、多数の少女を辱《はずかし》めたということは、いわば二重人格の獣性にしからしめたことだ。私にそんなことをさせたのは環境がさせたのだ。私の父母は無教育で、私に一向教育を受けさせてくれず、陰鬱な家庭がやがて私をつくりあげたのです」

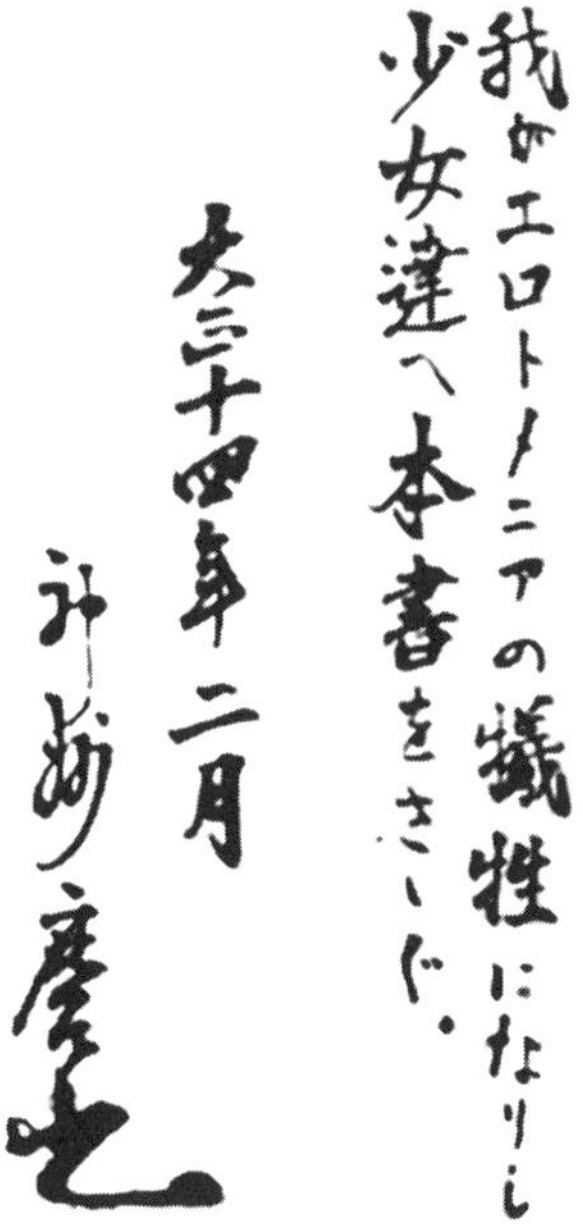
我がエロトマニアの犠牲になりし
少女達へ本書をさゝぐ。
大正十四年二月
小学校もろくに出ながった吹上が獄中で字を覚え著した自叙伝の題字

同年4月24日、控訴は棄却され再び死刑判決。吹上は自叙伝完成の時間を稼ぐために上告したが7月2日に棄却され刑が確定。自叙伝の懺悔録《ざんげろく》『娑婆《しゃば》』の第1部が世に出た直後の9月28日、市谷刑務所で絞首刑に処された（享年36）。執行前、吹上は悠々と仏前の供物を食べお茶を飲み、しばし黙祷した後、立ち合いの検事に「やはり多くの霊に対して私は死ななければならない」と語ったそうだ。辞世の句は「左用なら　一足先へ　死出の旅」だった。

# 津山三十人殺し

## 村八分に遭い怨恨を募らせた21歳の青年が起こした惨劇

１９３８年（昭和13年）５月21日未明、岡山県苫田郡西加茂村大字行重《とまたぐんにしかもむらおおあざゆきしげ》（現在の津山市加茂町行重）の貝尾《かいお》・坂元《さかもと》集落で、当時21歳の青年・都井睦雄《といむつお》がわずか２時間足らずの間に村民28人を虐殺、５人に重軽傷を負わす（うち２人が半日以内に死亡）前代未聞の事件が起きた。後に横溝正史の小説『八つ墓村』や西村寿行の『丑三《うしみ》つの村』の題材となり（後に両作とも映画化）、２０１９年（令和元年）７月に京都アニメーション放火殺人事件で36人が死亡するまで、日本国内では単独犯による殺害人数としては最多記録を数えた惨劇である。事件後、山中で自殺を遂げた都井の犯行動機は戦前の田舎ならではの風習や差別に対する私怨だった。

都井は１９１７年（大正６年）３月、前記の加茂村大字倉見《くらみ》に生まれた。２歳の頃に父親、３歳の頃に母親を共に肺結核で亡くし、それ以降は祖母のいねが後見人となり、姉と一緒に加茂の中心部である塔中《たっちゅう》へ引っ越し、６歳の頃、祖母の生まれ故郷の貝尾集落に転居する。自身も病弱な体を持って生まれ、祖父、父、母が連続して肺結核で他界したことで、都井の一家は結核に罹患《りかん》しやすい家系を指す「ロウガイスジ」と蔑視され、都井の父親も事件の起きた貝尾集落のさらに奥地にある倉見集落の地主だったにもかかわらず「ロウガイスジ」として親戚に財産を奪われたという。

**犯人の都井睦雄。小学校時代は学業優秀だったが、病弱で徴兵検査に落ちたことから人生の歯車が狂っていった**

都井は尋常高等小学校を卒業直後に肋膜炎《ろくまくえん》を患って医師から農作業を禁止され、無為な生活を送っていた。病状はすぐに快方に向かい、実業補習学校に入学したが、姉が結婚した頃から徐々に学業を嫌い、家に引きこもり、同年代の人間と関わることはなくなった。なお、事件後に岡山地裁検事局からの照会により西賀茂尋常高等小学校長が回答した1939年（昭和14年）4月19日付「被疑者学業成績性行等回答書」によれば、都井の学業成績は尋常科及び高等科の計8年間を通じ、体育科目も含めて全科目において10段階中全て8以上であった。また同回答書中の「性質素行」欄には「勤勉親切ヨク命ヲ守リヰタリ」「正直ニシテ約束ヲ守リ礼儀ヲ重ンジ緻密ナリ」などと記載されている

1937年（昭和12年）5月、20歳のとき徴兵検査を受け、結核を理由に丙種合格。これは体格、健康状態ともに劣る者で、身体頑健で体格が標準的な者に与えられる甲種合格より下、早い話が不合格だった。その頃から都井は村にあった「夜這い」の風習によって、集落の多くの女性と関係を持っていたとされるが、丙種合格や「ロウガイスジ」を理由に女

性たちは彼との性行為を拒絶するようになる。当時の女性たちの間では、甲種合格で徴兵される男性がもてはやされる風潮があり、さらに肺結核は不治の病で感染力も強い疾患という差別意識が根強くあったからだ。女性のみならず、村全体から距離を置かれるようになった都井は心ない風評に深く傷つき、社会への憎悪を募らせていく。

ただ、結核への差別はともかく、夜這いが事件の一因とする見方には異を唱える意見もある。2008年（平成い20年）発売の『週刊朝日』に掲載された事件当時の生存者の証言によれば、そもそも都井が複数の女性と関係があったこと自体が本人の妄想で、犯行の直接的な動機は彼が一方的な好意を抱いていた同級生の寺井ゆり子（事件当時22歳）という女性に夜這いを拒まれ失恋したことにあったのだという。また、後に匿名のインタビューに応じた90代の男性は、夜這い文化そのものの存在を否定している。

都井がどの時点で犯行を決意したのかは定かではない。が、事件より2年前の1936年（昭和11年）5月、阿部定事件（本書189ページ参照）が発生した際、自宅で鬱屈とした生活を送っていた都井は、世間を震撼させたこの事件を新聞で知り「阿部定は好き勝手なことをやって日本中の話題になった。どうせ死ぬなら、負けんようなほど、えらいことをやって死にたいもんじゃ」と友人に話していたという。

凶行の準備は1937年から始まった。狩猟免許を取得して津山で2連発散弾銃を購入。翌1938年にはそれを神戸で下取りに出し、猛獣用の12番口5連発の散弾銃であるブローニング・オート5を購入した。その後は毎日山にこもって射撃練習に励むようになり、村の中も猟銃を手に徘徊して住民を不安に陥れる。また、この頃から決行に備え自宅や土地を担保に借金をしていた。しかし、都井が祖母の病気治療目的で味噌汁に薬を入れているところを祖母本人に目撃され、そのことで「孫に毒殺される」と大騒ぎして警察に訴えられたために家宅捜索を受ける。結果、猟銃一式の他、日本刀・短刀・匕首《あいくち》などを押収され、猟銃所持許可も取り消されてしまう。ちなみに、都井が後に近隣住民に語ったところによれば、祖母に飲ませた薬は、自分も常用していた胃腸薬の「わかもと」だったという。

いずれにせよ、この一件で都井は全ての凶器類を失ったが、知人を通じた猟銃や弾薬の購入、刀剣愛好家からの日本刀の譲り受けなどによって再び凶器類を揃える。そして、事件の数日前から数名に宛てた長文の遺書を執筆。3歳上の姉に対しては「姉さん、早く病気を治してください。この世で強く生きてください」と書かれていた。一説によると、都井はこの姉に特別な感情を抱いていたとされる。なんでも、高等小学校に在籍していた頃、1学年下の女子が好きになり精密に描かれた彼女の肖像画を送り、「あなたが好きです」と告白したのだが、その肖像画が姉そっくりだったそうだ。こうした姉へのこだわりが、大人になった都井の女性に対する強い執着心を生み出したとも言われるが、真相は不明である。

大阪朝日新聞 號外
昭和十三年五月廿二日
戰慄の卅人殺し
重傷者寺元たまも遂に死亡
哀愁深き惨劇の村
周到を極めた犯行の足取
取調べの結果續く判明
性格一變

事件の一報を伝える大阪朝日新聞の号外

遺書を残すと同時に、都井は自転車で隣町の加茂町駐在所(当時、巡査は出征で欠員中だった)まで走り、難を逃れた住民が救援を求めるのに必要な時間を把握するなど犯行に向

犠牲となった人々

け周到な準備を終えた後、１９３８年5月20日17時頃、電柱によじ登り送電線を切断、貝尾集落のみを全面的に停電させる。が、村民は停電を特に不審に思わず、電気の管理会社への通報や、原因の特定などを試みることはなかった。

翌21日午前1時40分頃、都井は行動を開始する。詰襟の学生服に軍用のゲートルと地下足袋を身に着け、頭にははちまきを締め、小型懐中電灯を両側に1本ずつ結《ゆ》わえつけた。首からはナショナルランプを提げ、腰には日本刀一振りと匕首を二振り、手には9連発に改造したブローニング・オート5、カバンには合計２００発の弾丸を用意した。この武装スタイルは、事件前年に発行され、都井が愛読していた雑誌『少年倶楽部』に掲載された「珍案歩哨」という中国戦線の兵士を描いた漫画がヒントになったとされる。

都井が最初に選んだ犠牲者は同居していた祖母いね（事件当時80歳）で、就寝中だった彼女の首に巨大な斧を振り下ろした。長らく自分を育ててくれた祖母をなぜ殺害したのかについては諸説あるが、実は都井は祖母に恐怖と憎悪を抱いていたとされ、それを裏づけるように、彼は首が胴体からちぎれ50センチほど先に転がるまで幾度も斧を振り続けている。

次に都井宅と敷地が隣接する岸田家に半狂乱となって侵入。主人の勝之は不在だったが、勝之の母のつきよ（同50歳）、長男の吉男（同14歳）、次男の守（同11歳）を日本刀でめった刺しにして殺害する。なんでも都井は過去につきよに夜這いをかけたものの断られたうえ、近所の人たちに面白おかしく暴露されたため、彼女を強く恨んでおり、その殺害手口は首を突いた後、口の中に刀を突き立てるという残虐なものだった。最初に銃を使わなかったのは、騒ぎをいきなり大きくしない目論見があったらしい。

襲撃2軒目は西川秀司家だった。都井は表座敷から堂々と押し入り手前の四畳間に寝ていた西川トメ（同43歳）の上腹目がけて猟銃を発射。トメは一撃で絶命し、卵大に空いた腹の穴からは内臓がぶちまけられていた。このトメは貝尾集落でも好色で知られ、都井から金を巻き上げて性的な関係を持ったこともあったが、都井が徴兵検査に落ちて

**犯行時の都井の出で立ちを再現した写真（右）。都井が武装スタイルのヒントにしたとされる『少年倶楽部』1937年12月掲載の漫画「珍案歩哨」（左）**

以降、夜這いの様子を村の女性たちに口外し「マヌケ」と笑い者にしていたそうだ。続いてトメの夫の秀司（同50歳）、長女の良子（同23歳）、妹の千鶴子（同24歳）を銃殺し、家を後にする。3軒目の岸田家では主人の高司（同22歳）と、彼の内妻で妊娠6ヶ月だった智恵（20歳）を銃殺。さらに、数日前から農業の手伝いに来て、隣の部屋で寝ていた高司の母（同70歳）と甥（同18歳）を銃で殴り顎を陥没させたうえで甥を射殺する。「頼むけん、こらえてつかあさい」と命乞いをする母親に、都井は「おまえんとこには、もともと恨みを持っとらんじゃったが、（都井が恨みを抱く家から）嫁をもろうたから殺さにゃいけんようになった」と猟銃を発砲したが、至近距離での肋骨への被弾が幸いし、奇跡的に一命を取り留めた。

4軒目は、前述したように都井が一方的に好意を募らせていた寺井ゆり子宅。彼女は遠方の男性に嫁ぎ村を出ていたものの、犯行の直前に里帰りしており、都井はそれを知って寺井宅を襲撃した。物音で飛び起きたゆり子の父の政一（同60歳）、弟の貞一（同19歳）、貞一の妻（同22歳）、妹とき（同15歳）、末の妹はな（同12歳）の5人が窓や廊下から屋外に逃げようとしているところに銃弾を撃ち込み殺害。最重要ターゲットだったゆり子は命からがら屋外へ出て隣の寺井茂吉宅へ逃げ込んだ。それを追いかけるように同家を襲う都井。しかし、戸締まりを強化していた母屋《おもや》には侵入できず、代わりに隣の離れで寝ていた茂吉の父である孝四郎（同86歳）に狙いを定める。孝四郎は果敢にも素手で都井に反撃した。焦った都井は日本刀で応戦するも孝四郎は左手で刀を掴み、凄まじい格闘に発展する。が、最後は都井が胸と心臓部に2発の銃弾を撃ち込み、孝四郎は絶命する。ちなみに、孝四郎は生前、都井の良き相談相手で何の恨みも持たれていなかったが、ゆり子が逃げ込んだことで偶然にも犠牲者となった人物である。

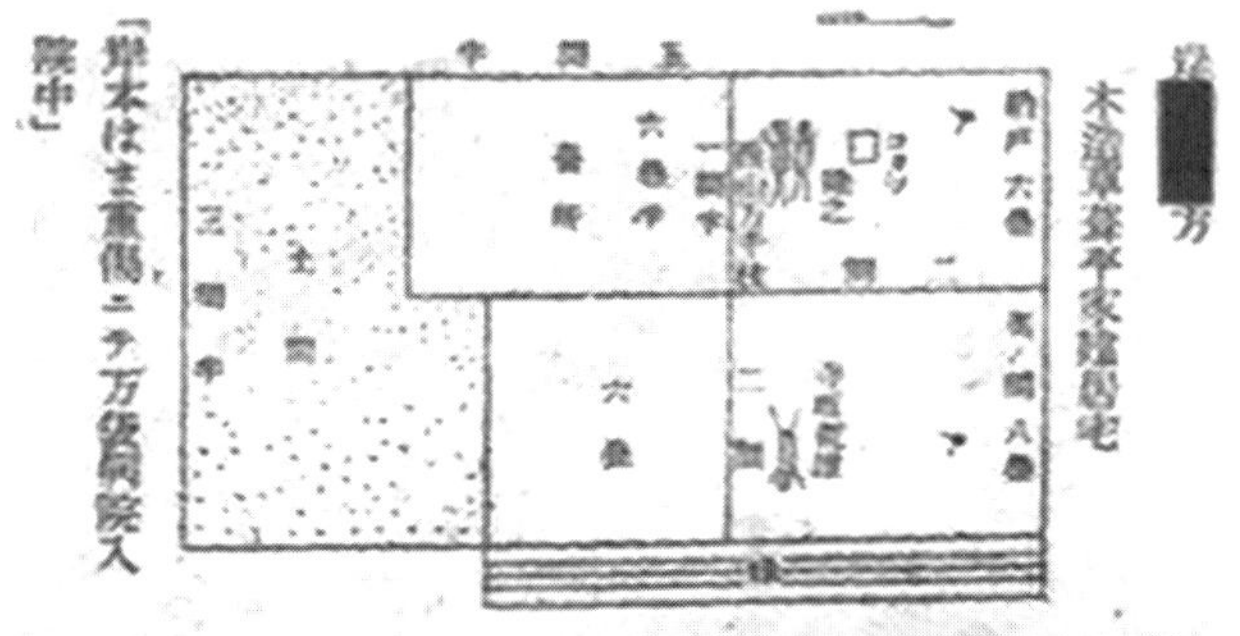


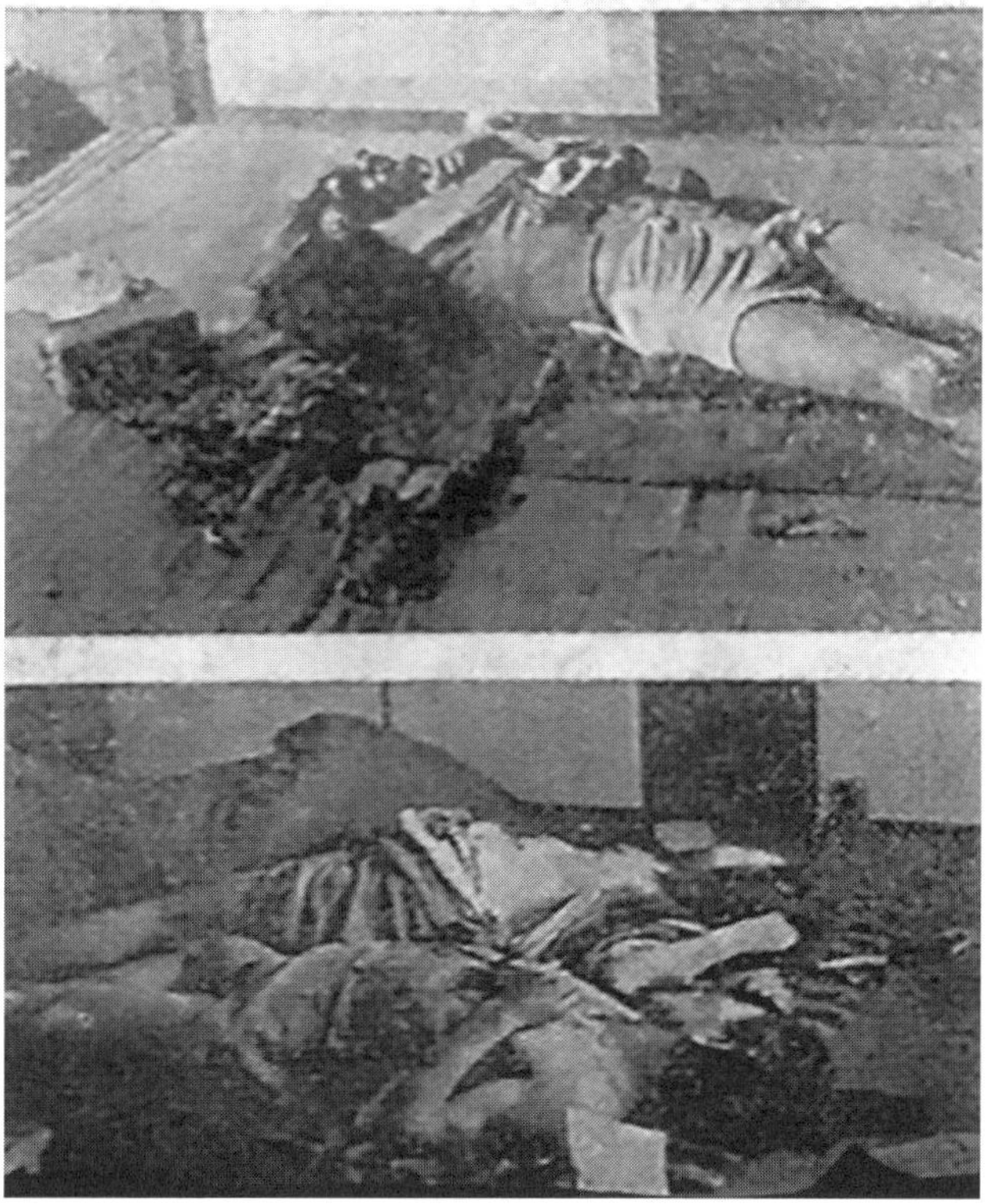

犯行現場の惨状は1947年〜1948年頃、岡山県内のデパートで行われた「防犯展覧会」で掲示された。展覧会には後に『八つ墓村』を著す作家の横溝正史も訪れ、凄惨な写真に絶句したという

ゆり子の殺害をあきらめた都井は6軒目の寺井好二宅を襲い、好二（同22歳）と母親のトヨ（同45歳）を銃殺。都井はトヨに金銭を払って、しばしば性的関係を結んでいたが、彼女が都井を捨て村の金持ちの男性に乗り換えたことに恨みを持っていたそうだ。7軒目は寺井千吉宅だった。母屋には家主の千吉（同85歳）ら5人、養蚕室《ようさんしつ》に手伝いの女たち3人が寝ていたが、都井は迷うことなく養蚕室を襲撃する。そこには岸田みさ（同19歳）、丹羽つる代（同21歳）、千吉の息子の内妻である平岩とら（同65歳）がおり、みさは一軒目の被害者であるつきよの娘で都井が以前夜這いしようとして断られた相手、またつる代の兄の丹羽卯一は寺井ゆり子の最初の夫という憎むべき存在だった。そこで、都井は2人を容赦なく殺害、とらも巻き添えとなり命を落としたが、その後、侵入した母屋では主人の千吉に銃口を当てながら「おまえはわしの悪口を言わんじゃったから、堪《こら》えてやるけんの」と言い見逃したそうだ。

8軒目は都井の家のすぐ隣の丹羽卯一宅。ここを襲った理由は前述のとおり、主人の卯一が、都井の惚れたゆり子の元夫だったからだ。ターゲットの卯一は異変を察知し警察に逃走に向かっていたが、家にいた母親イト（同47歳）が右太腿と左太腿に銃弾を撃ち込まれ、6時間後に出血多量で苦しみながら死亡した。9軒目は池沢宅である。家には主人の末男（同37歳）と妻（同34歳）、次男（同12歳）、三男（同9歳）、四男（同5歳）、末男の父（同74歳）、母（同74歳）の7人が寝ていた。都井のターゲットは末男の妹マツ子だった。彼女は都井と肉体関係を結びながら裏では都井のことをバカにしていた。そのため事件以前から都井に脅されており、身の危険を感じてすでに京都方面へ逃走、その夜は家にいなかった。そこで、都井は就寝していた次男と三男以外の5人に発砲し、竹やぶに逃げ込んだ末男を除く4人を殺害。四男の小さい体には三発も銃弾を撃ち込み、その体からは肝臓や大小の腸が露出していたという。

10軒目は寺井宅だった。主人の倉一（同61歳）は村の有力者で村の多くの女性と関係を持っていたことから、都井は彼に激しい嫉妬と憎悪を覚えていた。家は襲撃を予期したかのように厳重に戸締まりが施されていた。そこで都井は屋外から銃弾を撃ち込み、それが運悪く妻のはま（同56歳）に被弾し、彼女は出血多量で12時間後に死亡。母屋の2階に隠れていた倉一は無傷だった。この後、都井は貝尾集落を離れ、隣の坂元集落へ向かう。狙うは岡本和夫宅。都井はかつて和夫（同51歳）の妻であるみよ（同32歳）と性交渉を重ねていたが、それが和夫にバレて関係が消滅。さらに、みよが都井に冷淡な態度をとるようになったことに一方的な憎悪を募らせていた。果たして、2人は猟銃の餌食になり死亡。ようやく惨劇は幕を閉じる。時計の針は午前3時20分に指しかかろうとしていた。

この後、都井は遺書用の鉛筆と紙を借りるため、隣の楢井《ならい》集落の一軒家を訪れた。「こんばんは」と声をかけながら屋内に入ってきた都井の異様な姿を見て家主は驚愕するが、それを見て都井は「怯《おび》えなさんな、急ぐんじゃ、紙と鉛筆をもらいたい、警察がこの下まで自動車でわしを追うて来ておる」と発言。偶然にも家主の小学校5年生になる孫が、都井が自ら作り近隣で披露していた紙芝居の常連だったことから、孫に頼み鉛筆と紙を譲り受けた。都井は去り際、この子に「うんと勉強して偉くなれよ」と声をかけたという。

家を出た都井は、約3・5キロ離れた「仙の城」と呼ばれていた荒坂峠《あらさかとうげ》の山頂に登り、追加の遺書を書

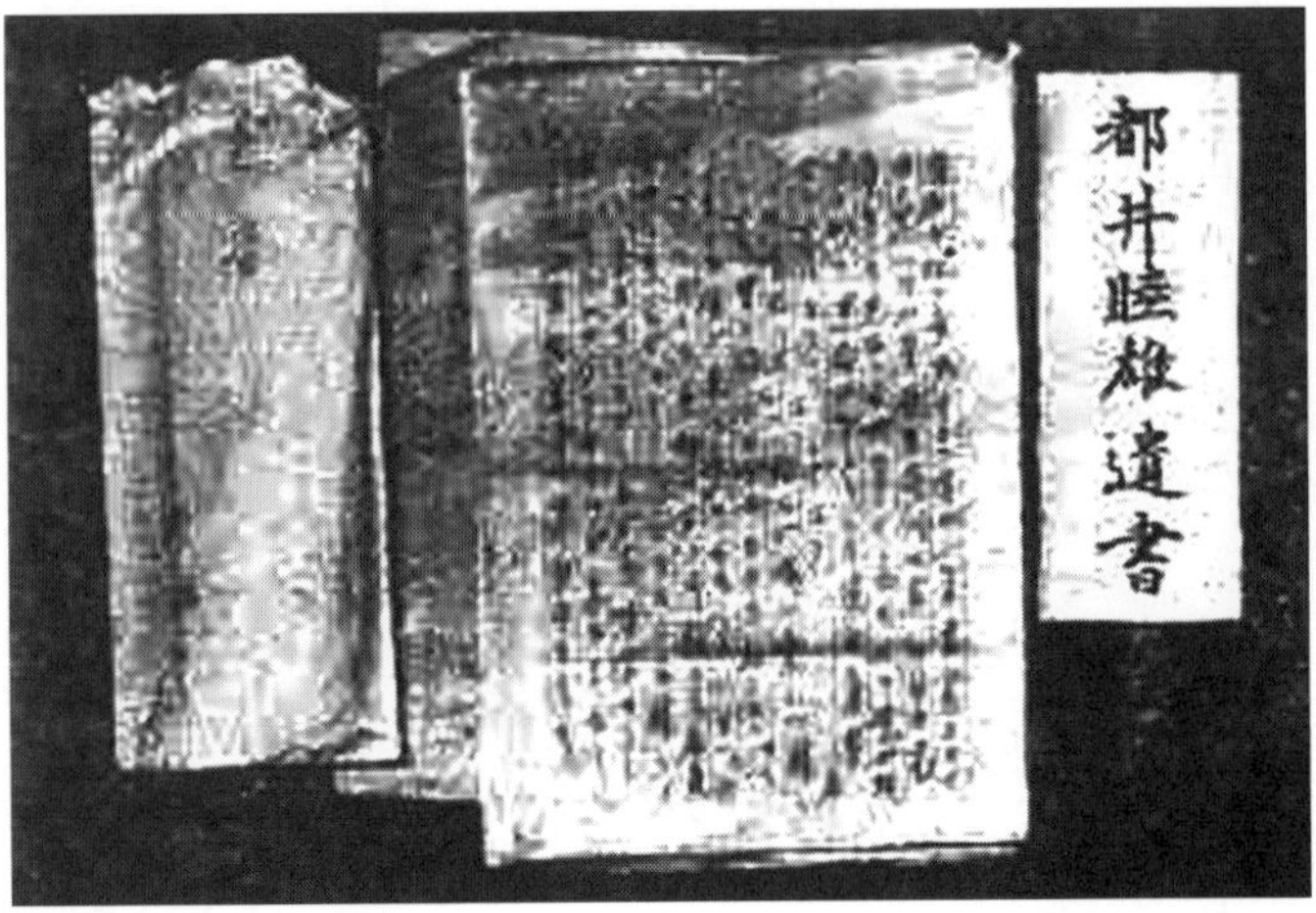


都井が書き残した遺書

犠牲者の死を痛む住民

事件を題材とした映画「八つ墓村」(1977)と「丑三つの村」(1983)

貝尾集落に建てられた墓には事件の起きた
「昭和十三年五月二十一日」と刻まれたものが多い

いた後、猟銃で自殺を遂げる。翌朝、近隣の5ヶ町村から消防団員ら2千人が山狩りを行い、遺体を発見。死亡推定時刻は午前5時頃。遺体の状況から、猟銃を左胸に当て両手で銃身をしっかり固定したうえで足で引き金を弾いたとみられ、即死したものと推定された。

遺書の内容は以下のとおりである。

「愈愈《いよいよ》死するにあたり一筆書置申します、決行するにはしたが、うつべきをうたずうたいでもよいものをうった、時のはずみで、ああ祖母にはすみませぬ、まことにすまぬ、二歳のときからの育ての祖母、祖母は殺してはいけないのだけれど、後に残る不びんを考えてついあゝした事をおこなった、楽に死ねる様と思ったらあまりみじめなことをした、まことにすみません、涙、涙、ただすまぬ涙がでるばかり、姉さんにもすまぬ、はなはだすみません、ゆるしてください。つまらぬ弟でした。

この様なことをしたから決してはか（※墓）をして下されなくてもよろしい、野にくされれば本望である、病気四年間の社会の冷胆、圧迫にはまことに泣いた、親族が少く愛と言うものの僕の身にとって少いにも泣いた、社会もすこしみよりのないもの結核患者に同情すべきだ、実際弱いのにはこりた、今度は強い強い人に生まれてこよう、実際僕も不幸な人生だった、今度は幸福に生まれてこよう。

思う様にはゆかなかった、今日決行を思いついたのは、僕と以前関係があった寺元（※井?）ゆり子が貝尾に来たから、又西山良子も来たからである、しかし寺元（※井?）ゆり子は逃がした、又寺元倉一と言う奴、実際あれを生かしたのは情けない、ああ言うものは此の世からほうむるべきだ、あいつは金があるからと言って未亡人でたつものばかりねらって貝尾でも彼とかんけいせぬと言うものはほとんどいない、岸本順一もえい密猟ばかり、土地でも人気が悪い、彼等の如きも此の世からほうむるべきだ。もはや夜明けも近づいた、死にましょう」

（『津山事件報告書』より原文ママ）

事件はラジオや新聞などのマスコミにより報道され、都井が愛読していた『少年倶楽部』もこの事件を特集した。当事件が貝尾集落に与えた影響は大きく、一家全滅したところもあれば一家の大部分を失ったところもあり、集落の大部分が農業で生計を立てていたためかなり生活が困窮したという。また、都井の親族で襲撃を受けることのなかった一家が、企みを前々から知っていて隠していたのではないかと疑われ、村八分に近い扱いを受けたともいわれている。

ただ、都井が自殺し、多くの村民が亡くなったことに加え、生存者の大半が犠牲者の誰かしらと親戚関係にあるため、事件の詳細は語られていない。１９７５年（昭和50年）に刊行された『加茂町史』でも本事件については「都井睦雄事件も発生した」との記述があるのみだ。

ノンフィクション作家の石川清が著した『津山三十人殺し　最後の真相』（２０１１年、ミリオン出版刊）の中で、都井が恋い焦がれ憎み、殺害の標的になりながらも難を逃れた寺井ゆり子がインタビューに答え、次のように語っている。

「むつおさんはなあ、村八分になったんじゃ。近所の人も危ない、危ないと私たちに教えてくれておった。むつおさんは結核でのう、私らはむつおさんを見ると、道から外れて避けて通った」

彼女の言葉に、都井が大量殺戮を敢行した真の動機があるのかもしれない。

★犠牲者の一部は仮名。

# 浜松9人連続殺人事件

## 21歳の聾唖の青年が家族を含む9人を惨殺した本当の動機

１９４１年（昭和16年）８月から翌１９４２年８月にかけ、静岡県浜松地方で９人が刃物で刺殺され、７人が傷害を負う大事件が発生した。当時の日本は戦時体制下で報道が規制されていたためほとんど世間には知らされていなかったが、事件は我が国の犯罪史上でも稀にみる大量殺戮であった。

最初の事件は日本がアメリカに真珠湾攻撃を仕かける約４ヶ月前の１９４１年８月18日に起きる。同日午前２時頃、浜名郡北浜村《はまなぐんきたはまむら》（現在の浜松市浜北区中南部に）あった花街の芸妓置屋「和香松」の便所窓口から何者かが侵入、熟睡中だった同店お抱えの芸者、高松まさゑ（当時20歳）と河村まさ子（同20歳）が鋭利な刃物で頭や頸部をめった刺しにされ、まさゑは死亡、まさ子が重傷を負った。通報を受け浜松署の職員が現場に急行、貴布弥《きぶね》巡査駐在所に仮の捜査本部を設け捜査が始まったが、芸妓と痴情トラブルになった客の凶行と推定されただけで犯人の目星はつかなかった。翌日19日の深夜、今度は浜名郡小野口村《おのぐちむら》小松（現在の浜松市東区北西部、浜北区南西部にまたがる場所）の小料理屋「菊水」が襲われ３人が殺害される。女将の山口鶴枝（同44歳）は土間で鋭利な刃物で胸部を刺され即死、女中の大庭いたよ（同16歳）と用心棒として雇われていた木村良太郎（同66歳）も胸を刺され惨死を遂げていた。

２日連続で起きた残忍な事件は、警察の調べにより以下の共通点があることが判明した。

❶侵入口がいずれも便所で、高窓を外している。
❷屋内を物色した形跡がない。
❸創傷からみて凶器が同一で、犯行手口は同様と思われる。
❹両事件とも点灯下で起きた犯行ながら、犯人が覆面をしたような形跡がない。
❺犯人は大男でも老人でもない。

濱松市外
北濱花街の慘劇
貴布禰藝妓置屋で藝妓二人を滅多斬り
犯人不明深夜の兇行（一名瀕死）

最初の事件を報じる新聞

❻被害者はいずれも花柳界の人物。
❼被害者の悲鳴を聞いた者はいるが、犯人の声を聞いた証言はない。

警察は2つの事件が同一犯である推定するとともに、3年前に同じ浜松署管内で起きた事件との関連も疑う。1938年（昭和13年）8月22日午前1時頃、浜名郡積志《せきし》村西ヶ関（現在の浜松市東区北西部）の芸妓屋「武蔵屋」に何者かが侵入、就寝中の女将（同34歳）と養女（同8歳）を強姦、出刃包丁を逆手に持ってめった刺しにした。幸い、2人とも一命を取り留めたものの、逃走した犯人は捕まらず未解決のままになっていた。手口、無言、夏期の犯行という点で前述の2つの事件と似通っているとみて改めて捜査を開始した警察は武蔵家事件の2日前、浜名郡北浜村小松の「日の出座」で映画見物中の男の自転車が同所の自転車置き場で盗難に遭い、さらにその夜、1人の少年が同映画館に無銭で入場しようとしたので木戸番が突き出し、その際、同少年は匕首のような物を所持していたことが判明した。その少年は浜名郡北浜村道本に住む中村誠策《なかむらせいさく》（同18歳）という聴覚障害者で、浜名署は1941年9月22日、中村を呼び筆談、手まねで取り調べる。が、要領を得ず、事件との結びつきも得られなかったので、1時間程度で帰宅させてしまう。これが取り返しのつかない事態を招くとは誰も想像しなかった。

同年9月27日、午前2時20分頃、浜名郡北浜村道本《どうほん》で農業を営む中村宅へ何者かが侵入。同家裏離れの6畳間で寝ていた四男（同27歳）の胸部、腹部、背部など11ヶ所を突き刺して即死させたうえ、四男の妻（同26歳）、同家の主人（同59歳）と彼の妻（同59歳）、三女（同21歳）に重傷を負わせ逃走した。が、難を免れた人間を知って警察は愕然とする。同間に寝ていた孫2人に加え、事件当時2階に寝ていたという六男・誠策も一切被害に遭っていなかったのだ。5日前に取り調べたばかりの男の自宅で起きた凶行に警察は当然、不審感を抱く。その中には、事件は誠策が外部からの侵入者と見せかけ家族に危害を加えたものとみる捜査官もいた。が、聴覚障害者にこのような大胆で残虐な犯行を働くのは不可能という意見が大半を占め、彼は捜査の対象から外れる。

警察は、犯人像を年齢18〜40歳までの男、小柄で頭髪の長い者、変質者、特に二重人格者、凶器所持の疑いのある者に絞り込み、捜査線上に17人の容疑者が浮上する。が、調べの結果、その全員がシロだった。捜査が難航したまま1年弱が過ぎた1942年（昭和17年）8月30日の深夜、第4の事件が起きる。浜名郡積志村下大瀬《しもおおぜ》で農業を営む井熊方で、奥納戸部屋で就寝中だった主人の亀鶴（同56歳）、妻よし（同53歳）、三女・はつ（同19歳）、三男・実（同15歳）がいずれも胸部、腹部、背部などをめった刺しにされて殺害されたのだ。

犯人の中村誠策

現場には、木製の白さや1本、人絹小幅の黒っぽい「めくらじま」（縦横紺色の木綿糸で織った無地の平織物）の布片《ふへん》、黒塗りの帽子のあごひも1本が残されていた。この布片は犯人が覆面に使い、被害者と格闘の際に外れ落ちたものとみられ、専門家の鑑定でマンガン防染生地で、浜松市の外山織物が扱った「遠州織物」であることが判明。さらに、第3の事件の被害者である中村家の三男（同30歳）が当時、家を出て、同社に勤務していたことがわかった。警察はさっそく三男に事情を聞いたものの事件との関連性は明白にならない。が、改めて中村宅を捜索したところ、第4の事件の遺留品と同じ布片が見つかり、これは三男が持ってきたものとの証言を得る。さらに、時を同じくして、やはり別居していた長男から家に「警察が布を調べに来るかもしれないが、知らないと言え」という電話があったことも判明した。

警察が改めて三男を追及したところ、布片は自分で新しい織物を作ってひと儲けしようと１９３７年（昭和12年）頃、浜松市の工場で試し織りしたものだったが、外山織物に納入したものの不合格。全部実家にやってしまったとの供述を得る。警察は中村家の兄弟が事件に関係している可能性が高いとみて、今度は実家を出ていた次男（同33歳）を調べる。と、彼は「自分は犯人ではない。誠策を調べてくれ」と言う。なんでも、誠策は第4の事件の前夜、「友人の家に遊びに行く」と自転車で家を出たまま、翌日の14時頃、左の目をはらして帰ってきたという。さらに、第3の事件で殺害された四男の妻が、事件があったとき、ミシミシと犯人が2階へ上がったような音がしたと証言。後で調べてみると、音のする場所は2階へ上がる階段だけだったため、家族の間では「誠策が犯人ではないか」と噂していたという。

10月12日、警察は誠策が在学中の浜松聾唖《ろうあ》学校を訪れ、事情を聞く。すると、第3の事件の後、誠策が同校の友人に「人殺しをやったのは俺だ」と漏らしていたことが発覚。いよいよ誠策が怪しいと睨んだ警察は本人を追及、所持品を提出させたところ、本人所有のズック靴の足裏の文様が、第2の事件現場の敷布の足跡とぴったり一致した。誠策が全ての犯行を自供するのは翌13日のことだ。

誠策は生まれつきの聾唖者で、幼少期から家族に冷たくあつかわれていた。簡単な言葉しか発音できなかったものの知能は高く、聾唖学校では首席。しかし、父親の冷酷な態度が変わらなかったばかりか退学を迫られたことに恨みを募らせ、学資金を稼げば学校に通えるものと強盗殺人を計画し実行。事件を起こせば、自分を可愛がってくれた次兄が家に帰ってくるものと思い込んだとも供述した。さらに、この9人の連続殺人の他にも1938年（昭和13年）8月22日に2人の女性を刺殺したことを自供。これを受け、父親は「あはれ　死を以って 社會に陳謝」との遺書を残し、1942年11月7日に天竜川で投身自殺している。また、誠策を精神鑑定した医学者は、生来的に人間的感情や情性に欠ける精神病質性の人格、それに加えて不完全な教育を受けたために抽象的・精神的なものが育たなかった心身耗弱者とする鑑定書を提出した。

誠策の事件は戦時下に行われた犯罪について厳罰を課す戦時刑事特別法によって静岡地裁浜松支部で審理され、公判には多くの地域住民が詰めかけた。果たして、1944年（昭和19年）2月23日に下された判決は死刑。裁判長は聾唖者の刑を減免する刑法旧第40条を適用しなかった。対し、誠策は直ちに上告の手続きをとったが、同年7月19日、上告棄却され死刑確定。同月24日、刑場の露と消えた（享年21）。

# 第2章 冷酷無比

# 青ゲットの殺人事件

## 吹雪の夜に一家3人が惨殺された未解決ミステリー

1906年（明治39年）2月11日21時頃、猛吹雪のなか、福井県坂井郡三国町（現在の坂井市）の回船問屋である橋本利助《はしもとりすけ》商店に青いゲット（毛布）をかぶった男が訪ねてきた。男は、同店の番頭である加賀《かが》村吉《むらきち》（当時30歳）の使いの者で「（村吉の）親戚の婆さまが急病で倒れたので、すぐに来てほしい」と言う。すわ一大事と、村吉は男に導かれ親戚宅へ向かう。2時間後の23時頃、今度は三国町玉井にあった村吉の自宅に青ゲットの男が現れる。川向こうの新保村《しんぼむら》から来たこと、親戚の婆さまが重病の床で「三国のおっかさんに会いたい」と言っていることを告げ、村吉の母キク（同59歳）を吹雪の中へ誘った。1時間後、再び男が現れ同様の手口で、村吉の妻ツオ（同25歳）を連れ出す。このとき、ツオは隣家である浅井《あさい》清七《きよしち》の妻ミヨに次女（同2歳）の子守を頼んでいる。そして、23時40分頃、青ゲットの男は朝井家に現れ、次女も連れ出そうとする。が、不審を抱いたミヨは取り合わない。こんな雪の降る夜に幼な子を連れ出そうとするなどありない。ミヨの申し立てに男はしつこく食い下がったが、最終的にあきらめ家を後にした。ちなみに、村吉の長女はこの夜、子守りとして他家におり留守だった。

翌12日朝、1人の大工が三国町と新保村を繋ぐ全長500メートルの新保橋の中央辺りの雪が大量の血液で真っ赤に染まっているのを発見した。その脇にある橋の欄干は斧でたたき落とされたように、バッサリと失くなっている。大工はここで誰かが殺されたものと直感、三国警察署に通報する。警察はさっそく

犯人のイメージ

捜査を開始し、殺害遺体が新保橋の下を流れる九頭龍川《くずりゅうがわ》に遺棄されたものとみて一帯を捜索する。と、加賀家の裏手を流れる竹田川に小舟が停まっており、その船縁に血液が付着していることが判明。13日、竹田川の下流の川底でツオの刺殺体が見つかる。警察は「舟で対岸の新保村へと渡す」とでも説明され、小舟に乗ったところを殺害され、川に投げ捨てられたものと推定した。14日、三国署が警察部保安課、福井警察署の応援を得て九頭龍川一帯を改めて捜索し、同川の河口付近でキクの遺体を発見する。

が、川をさらえど海を探せど、村吉の遺体は見つからない。このことから、村吉を犯人視する見方も浮上したものの、新保橋で見つかった血液は到底1人のものとは思えず、村吉も殺された可能性が高いものと思われた。さらに、調べで新保村の親戚に病人など出ておらず、使いを頼んだ事実もないことがわかり、警察は一家皆殺しを狙った凶悪事件だと判断、青ゲットの男の行方を追う。

目撃者の証言によると、男の年齢は30〜35歳で、人相については手ぬぐいをほおかむりにしてアゴで結び、その上に青毛布を頭からすっぽりかぶっていたのではっきりわからなかった。一方、男が一家を次々に連れ出して残忍に殺害していることから、村吉に強い恨みを抱いた者の犯行であるとみて彼の身辺を洗ったが、しかし村吉は真面目で酒も飲まず、良く働き、若くして番頭に取り立てられるなど悪い評判は皆無。到底、誰かに恨みを買う人物ではなかった。

捜査は長期化し、歴代の署長がその解決に尽力した。が、事件解決の緒《いとぐち》は見いだせず、1921年（大正10年）に時効を迎える。ところが、事件から20年過ぎた1926年（大正15年）12月12日、京都府警に窃盗の罪で逮捕されていた谷本仁三郎という男が「自分がこの事件の真犯人である」と告白した。新聞は「20年ぶりの真犯人判明」と報道したが、窃盗の前科が多数ある窃盗犯の谷本が犯したにしては不自然な点が多かった。まず窃盗目的だとして、このような手のかかる犯行をわざわざする必要がなく、強盗するにしても普通に押し入れば良いところを複数回に分け連れ出して殺害するのも合点がいかない。事実、犯人は金品を盗ることができないまま終わっている。また、逮捕された谷本が証言した他の事件においても「でたらめを述べている節が二、三ある」と警察が疑問を呈していることからも、彼の証言は怪しく、真犯人とは考えにくい。

**殺人が行われたと思われる新保橋。事件当時は木造、現在は鉄筋に造り替えられている**

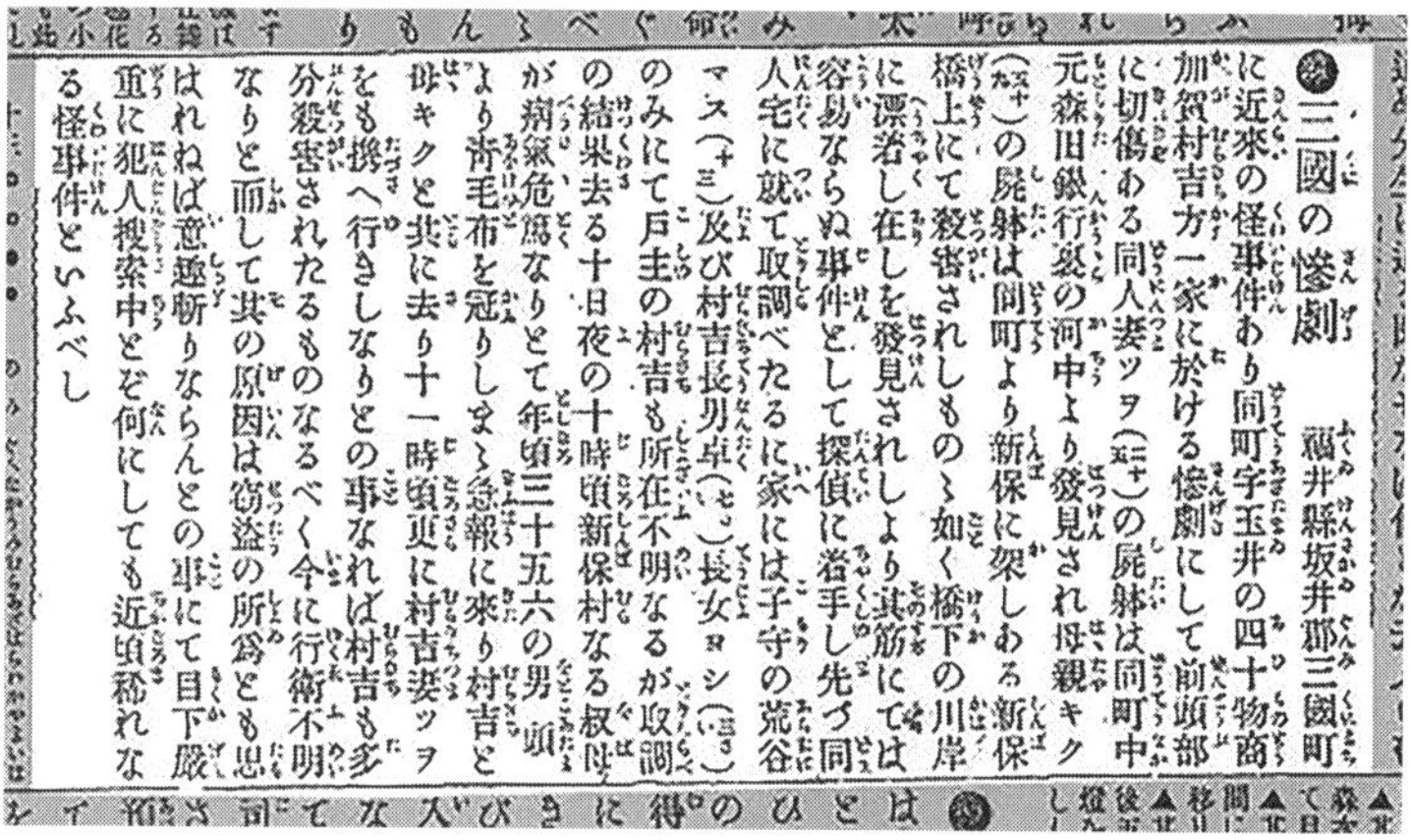
◎三國の慘劇　福井縣坂井郡三國町に近來の怪事件あり同町字玉井の四十物商加賀村吉方一家に於ける慘劇にして前頃部に切傷ある同人妻ツヲ(三十)の屍躰は同町中元森田銀行裏の河中より發見され母親キク(五十)の屍躰は同町より新保に架しある新保橋上にて殺害されしものゝ如く橋下の川岸に漂着し在しを發見されしより其筋にては容易ならぬ事件として探偵に着手し先づ同人宅に就て取調べたるに家には子守の荒谷マス(十三)及び村吉長男卓(七)長女ヌシ(三)のみにて戸主の村吉も所在不明なるが取調の結果去る十日夜の十時頃新保村なる叔母が病氣危篤なりとて年頃三十五六の男より赤毛布を冠りしまゝ急報に來り村吉と母キクと共に去り十一時頃更に村吉妻ツヲをも携へ行きしなりとの事なれば村吉も多分殺害されたるものなるべく今に行衛不明なりと而して其の原因は窃盗の所爲とも思はれねば意趣斬りならんとの事にて目下厳重に犯人搜索中とぞ何にしても近頃稀れなる怪事件といふべし

事件を報じる1906年（明治39年）2月14日付けの『北國新聞』の記事

さらに、すでに時効を迎え捜査資料も散逸していたことから、結局真相は解明されないままに終わった。

いったい、犯人は誰で何が目的だったのか。橋本利助商店より遠い実家にいた母キクの殺害は行き帰りを含めて1時間しか使っていないのに、村吉には2時間。これが何を意味するのかは定かではないが、少なくとも犯人の動機に村吉が大きく関与していたことは容易に推定でき、ネットには様々な憶測が流れている。一つは村吉は真面目に見えて、実は遊郭の女と恋仲で、その女が村吉を独占したいがために刺客を雇って殺害を実行、村吉は船で他の港へと連れ去られたとする説。加賀家が当時加入者が増えつつあった生命保険に入っており、それを知る者が一家惨殺を狙ったとする説。事件から4年後に同じ三国町で26歳の精神病患者が1人を殺害、15人に重軽傷を負わせる事件が起きており、この犯人こそが青ゲットの男と関連する説。また、犯人の着衣が青ゲットではなく赤ゲットであったり、被害者を含む事件関係者の名前や職業に諸説あることから事件自体が存在しなかったという噂まで流れている。果たして真実はいかに——。

# 岡山・少女串刺し殺人事件

## 好意を寄せていた女性の局部に竹を突き刺した18歳のストーカー

1915年（大正4年）5月7日午前7時頃、岡山県御津郡鹿田村《みつぐんしかたそん》（現在の岡山市北区）の鹿田駐在所に1人の農夫が駆け込み「死体だ！　女の死体だ‼」と叫んだ。巡査が農夫を落ち着かせて話を聞くと、岡山高等女学校西側の田圃に出向いて積み藁を持ち帰ろうとしたところ悪臭が漂ってきたので、不審に感じながら藁を除けると、腐敗した女の死体が出てきたという。巡査がすぐに本署に通報するとともに現場に急行したところ、惨い有り様の遺体が確認される。陰部から竹が突き刺さっていたのだ。検死により、竹は胸部にまで達しており、遺体は死後1ヶ月ほど経過、直接の死因は絞殺と判明。さらに田圃付近の側溝からは被害者のものと思われる金盥《たらい》と櫛《くし》、女物の下駄が発見されたことから、まもなく遺体の身元は鹿田駅前の飲食店を営む大島家の娘で、周囲で評判の美少女、テル（当時18歳）であることがわかる。

テルは同年2月中旬の夕暮れ時に、化粧道具を手に自宅から800メートルほど離れた銭湯に出かけたまま行方不明になっていた。このとき、すぐに警察に捜索願が提出されていたら事はまた違う展開になっていたのかもしれないが、彼女の両親は娘が家出したものと思い込み、それが世間に知られては娘の将来に傷がつくと考え誰にも相談せずに家人だけで心当たりを探していた。

発見が遅れたことで捜査は難航した。しかし、聞き込みを続けることで警察は青山信二《あおやましんじ》（同18歳）を容疑者として絞り込む。なんでも信二はテルが失踪した日の夕方、着衣に藁をつけて帰宅したという。また、

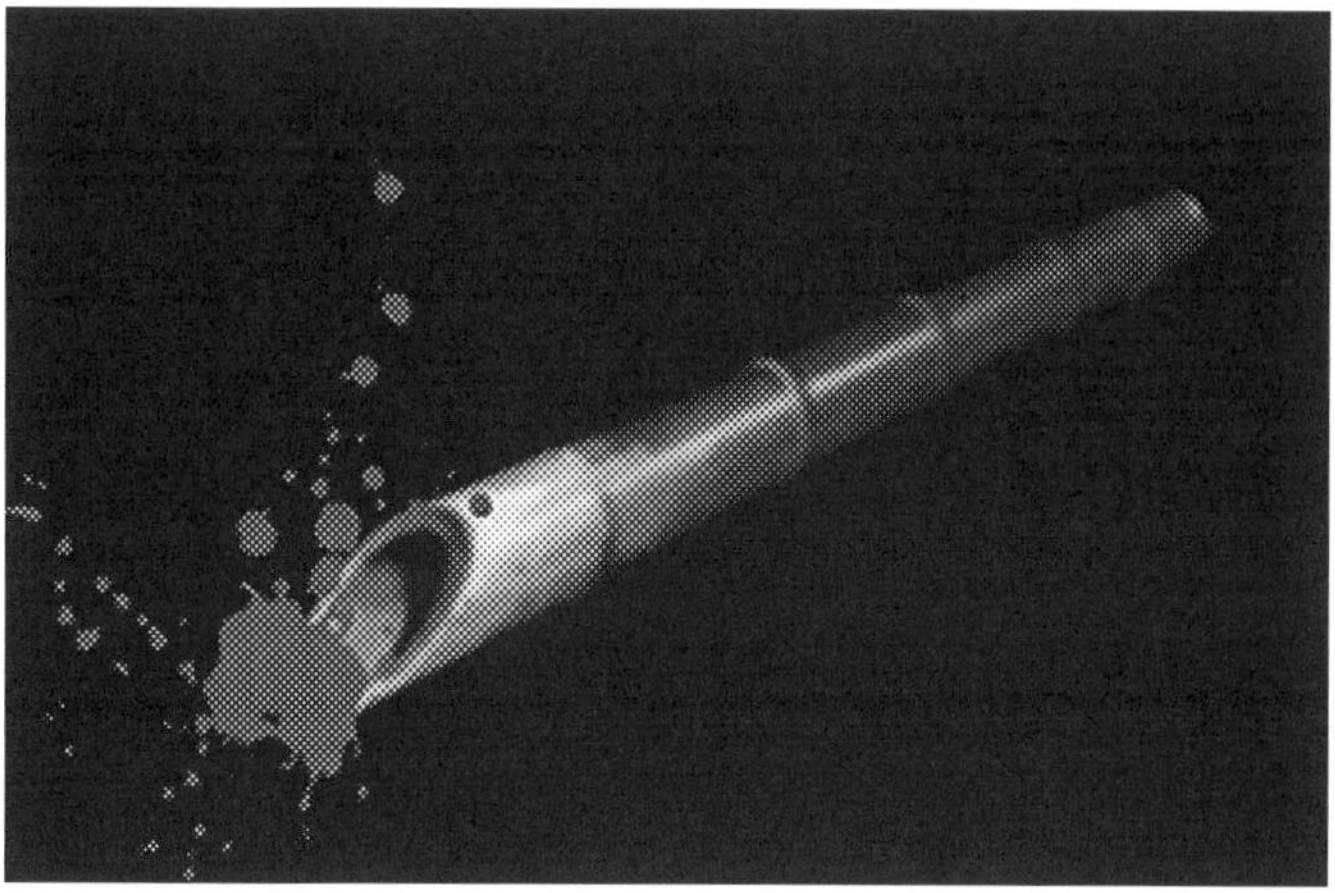

写真はイメージ

奇妙なことに被害者テルの友人の春子もその日を境に姿を見せなくなっていることもわかった。そこで、警察は春子ももまた事件に関わっているとみて現場付近で発見された遺留品を彼女の家族に見せたところ、櫛と下駄は春子ののであるとの証言が得られた。

なぜ、春子の櫛と下駄が殺害現場に落ちていたのか。調べを進めていくと、春子が犯行日前後に近所の雑貨店で新しい草履を買いそそくさと帰宅。その後、消息がわからなくなっていたが、現在は大阪の親戚宅に身を寄せていることが発覚する。すぐに警察は大阪に飛び、彼女に尋問する。知っていることを全て話してほしい。警察の追及に、春子は涙ながらに事件の一部始終を告白した。

その日の夕方、春子が妹をおぶって家の前にいたところ、銭湯帰りの信二に出会いしばらく立ち話をした後、家に入ると、まもなく信二が向かった先から悲鳴が聞こえたという。驚き、妹をおぶったまま悲鳴の聞こえた場所に向かったところ、積み藁《わら》の近くで信二がテルの首を絞めていたそうだ。どうやら信二はハルに好意を持っていたが相手にされず、つきまといなど今で言うストーカー行為を働いた挙げ句、犯行に及んだらしい。

すでにぐったりしていたテルを見て春子は思わず引き返そうとした。しかし、信二はそれを許さない。現場を目撃した以上、おまえも一緒にバラしてやると凄んできたのだ。命乞いをする春子に信二は服従を誓わせたうえで「ハルの両足を持ち上げろ」と命令。言われるままに従うと、信二が竹をテルの陰部に深々と突き刺し、その後、遺体を積み藁の下に引きずって隠すのも手伝わされた。さらに信二は春子が背負った妹が泣き出すのを見て金を渡してその場から追い払い、春子を強姦する。そして信二が現場から立ち去ると、春子は素足のまま逃げ出し、途中で草履を買い帰宅。両親に事情を話したところ驚かれ、大阪の親戚宅への預かりとなった。

春子の供述により岡山署は信二を殺人と死体遺棄容疑で逮捕した。が、信二は犯行を否認したまま岡山地裁にかけられ無期懲役の判決を言い渡された。春子もまた共犯として予審にかけられていたものの、免訴、釈放されている。

# キリスト教伝導師・島倉儀平事件

## 敬虔なる宗教者が窃盗、放火、保険金詐欺、殺人、死体遺棄

1917年（大正6年）、神奈川県横浜市及び芝区（現在の東京都港区）高輪・品川区大崎などで、キリスト教伝導師の島倉儀平《しまくらぎへい》（当時46歳）が聖書を大量に盗み、幾度も住居に放火し保険金を詐取、さらに女性を暴行し性病を感染させたうえで殺害し遺体を遺棄するという事件が発生した。当時の新聞に「敬虔《けいけん》な宗教者による悪逆非道に犯罪」と報じられた本事件の顛末を紹介しよう。

島倉は山形県出身で、天理教の学校を卒業し、短期間キリスト教の学校に通った。1903年（明治36年）、32歳のとき、郷里において窃盗罪で処罰され、翌年にも窃盗で逮捕。その後も京都・奈良で犯罪を重ね1910年（明治43年）までに監獄の出入りを繰り返していた。

1911年（明治44年）4月、島倉は1人の牧師を訪問し、自己の経歴を語ったうえで真人間として生まれ変わるべく、牧師に横浜・山下町の米国聖書会社の副社長であるアメリカ人宣教師を紹介してもらい、同社の聖書販売人の職に就く。が、悪党としての性分は抜けておらず、ほどなく同社在庫の聖書を盗んで密かに販売。東京の書店からも2千円（現在の貨幣価値で約660万円）と3千円（同約995万円）の超高額書籍を詐取した。また、1912年（明治45年）には新宿・柏木《かしわぎ》（現在の西新宿）に一戸建てを構

え、これに1千円（同約314万円）の不動産保険をかけて放火。2年後の1914年（大正3年）5月には新宿・角筈《つのはず》（現在の歌舞伎町）の自宅に放火し300円（同約99万5千円）の保険金を騙し盗り、さらに同年10月、芝白金台の自家に放火し1千800円（同約597万円）の保険金を詐取。同所に二階建て門構えの一軒家を新築したうえ、伝導を装い郷里に戻った際、勝子という女性（同26歳）と結婚し、彼女を連れ白金台の自宅で同居、豊かな生活を送る。

その前年の7月、島倉は青山学院の牧師、林音吉《はやしおときち》の姪、貞子《さだこ》（同16歳）を行儀見習い兼女中として預かり入れていた。が、同年8月、彼女を強姦し性病に罹患させる。これに激怒した林に対し仲間の牧師を仲介人に示談を申し込み、100円（同約33万円）の慰藉料《いしゃりょう》を支払うことで和解した。しかし、時を同じくして貞子は行方不明となり、翌年1914年10月、島倉の自宅から300メートル強離れた大崎の古井戸の中から死後約6ヶ月の腐乱

事件を報じる『萬朝報《よろずちょうほう》』紙

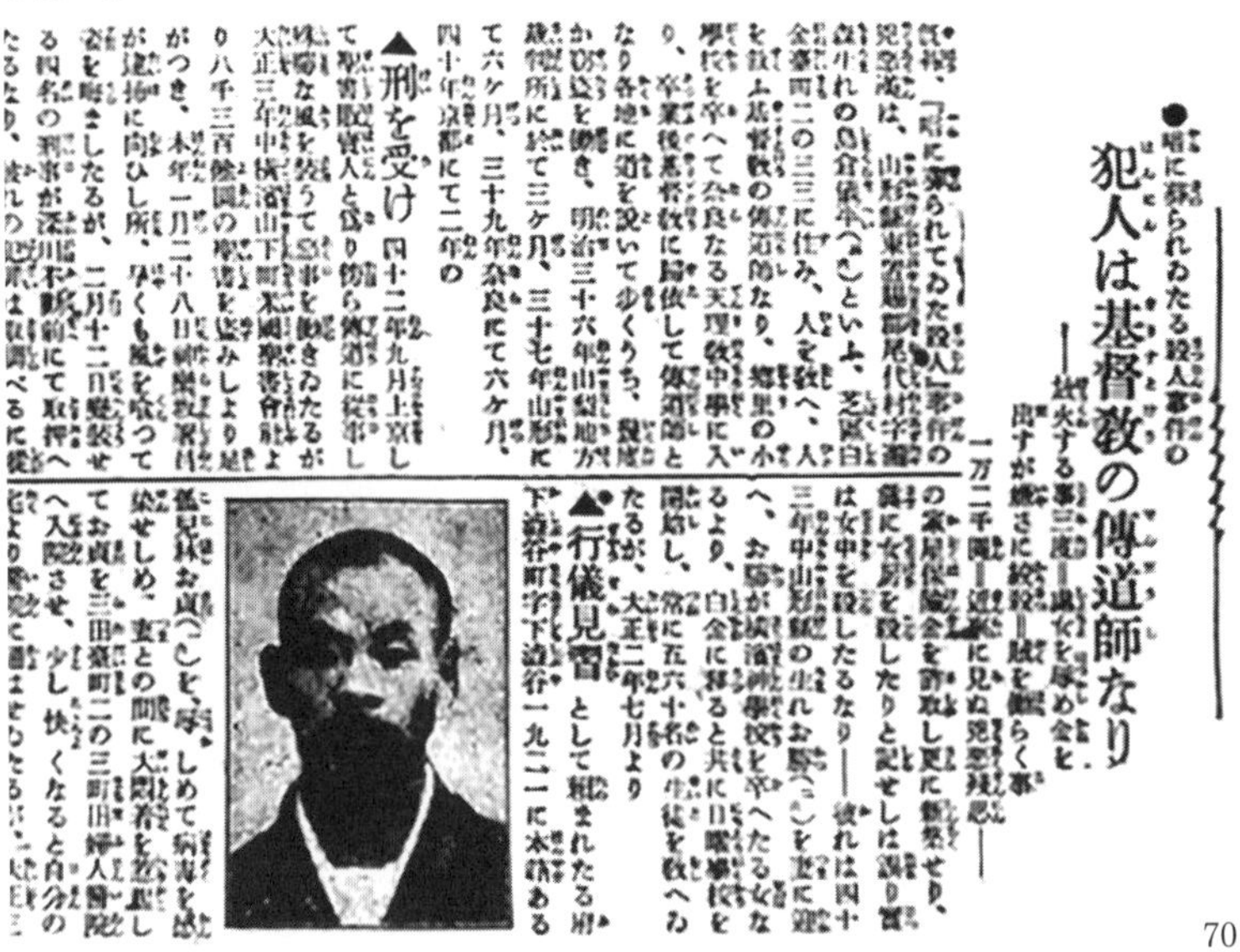
犯人は基督教の傳道師なり

遺体となって発見される。ただ、この時点では遺体の身元が貞子であるとは判明していなかった。

島倉が逮捕されたのは1917（大正6年）年2月のこと。当時まだ勤務していた米国聖書会社が前年末に棚卸しをしたところ、在庫の聖書が1万冊失くなっていることが発覚。神楽坂署《かぐらざかしょ》に届け出た結果、神田の書店街で聖書を大量に売っていた人間が浮上し、目撃証言などからその人物が島倉であると判明する。同署の署長に就任してまもない正力松太郎《しょうりきまつたろう》（1885年生。後の読売新聞社社主）は島倉の検挙を命じ捜査員を自宅に送り込んだが、島倉は2階から隣家の屋根伝いに電柱を滑って逃走。2ヶ月後、現在の江東区富岡にある深川八幡宮《ふかがわはちまんぐう》前で身柄を取り押さえられる。

留置所に入れられた島倉は半狂乱状態で、便所に連れ出された際には小石を飲み込み自殺を図る有様だった。窃盗で逮捕されたにしては大げさと思える行動に不審感を抱いた神楽坂署の署員がある日、白金台在住時の島倉宅の火事の記録を調査するために高輪署《たかなわしょ》へ行ったところ、係の署員が、3年前の1914年10月22日、大崎の古井戸から発見された女の埋葬記録を当時行方不明になった女の親が照会してきた、という主旨の内容を語った。それを聞いた署員が当時の記録を確認し「場所：上大崎池田山 松平康壮所有地所在の古井戸　屍体：死後6ヶ月以上を経て腐乱していた。推定年齢二十一、二歳、小柄の女」との記載を見つける。当時はまだ行方不明の扱いだった貞子とは年齢は異なるものの、失踪の年月が一致している。そこで、署員は上に報告するとともに、島倉の妻の勝子を取り調べて、着衣や帯が貞子と一致するとの証言を得る。そこで、正力署長は貞子の遺体の埋葬地の掘り返しを命じ、1917年（大正6年）3月

# キリスト教伝導師・島倉儀平事件

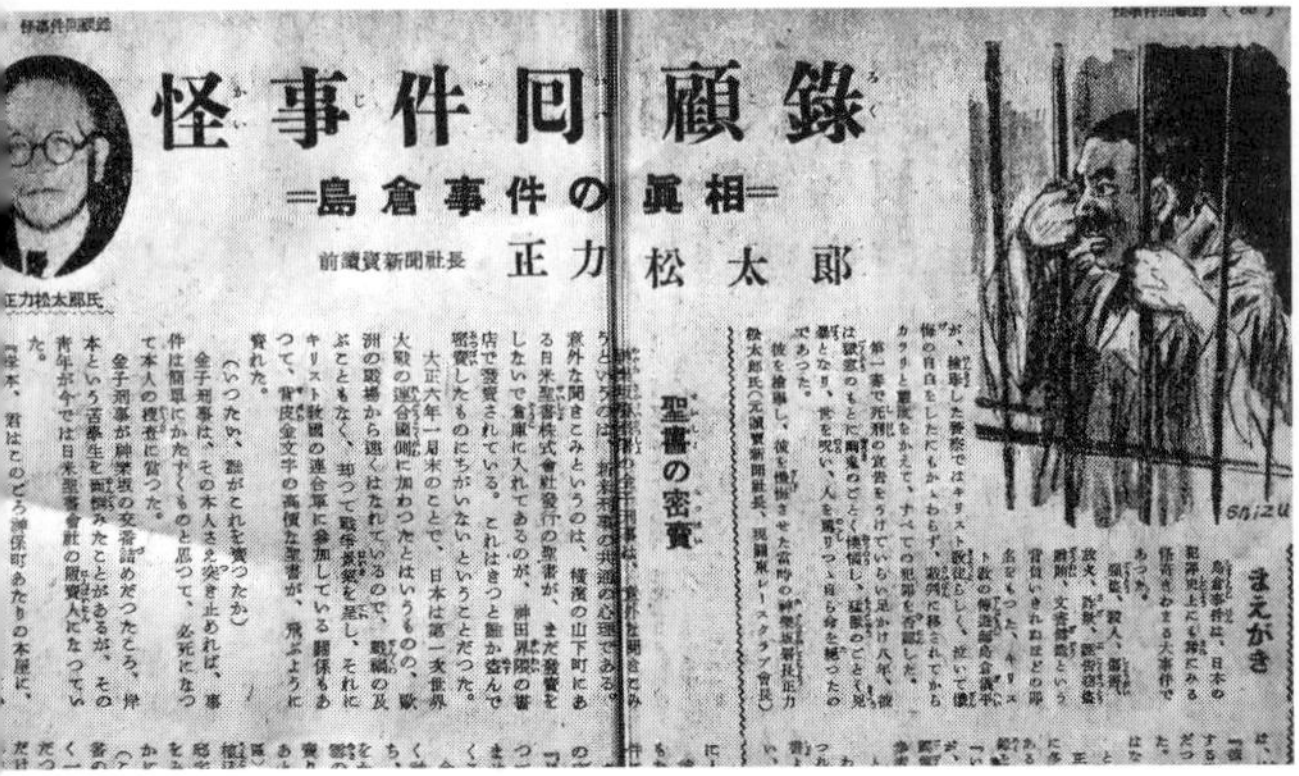
怪事件回顧録

＝島倉事件の眞相＝

前讀賣新聞社長 正力松太郎

聖書の密賣

まえがき

事件発覚当時の神楽坂警察署長で後の読売新聞社主・正力松太郎（右）と、彼が雑誌『探偵実話』1951年（昭和26年）11月号に寄稿した回顧録

22日、神楽坂署による発掘が実施された。結果、遺体の特徴である、2本の犬歯と右上の二本の金の入れ歯、着衣の断片が一致し、それらに関する両親の証言も得て、遺体が島倉が預かっていた貞子と特定、島倉を徹底的に追及する。

警察は貞子の頭蓋骨を署に持ち込み、取り調べ室の机の上に置き「覚えがあるだろう」と迫った。当初は頑なに犯行を否定していた島倉だが、1週間ほどの調べを経て「1914年9月、郷里に帰るという貞子を空き地に連れ出し、ネコイラズの入った饅頭を食べさせ殺害した」と自供。窃盗・放火についても罪を認めたことで警察は殺人、死体遺棄容疑等で島倉を再逮捕、起訴する。しかし、第2回目の審理から、島倉は自白を全て取り消し次のように主張する。

・聖書は盗んだのではなく、主任より鍵を預かり、持ち出しを許可されていた。

・放火の覚えはまったくない。

・井戸から発見された遺体は、自分の家の女中にしては骨格が大きすぎる。

・神楽坂署の正力署長は、品川署から遺体が菓子屋の娘であるという書類を引きついでおきながら、これを隠匿する一方、自分は検挙の面目を立てるべく、自白を頼まれた。

荒唐無稽で保身に終始した島倉の主張は、公判が進むにつれ崩壊する。遺体発掘の際、10数本の陰毛が女中のものと判明したこと、繻子《しゅす》の丸帯の切れ端が彼女の寄宿していた先の老婦人の持っていた繻子とメリンスの腹合せの帯であることが立証されたこと、貞子の写真から身長が測定され遺体の骨格と一致することなどが証拠立てられた。しかし、島倉はなおも全てを否認。裁判長をして「人間はある場合、怒ると獣になる」と言わしめるほど居丈高《いたけだか》な態度を貫き通した。

1918（大正7年）7月9日、東京地裁は島倉に死刑判決を言い渡す。対し、島倉はこれを不服として控訴。裁判長の度重なる交代もあって、東京控訴院で控訴審初公判は4年後の1922年（大正11年）7月7日に開かれた。この間、島倉の態度はさらに凶暴さを増しており、法廷で裁判長に向かって「そのお調べは弱いよ。もう少し突っ込まなければ駄目だ」「証人を思い切り取り調べなければ、ここで裸踊りをするからそう思え」などと罵倒した。さらに、自分を逮捕した元神楽坂署の正力松太郎署長の証人喚問を要求。いったんは却下されたが後に認められ、1924年（大正13年）5月14日の公判で実現する。このとき正力は前年12月、摂政だった皇太子（後の昭和天皇）が狙撃された「虎ノ門事件」の責任をとって警視庁警務部長を辞職。読売新聞を買収し、1924年2月から社長に就任していた。

証人として正力は「島倉の罪状はあらゆる証拠によって十分であります。いかに当法廷でしらばくれても駄目です」と供述。一審で島倉が主張した書類の隠匿についても明確に否定した。ちなみに、後に出版

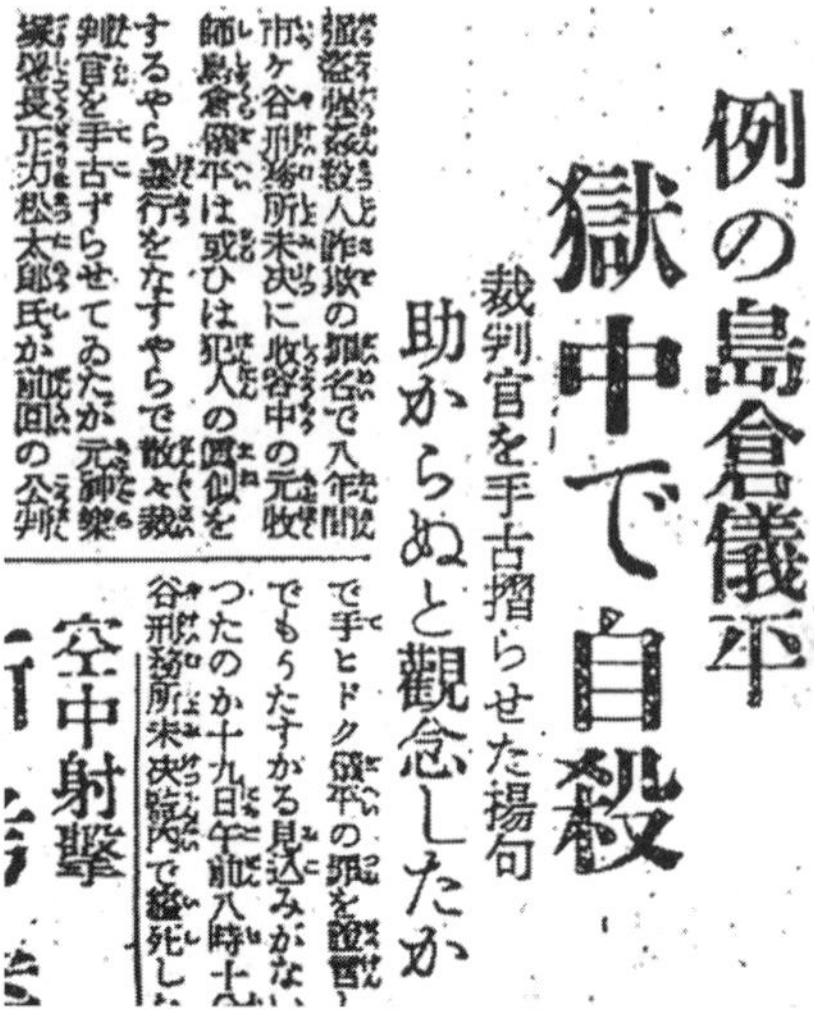
例の島倉儀平
獄中で自殺
裁判官を手古摺らせた揚句
助からぬと観念したか

強盗強姦殺人詐欺の罪名で入牢中の市ヶ谷刑務所未決に収容中の元牧師島倉儀平は或ひは犯人の真似をするやら暴行をなすやらで散々裁判官を手古ずらせてゐたが元警視庁警務部長正力松太郎氏が証言の公判で手ヒドク儀平の罪を証言してもらうたすかる見込みがないと思つたのか十九日午前八時十分谷刑務所未決監内で縊死した

空中射撃

島倉の獄中死を報じる東京日日新聞の記事と、自殺体発見時の様子を描いた絵

された『伝記正力松太郎』によれば、事前の予想だと証言台に立つ正力を島倉は殴りかからんまでの形相で睨むだろうと思われていたが、実際は借りてきた猫のように大人しく、正力が退席すると、放心したようにうつろな目で彼を見送り、トボトボと刑務所へ帰って行ったという。

控訴審の判決は同年6月30日に言い渡される予定となっていた。が、島倉はその11日前の6月19日に収監されていた市ヶ谷刑務所で首つり自殺を図り獄死する。当時の警務担当者によれば、島倉は獄中にお

事件を題材とした作家・高木彬光の推理小説『白魔の歌』（1957年初版刊行）

いては従順で、絶えず何かを書いており、死の前日も筆と紙を要求。当日もいつもどおり朝6時に起床し、朝飯も米一粒残さず食べ、死の兆しなどはまるで感じさせなかったが、刑務官が目を離したすきに、未決房の上段の窓の戸を一方に寄せ、その戸のかまちに手ぬぐいを縄のようにかけ縊死していたという。自殺の原因は、期待していた正力の証言が自分に不利益なもので極端に落胆したのではないかとの見方があり、それを裏づけるように、島倉は控訴院担当の4人の裁判官に向け日本紙に「裁判所御四人様　御詫状　死にゆく冤枉者《えんおうしゃ》（※無罪の罪を着せられた者）ギヘイ」と題し、次のような遺書を残している。

「遠藤、日下、柳澤、石塚殿。是迄の事は水に流して、どうぞお許し頂きたい。重々悪うございました。悪口ばかりたたいて、人は死に当たって初めて考えられるのであります。ア丶重々悪う御座いました。お許し下さい。お許し下さい。私は正力から騙されて、財産を妻子の名義にしてやる、ところがあとで書類を出して公判からヤル気がトンデモナイ事にされました。口惜《くちお》しくてなりません。此の恨はきっと正力松太郎のトコニ晴らしてやります。財産、妻子を奪われ望みなき身、なんとなく世の中がイヤになり、ゆえに死にたくなりました。で、私は今日明日のうちに多分死ぬことでありませう。死ぬ前にあたって一言お詫びまで。草々、敬具。　大正十三年六月十七日」

死に際しても、島倉は正力の陰謀を主張したが、もちろんそんな証拠はどこにもない。

# イルマ・ザルデルン殺害事件

## 日本軍の捕虜になったドイツ人将校の妻が強盗の魔の手に

1917年（大正6年）2月、日独戦争で日本の捕虜となり、福岡収容所に収容されていたドイツ人将校の妻が殺害されるという事件が起きた。犯人は逮捕、死刑に処されたが、事件は被害者の夫が後追い自殺するという悲劇ももたらしている。

第一次世界大戦中の1914年（大正3年）8月23日、日本はドイツ帝国に宣戦布告し、日独戦争が始まった。「青島《ちんたお》の戦い」（ドイツが東アジアの拠点としていた中国・山東《さんとう》半島の膠州湾租借地《こうしゅうわんそしゃくち》における日本・イギリスの連合国軍とドイツ軍の戦闘）でドイツ軍は11月7日に日本軍に降伏し、総勢約4千700人が捕虜となる。彼らは貨物船で同年の11月中に日本に輸送され、久留米、東京、名古屋、大阪、姫路、丸亀、松山、福岡、熊本、静岡、徳島、大分の12ヶ所に開設された収容所に入れられる。とはいえ、当初、日本の受け入れ体制が整っていなかったため、捕虜たちは寺院、公会堂、校舎、病院跡地などに設置された仮設収容所に収められ、福岡に送られた831人の捕虜は須崎《すさき》（現在の博多区須崎町）の県物産館、柳町（現在の博多区下呉服町《しもごふくまち》）にあった遊郭を改装した建物、日本赤十字社福岡県支部などに収容されることになる。

当時、北京に住んでいたイルマ・ザルデルンが、夫のジークフリート・フォン・ザルデルン海軍大尉が

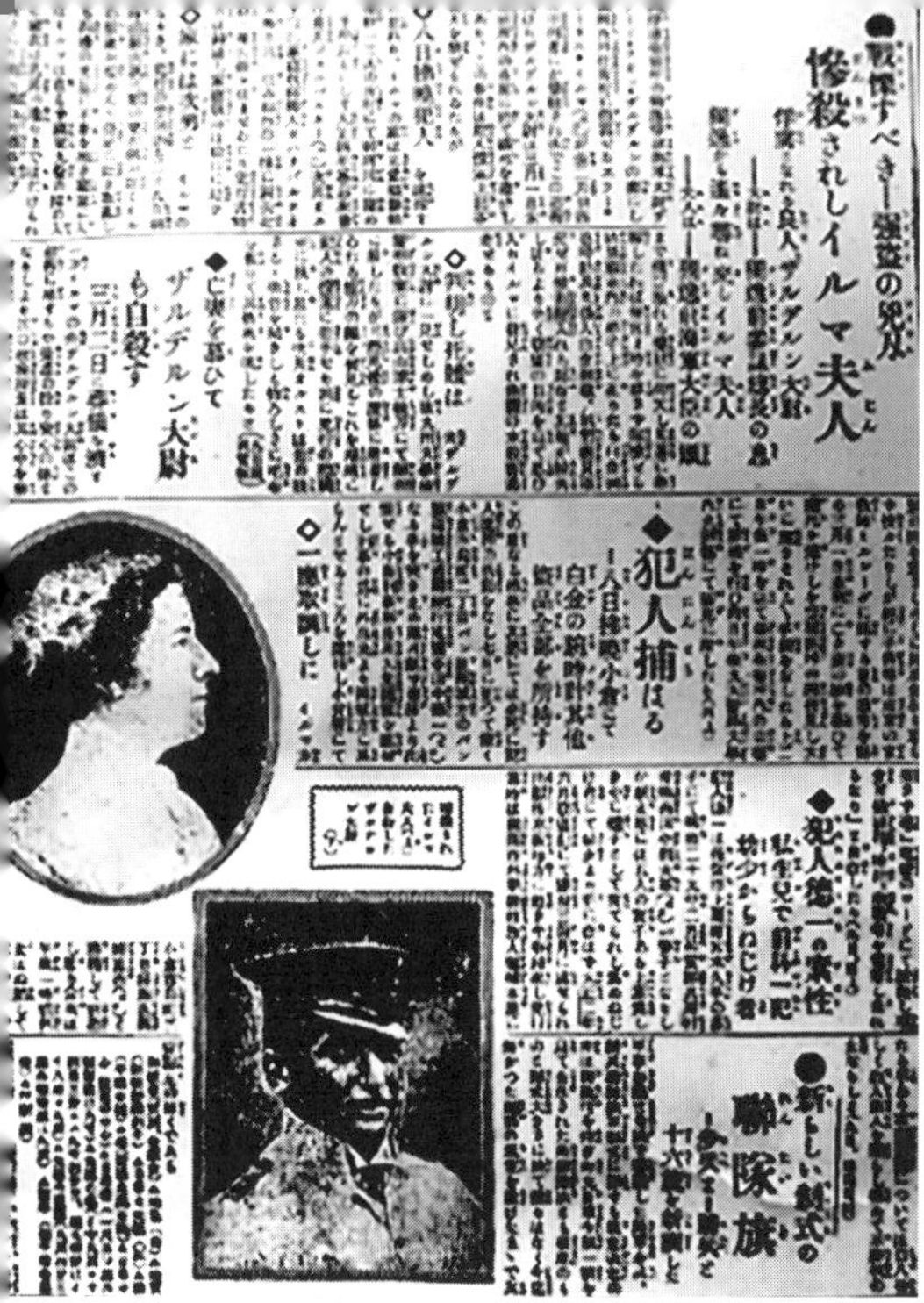

報道解禁が解けた後の1917年4月10日、事件を報じる東京日日新聞。記事中の女性がイルマ、下の軍服姿の男性が夫のジークフリート・フォン・ザルデルン海軍大尉

須崎の将校収容所にいることを知り、3歳の次男オルストを連れ日本に渡ったのは同年12月14日、28歳のとき。親子は門司市（現在の北九州市門司区）から下関市の知人宅を経て、収容所に近い外住吉町大字住吉（現・博多区住吉）の元福岡県知事の別邸を借り住まいとした。日本の捕虜に対する待遇は寛大で、希望者は毎週火曜、金曜に2時間の外出や買い物、日曜・木曜は郊外への散歩が許可され、当時、欧米人が珍しかった日本人にとって彼らは〝文明国からのお客さん〟といった存在。週1回、息子の手を引いて須崎の収容所へ向かうイルマの姿も市民の注目の的だったという。

1915年（大正4年）12月、収容所で捕虜の脱走事件が発生、イルマは背広を調達するなどして脱走の手ほどきをしたと疑われる。その後の憲兵の尋問や家宅捜索で幇助は確認できず、無実と結論づけられたが、彼女は精神的に追い詰められ、一時期、軽井沢で静養。その後、福岡に戻ったものの、収容の長期化により、捕虜のうち下

# イルマ・ザルデルン殺害事件

士卒は久留米の収容所などに移され、さらに１９１６年（大正５年）10月に柳町の収容所が閉鎖されたことから、福岡の収容所は須崎のみとなった。

事件はその４ヶ月後、１９１７年（大正６年）２月24日に起きる。同日21時頃、イルマ宅の敷地内に何者かが入りこみ、しばし庭の植え込みに身を隠した後、灯火が消えて家が静かになった23時頃、雨戸を外して家に侵入、応接室の隣にあったイルマの寝室に忍び込もうとした。物音に気づいたイルマが電気スタンドを灯して応接間を覗き込んだところ、見知らぬ男が１人。彼女は大声をあげながら男に飛びかかったが、男は所持していた匕首でイルマの顔を突き刺し、最終的に電気スタンドのコードで首を絞めて殺害する。このとき、６歳になる

日独戦争で日本軍の捕虜となったドイツ軍兵士、下士官、将校らが収容されていた福岡捕虜収容所

次男は物騒な物音を恐れ別室に身を潜めて無事。また住み込みの家庭教師は松山に出かけており不在だった。

翌2月25日朝5時、離れに家族で住み込みザルデルン親子の世話をしていた厨夫《ちゅうふ》（台所担当の雇い人）の妻がイルマの部屋を暖めようと母屋に赴き、応接室で、血痕が大量に付着した寝巻きが乳房の辺りまではだけ倒れている彼女の遺体を発見する。遺体は顔面右頬部および胸部を刺され、血痕が襖まで飛び散っていた。仰天した女性の通報により現場に駆けつけた警察は、イルマの死と、室内のテーブルにあったプラチナ腕時計、真珠入りにプラチナ指輪、紙幣・銀貨など100余円（現在の貨幣価値で約27万円）の入った財布が失くなっていること、柱にかけられていた時計が少し傾いたまま12時25分を指して止まっていることなどを確認。現場の状況からイルマが強盗に襲われ、格闘のすえ殺害されたものと推定した。

その後、彼女の遺体は九州帝国大学病院（現・九州大学病院）で解剖され、死因は窒息死で、顔から胸部、右手の計8ヶ所に刺し傷、無数の擦過傷《さっかしょう》があり、遺体の爪に2寸（約6センチ）の外国人の毛髪が挟まっていることが確認される。また、遺体の腰部に付着していた短刀のハバキ（短身と、つばの接する部分にはめる筒状の金具）が発見され、警察はこれが犯行に使われた凶器と断定、捜査を開始する。

思わぬ事態が起きたのは事件から3日後の2月28日のこと。夫のザルデルン大尉が収容所内で首をつり自殺したのだ（享年36）。イルマが殺害された事実は事件翌日、25日朝の点呼で大尉に伝えられ、その日にうちに衛兵の付き添いで本人が現場を訪れた。司法解剖を終え、26日に九州帝国大学で火葬。大尉は周

イルマの葬儀を写した1枚

りが声もかけられないほど放心していたという。そして2日後の28日未明、収容されていた福岡市・須崎裏の旧赤十字病院の自室ドアの蝶番《ちょうつがい》に電線を引っかけて、白い寝巻きのまま、ひざまずいた形で首をつり縊死《いし》。テーブルの上には軍服がたたんで置かれ、その上には義父で、イルマの父であるドイツ帝国の海軍大臣エドゥアルト・フォン・カペレ（1855－1931）に宛てた遺書が残されていた。以下、その文面である。

「最愛なる父の一人娘たるイルマは、何者とも知れぬ凶刀に倒れて何とも申し訳がない。自分と妻とは結婚当初に固い約束を結んでいた。その約束は互いに生死を誓ったのである。わが身死すれば妻も死し、妻逝けばわが身も逝くとの約束を固く結んでいた。われはいまこの約束を果たしたにすぎぬのである。

このうえは、父上の率いたまうドイツ海軍が全勝せんことを望み、2人の孤児の身の上をよろしく頼む。なお、日本官憲は妻の横死につき深甚の同情の意を表し、その葬儀もまたすこぶる丁寧を極め、目下犯人の探索中であれば、遠からず逮捕されるであろう」

大尉の葬儀は収容所の講堂で行われ、軍刀を供えた棺に納められた遺体もドイツ帝国の国旗や鯨幕《くじらまく》が張られたイルマと同じ窯《かま》で火葬され、他の遺書に記された遺言どおりイルマと同じ骨壺に収められた。また、わずか数日の間に両親を失った次男は、久留米市に住んでいた別の捕虜の妻に引き取られている。ちなみに、一連の事件が新聞で報じられたのは、イルマ殺害から40日以上が経過した1917年4月10日のこと。交戦国の大臣の娘が殺害されたという一大事に、前年10月に内閣総理大臣に就任した寺内正毅《てらうちまさたけ》（1852－1919）は驚愕、後藤新平《ごとうしんぺい》内務大臣に事件の早期解決の指示を下すとともに、報道管制により新聞記事は犯人検挙まで差し止められていた。

捜査が進むなか、現場近くの旅館に2月13～19日と23～26日に宿泊していた、小倉市（現在の北九州市小倉北区）鳥町三丁目の洋服商で神行富彌と名乗る男が浮上した。身元を捜査したところ、鳥町に該当する人物はおらず、偽名による宿泊であることが判明。さらに、警察は遺留品のハバキに新しい研磨痕を見つけ、福岡市内の研ぎ屋を捜査した結果、事件の前日に30歳前後の男が依頼していたことも明らかになった。また、新柳町の遊郭に洋服商を名乗った男の馴染みの妓娼がいることがわかり、男が事件翌日に遊郭を訪れ、右手に包帯を巻いて金の腕時計をしており、しばらく遠出すると述べていたことが判明する。やがて、妓娼《しょうぎ》に届いた手紙から、男が津屋崎町《つやざきまち》（現在の福津市《ふくつし》）に滞在していることが明らかとなり、捜査員が派遣されたが、男はすでに宿泊した旅館から旅立っており、腕時計も質屋に売られた後だった。しかし、男が腕時計をして写っている写真が写真店の店先に飾られていたことから、その正体は佐賀県兵庫村

## イルマ・ザルデルン殺害事件

（現在の佐賀市兵庫）の菓子職人で窃盗などの前科のある田中徳一《たなかとくいち》（事件当時26歳）と特定される。さらに田中が3月19日から小倉市鳥町一丁目のパン店で職人として住み込みで働いていることが判明、4月7日に刑事が小倉市に派遣され、日付が変わった4月8日午前零時15分、映画見物から帰った田中を拘束した。

小倉署で取り調べを受けた田中の所持品からは、イルマの所持品である黒カバンや金製の腕時計、真珠のついた指輪が見つかったことで、犯人に間違いないものとみて田中を福岡に移送。改めて取り調べた結果、「強盗の目的で2月24日深夜12時頃、イルマ方勝手口の錠前をねじ切って忍び入り、イルマの寝室に至り、匕首で金を出せと脅したが応じないため、隣の客間に引き出し、頸部の下部と右乳の上を突き刺した。さらにイルマの寝巻きで絞殺を図ったが抵抗され、電灯のコードで絞殺。現金や時計、指輪などを強奪し逃げた」との自供が得られた。ちなみに犯行現場からは犯人のものと思しき指紋が検出されており、本来なら前科があり警察の指紋が保存されていた田中が浮上しておかしくなかったが、逮捕後に田中の指紋を照合した結果、このとき検出されたのは指紋の凸部に付着した血液ではなく、凹部に残った血液を拭き取った際にできた逆指紋であることが判明。逆指紋の照合が犯罪捜査で用いられた世界でも最初の例とされている。

田中には一審、控訴審ともに死刑が宣告された。二審判決の際の新聞報道によれば、「顔色へんじて土のごとくなり、両眼は血走りぼうぜん」だったという。そして事件から1年あまりが過ぎた１９１８年（大正7年）3月10日、長崎監獄片淵分館で絞首刑執行。娼妓をしていた妹に自分が犯した罪の償いを記

裁判所に移送される犯人の田中徳一

した書き置きを残し刑場の露と消えていったという。

事件から91年後の2008年（平成20年）、ザルデルン夫妻の子孫から、大尉の上官が作成した遺書の複製や事件の報告、夫妻の葬儀の写真、イルマの妹にイルティス級砲艦「ヤグアル」艦長から送られた手紙、大尉が青島や福岡から送った手紙の史料が久留米市に寄贈されている。

# 鈴弁殺し事件

## エリート官僚が金づるの外米商を殺害、遺体をバラバラにして投棄

1919年（大正8年）6月6日16時半頃、新潟県三島郡大河津村《おおこうづむら》の信濃川下流の岸辺に高級なトランクが漂着しているのを自転車に乗った牛乳配達人の男性が発見した。好奇心に駆られトランクに近づいたものの何か不審さを覚え、男性はいったん村に戻った後、4、5人の住民を連れ再び現地に向かう。彼らはお宝が入っているものと期待し、トランクの蓋を開け腰を抜かす。中にバラバラに切断された人間の胴体が入れられていたからだ。臭気を防ぐためかトランクには大量のナフタリンが撒かれていたが、死体臭はそれを上回る凄まじいものだった。日本犯罪史上初のバラバラ殺人の発覚である。

通報を受けた新潟県警寺泊《てらどまり》警察分署と与板《よいた》分署の係官が現場に急行し遺体を確認し殺人事件と断定、翌7日から信濃川川岸の堤防上にテントを張り、トランクの精査、遺体の検死が行われた。結果、トランクは赤皮製で長さ二尺四寸（約73センチ）、横一尺四寸（約42センチ）、深さ七尺三分（約22センチ）で、両側面に「ＫＹ」の二文字が刻印されていることが判明。また、遺体は男性で、鋭利な刃物で頭部と両足を切断されており、死後約1週間が経過。両手胴体から推定するに慎重は五尺五寸（約165センチ）、陰毛に白髪が混じっていたことから年齢は50～60歳であることがわかった。

さらに警察の聞き込み調査により、殺人は県外で行われ、遺体は列車で運ばれ投棄された可能性の高

遺体発見現場の信濃川下流の岸辺と、切断遺体が入っていたトランク

いことが判明する。長岡駅詰めの2人の赤帽（旅客の荷物を駅構内から待合室などに運搬する係）の証言によれば、遺体発見の4日前の6月3日午前8時、上野駅を前夜20時に出発した新潟行きの急行列車が長岡駅に到着、一等車から高級な背広服と和服を着た紳士2人が降りて来て、大小2つのトランクを駅外に運ぶよう指示、その後、2人は駅車を呼び西長岡駅方向に車を走らせたという。赤帽らは紳士2人に、トランクに瀬戸物が入っているので慎重に運ぶよう言われていたが、実際は遺体が入っていたに違いない、大きいトランクのサイズが遺体の一部が見つかったトランクと寸分違わないと断言した。後にわかることだが、この2人が主犯の山田憲《やまだけん》（当時30歳）の共犯者、渡辺惣蔵《わたなべそうぞう》（同27歳）と山田庄《やまだしょう》平《へい》（同39歳）である。

　山田憲は新潟県南蒲原郡《みなみかんばらぐん》中島村の豪農の家に生まれ、東京帝国大学農学部を卒業後、農商務省の技師（技術関係を扱う高等官）となり、191

# 鈴弁殺し事件

8年（大正7年）4月より設置された外米管理部の主任に抜擢されたエリート官僚だった。当時は第一次世界大戦の影響によって米の輸入量が減少したことで外米の価格が高騰、しだいに米作地主や米取扱業者の売り惜しみや買い占めなどが横行し、一般市民の暮らしを苦しめていた。そこで、時の寺内正毅内閣は、外米の輸入を政府が管理することで米価の調整を約束。外米管理部が指定する商店に公定価格で外米を販売させる代わりに、商店には100斤（約60キロ）につき30銭の手数料を与え、損失が出れば補償することを取り決める。何のリスクもないビジネスに当然のように多くの商店が名乗りを上げた。が、当初、指定されたのは東京の三井物産と湯浅商店、大阪の岩井商店、神戸の鈴木商店の4店で、ほどなく神戸の大黒商店と内外貿易、名古屋の加藤商店の3店が加わる。しかし、美味しい商売にありつきたい業者は他にも大勢おり、山田には連日のように全国から働きかけの依頼が入る。そんな中の1人が本事件の被害者で、横浜で外米輸入商を営んでいた鈴弁こと鈴木弁三《すずきべんぞう》（同60歳）だった。

神奈川県橘樹郡《たちばなぐん》（現在の横浜市神奈川区＆鶴見区）の一農夫の子供として生まれた鈴木は、米屋の丁稚奉公、米穀商の番頭を経て、1888年（明治21年）、横浜太田町に外米輸入商を開業。南京米《なんきんまい》の輸入で悪どい儲け方をし、さらに外米の買い占め、高利貸しなどで巨万の富を築いた人物だ。利益のためにはどんな手段でも用いることから、同業者の間では〝ズル弁〟と呼ばれていたが、本人は周囲の評判など一切気にせず、さらなる利益を求めて山田に接触。山田からリークされた情報をもとに1918年の米騒動で暴利を貪る一方、山田が渡欧する際には次男を同行させてあらゆる便宜を供与した。当然、前述の外米取

殺害された鈴弁こと鈴木弁三と、彼が横浜で営んでいた外米商の店舗

り扱い商に関しても、自分の店が認可されるよう強く要請していた。

当初、山田は鈴木を相手にしていなかった。エリート中のエリートにとって、街の一業者である鈴木は鼻にもかけぬ存在でしかない。ところが、山田は将来の立身出世の軍資金作りを目論んで米相場に手を出し失敗、多額の借金を抱えるようになり、１９１９年（大正８年）４月頃には損失は１万円（現在の貨幣価値で約５３０万円）にも膨張。毎日のように債権者に追われ、妻の実家から３千円を借りて穴埋めをする状態だった。そんな彼の脳裏に浮かんだのが自分に執拗にアプローチをかけてくる鈴木で、山田は借金返済のため、部下の渡辺を外米管理部の主管局長であると騙して鈴木に面会させリベートとして５万円（同約２千６５０万円）を受け取ることに成功する。もっとも、その偽装工作はほどなく露呈し、山田は鈴木から即刻５万円の返済を迫られるが、すでに大半を借金の穴埋めで使っており返せるわけがない。無

# 鈴弁殺し事件

公判に臨む被告人。左から主犯・山田憲、共犯の渡辺惣蔵、山田庄平

視を決め込む山田に鈴木の怒りは爆発、互いの関係を職場の上司に暴露すると言い出すに至り、追い詰められた山田は殺害を決意する。

1919年5月31日夜、山田は家族を外出させたうえで自宅に鈴木を招き、酒席でもてなした隙をつき部下の渡辺とともに鈴木をバットで殴打した後に絞殺。いったん遺体を物置に隠し、翌6月1日の夜に再び家族を外出させてから遺体を切断、2つのトランクに分け、さらに従兄の庄平を呼び出して遺体の投棄を依頼した。

6月2日、渡辺と庄平は汽車で山田の故郷に近い長岡市に向かい、船を出させて信濃川に遺体の入ったトランクを石を結びつけたうえで遺棄。その後、渡辺は3日に長岡から山田の異母兄宛に、さらに5日に青森から山田を装い横浜にある山田の自宅宛に電信を打つ隠蔽工作を行った。

遺体の入ったトランクが発見されて2日後の6

月8日、山田憲が渡辺を連れ警視庁を訪ね、事件の犯人として渡辺を引き渡す旨、告げる。が、渡辺の供述に詳細な部分と曖昧な部分が混在していることに不自然さを覚えた警察は、渡辺は身代わりではないかと疑い、山田を徹底的に追及。本人から自供を得る。

裁判で山田憲は「米価をつりあげた悪人を、義憤にかられて殺した」と主張した。が、下った判決は死刑（共犯の渡辺は懲役10年、山田庄平は懲役1年6ケ月＝執行猶予3年）。これを不服として山田憲は上告したものの、却下され刑が確定。1921年（大正10年）4月2日、絞首刑が執行された。なお、山田が鈴木から詐取した5万円のうち4万2千円は後に鈴木家に返還され、同家はこれを慈善団体に寄付したという。

山田の死刑判決を報じる新聞紙面

○本日田山裁判長より
憲《けん》に死刑《しけい》の判決《はんけつ》
惣藏は懲役十五年
憲は裁判長にお辭儀、惣藏は意外の減刑ににつこりする、庄平は一年六ケ月
憲庄平は直に控訴す
本案に就ては被告憲を死刑に處す
被告惣藏を懲役十五年に處す
被告庄平を懲役一年六月に處す
押收物件中現金三萬四千圓及び千五百圓並にボール用バット一本は之れを沒收し其他は差出人に還付す
第九回
羽織に
▽惣藏は輕くて
嬉しかつたと判決後に

# ピス健事件

## 警官を含む3人を殺害、警察に挑戦状を送りつけた日本初の劇場型犯罪

大正末期、東京、神奈川、京都、大阪、兵庫でピストルと短刀で強盗を働き警察官を含む3人を殺害、「ピス健」の異名で恐れられた男がいる。少年期のサーカス団で培った変装や俊敏さで警察の捜査を撹乱、さらに警察へ挑戦状を送り、中国大陸でも犯罪を行う大胆さ。日本初の劇場型犯罪とも言える凶悪事件の顛末。

1925年（大正14年）年11月9日午前4時15分頃、東京府品川町南品川浅間台の浅間台尋常小学校の校長、関根岸郎《せきねきしろう》（当時42歳）が住む教員住宅に、覆面で黒詰め襟の上着、茶褐色のズボンをはいた身長5尺（約150センチ）の強盗が押し入った。侵入に気づいた関根が大声を出したところ、男は「騒ぐと殺す。金を出せ」と脅迫。関根が応じなかったため、所持していた短銃を発射した。弾は布団に当たり関根は無事だったものの、同居していた教員の幸内寅吉《さちうちとらきち》（同32歳）が強盗に飛びかかり取っ組み合いとなり、強盗が放った2発目が関根の肝臓を貫通、さらに3発目を放ち逃走する。重傷を負った関根はすぐに病院へ搬送され、いったんは「校長先生は無事でしたか」などと会話もできる状態まで回復したものの、時間の経過とともに「だんだん呼吸が苦しくなってきた。おやじが来たら、先に参りますと伝言してください」などと話し、8時50分に息を引き取った。

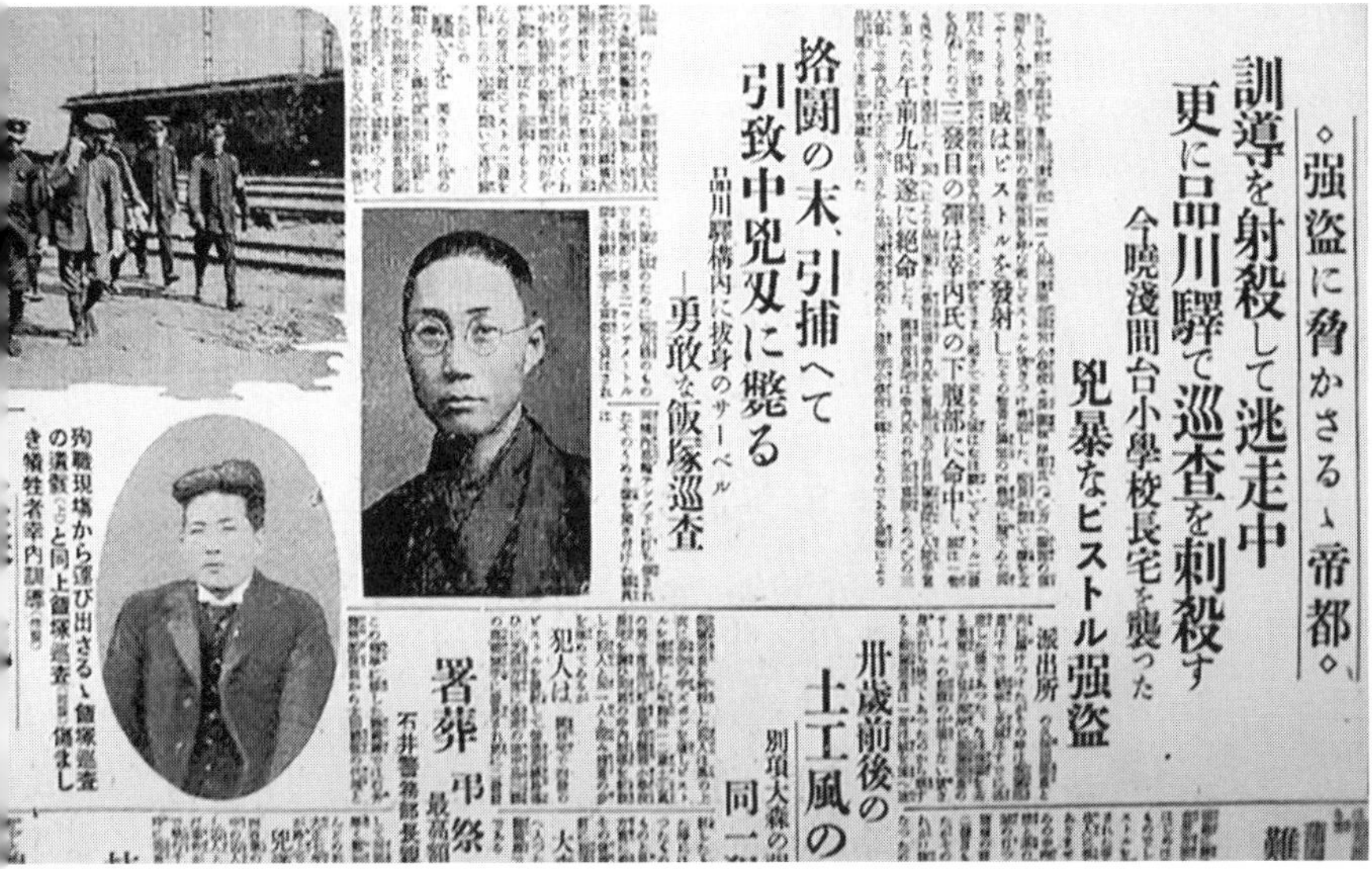
◇強盜に脅かさるゝ帝都◇
訓導を射殺して逃走中
更に品川驛で巡査を刺殺す
今曉淺間台小學校長宅を襲った
兇暴なピストル強盜
格闘の末、引捕へて
引致中兇刄に斃る
品川驛構内に拔身のサーベル
―勇敢な飯塚巡査
卅歳前後の
土工風の
署葬

事件を伝える東京日日新聞の紙面。メガネの男性が殉職した飯東喜代政巡査。その左が同じく犠牲となった教員の幸内寅吉

一方、現場から逃走した男は同日午前4時45分頃、品川駅構内八ツ山下転轍所《てんてつしょ》（ポイント切り替え所）に姿を現す。それを目撃した同所の所員が不審に思い近づいた途端、男はいきなり銃を発射。もう1人、飛び出してきた別の所員にも発砲したものの弾は当たらず、2人は駅構内にある警察官詰め所に通報する。すぐに当直だった高輪署所属の巡査、飯束《いいづか》喜《き》代政《よまさ》（同39歳）が男の行方を追ったが、ほどなく飯束巡査は線路内で右胸上部を短刀のようなもので斜めに一刺しされた姿で発見される。本人所持の帯剣が現場から約180メートル離れた海岸に捨てられていたことから、同巡査は海岸付近で男を捕まえて連行する際に、剣を奪われ刺され死亡したものと推測された。発砲された転轍所の所員の目撃証言によると、犯人は小男で一見労働者風。しかし、現場に指紋や足跡などはなく人相もはっきりしなかった。

各新聞は事件を一斉に取り上げるとともに「殉職警

官は薄給で七人暮らし」の見出しで亡くなった飯束巡査の質素な暮らしぶりを報道。これに各方面から同情が集まり、三菱財閥の4代目総帥で男爵の岩崎小弥太から500円、森村財閥を創設した六代目森村市左衛門の次男・開作から300円、味の素創業者の鈴木三郎助から200円、遠山証券創業者の遠山芳三から100円など多くの見舞金が集まり、総額は2千500円（現在の貨幣価値で約600万円）に達した。一方、警察は「教員巡査殺し事件」の犯人逮捕または犯人逮捕の端緒を与えた者（警察官であるかどうかを問わず）に「純金腕時計（価格100円）」の懸賞をもうけ情報提供を募る傍ら、花柳界、駅、木賃宿、無料宿泊所など犯人が立ち回りそうな場所を捜索するも、手がかりは全く得られなかった。

2日後の11日午前3時頃、横浜市戸塚町吉田の宝蔵院《ほうぞういん》という寺に強盗が押し入り、ピストルと短刀を突きつきたうえ、住職ら男性3人を麻縄で縛り上げ「俺は新聞にも出ている品川の巡査殺しの犯人だが、警戒が厳重なので高飛びせねばならぬから金を貸せ」と脅迫。約1時間半にわたり室内を物色し、現金60円（現在の約9万5千円）と自転車を奪い逃走する。通報を受けた警察は、被害者から、男が印半纏《しるしばんてん》に手拭いを被り、白いメリヤスの股引《ももひき》をはいた裸足足袋《はだしたび》で身長は5尺2寸（約157センチ）との情報を得るとともに、犯行時に口にしていた内容から品川の事件と同一犯の可能性が高いものと睨む。

同日午前6時頃、神奈川県警保土ケ谷《ほどがや》分署は、戸塚町の犯人の風体に似た男が保土ケ谷の元町で印半纏と自転車を捨てて山中に逃げ込んだとの情報を得て、青年団や消防隊約300人で午前10時40分から山狩りを行ったが、手がかりなし。同日夜に横浜・三ツ沢の豆腐屋の戸を叩き、岡野公園に行く道を尋ねた者がいることが判明。豆腐屋では怪しんで返事をしなかったが、数町を隔てた理髪店でも同じように尋ねたものがあり、県警は犯人との見方を強める。後にわかることだが、犯人は11日の山狩りの最中にも、巡査に道を尋ねたり、「まだ泥棒は捕まらないのですか」と話しかけていたという。

捜査が進展するのは3日後の14日の午後。宝蔵院などに残された指紋と、品川の事件の前の10月28日に横浜市久保町で発生した短銃強盗事件の遺留指紋とが合致したのだ。ようやく犯人特定の端緒が見つかった矢先、同日未明、大阪で発生したピストル強盗の手口が品川の事件と似ていることが判明。犯人はすでに関東からから関西へ逃亡していたのである。

14日午前2時頃、大阪府三島郡茨木町《いばらぎちょう》（現在の茨木市）の飲食店「喜楽亭」の店主、増井豊吉《ますいとよきち》方に2人組の覆面強盗が押し入った。同家の3畳間で寝ていた仲居の田中あい（同22歳）が物音に気づき主人の豊吉に助けを求めたところ、強盗の1人である20代前半の男が短銃を向け「撃つぞ撃つぞ」と威嚇。豊吉は恐ろしさのあまりそのまま布団をかぶり「待て」と制したものの、強盗はあいに向けて銃を2、3発発射し、そのまま仲間の男と庭先から逃走する。あいは4時半頃、運ばれた病院で死亡した。

同日午前11時頃、犯人の1人が同郡大冠村《おおかんむりむら》（現在の高槻市《たかつきし》）野田の堤防で大阪府警の捜査員に身柄を確保される。男の名は姫野薫《ひめのかおる》（同18歳）。大阪・中之島公園で知り合った奈良県出身の本田俊一という自称「印刷工自由労働党員」の男に誘われ犯行に及んだという。銃を放ったのは本田で、堤防のやぶの中に逃げ込んだらしい。警察は本田の人相、格好、髪の毛の薄いところや言葉遣いなどから逃走犯は東京の犯人と同一のようだと推定。姫野の供述内容や指紋などをすり合わせた結果、逃走犯が品川の事件にも関わる、

# ピス健事件

本籍・神戸市布引通《ぬのびきどおり》で、森神健次《もりかみけんじ》や本田俊一など数々の偽名を使い分けた本名・大西性次郎《おおにしせいじろう》（同39歳）と断定する。

ピストルと健次から、新聞に「ピス健」と呼ばれた大西は11月19日、大胆にも警視総監や高輪署長、大阪府警察部長宛に、挑戦状とでも言うべき手紙を数通送付する。

「近々上京してお目にかかる。凶名を後世に伝うべく大望を抱え、逮捕するなら死を決して来い。さもなくば犯人を殺す覚悟で向かえ」

「いろいろお世話になっております。私は例のピストル強盗ですが、人を殺しましたについてはまたいろいろ事情がありまして、私が悪いとばかりは申されません。本をただせば、皆社会の罪に起因していると思います。まだ少し捕まるのは

犯人の「ピス健」こと大西性次郎（右）。
大西が使っていた変装道具とピストル

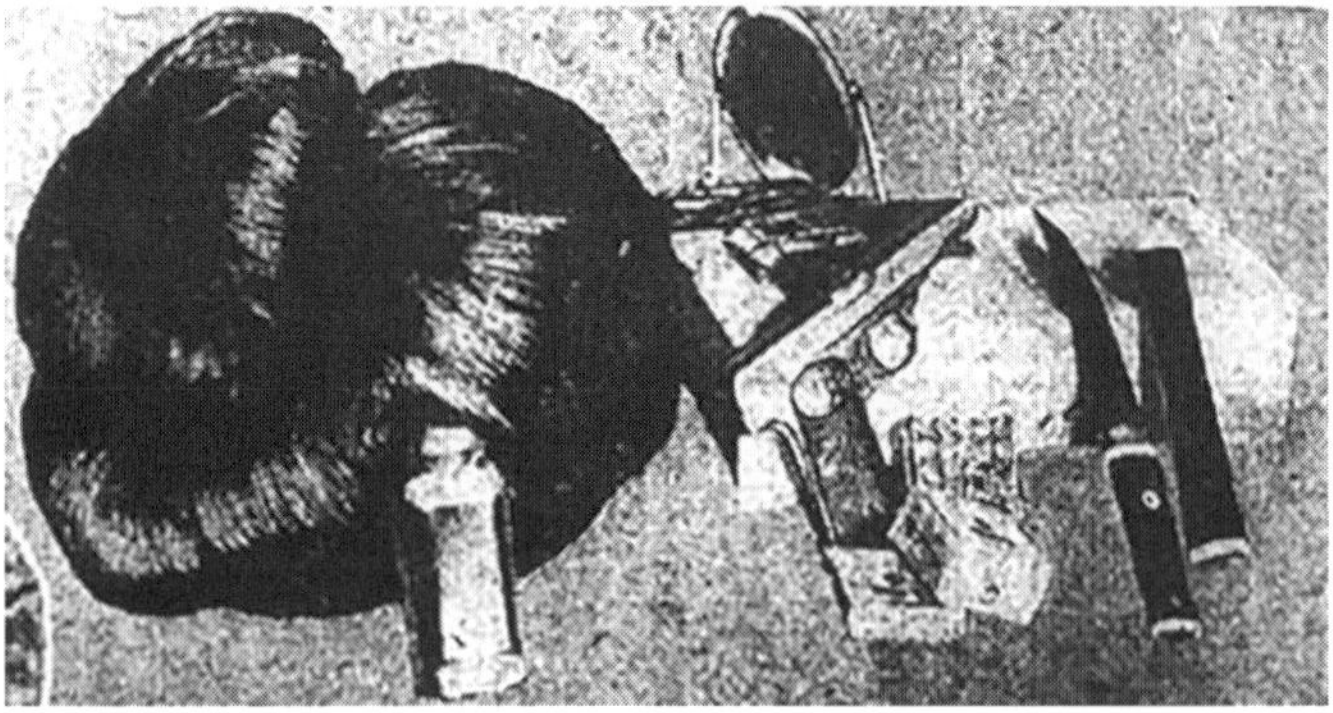

早いようですから当分失礼します。これから朝鮮、満州方面へ行って、もっと腕も磨いてきます」

その言葉どおり、大西は一連の犯行後、山口・下関の方面に逃れ、連絡船で釜山《ぷさん》に渡り、朝鮮で一稼ぎしてから中国・奉天《ほうてん》に乗り込み強盗を働く。続いて、大連《だいれん》に移動し、大阪の警察部長宛に「上海を経て香港に行く」と手紙を送付。また、妻のあいには「驚天動地をもくろむ私に、重き不都合のことあり。ゆえに御身他に良縁を求めて人生を幸福に暮らしてくだされ。私との関係はこれきり。後日のためここに離縁状を差し上げ申し上げおく候なり」と送っている。

12月5日、大西は中国服に草色のサングランスで変装、「高山仁三郎」の偽名を使い船で大連から神戸に到着する。これを予想していた警察は神戸港で警戒体制をとったが、大西は船からランチに飛び移って隠れるなどしてまんまと入国に成功する。その後、10日に京都市梅小路《うめこうじ》の質店を襲って130円と質草の金の指輪など貴金属80点余り（時価約1千500円相当）を強奪。「夜が明けるまでに警察へ届けたら皆殺しだぞ」と捨て台詞を残して去り、翌11日には兵庫県加古《かこ》郡高砂町《たかさごちょう》（現在の高砂市）で医師宅から11円と衣類、時計を奪い、その足で大阪でかつらと着物を買い、女装して神戸市の友人方に潜伏する。

その後、大西が神戸市内に舞い戻ったとの情報を得た兵庫県警は、タレコミから北長狭通《きたながさかどおり》（現在の西宮市）のチャブ屋（外国人の船乗りを相手にした飲食店）「星の家」の2階に寝泊まりしていることを把握したうえで、同月12日夜、三宮署と本部刑事課の12人が決死隊、二番手として300人の警官が幾重にも同店を包囲する。日が変わった13日午前1時、突入。と、奥の4畳半に寝ていた黒いサテン付きの大島紬をまとった女が布団を蹴って立ち上がり短銃を手に「捕らえてみるなら捕らえてみよ」と銃口を向けた。

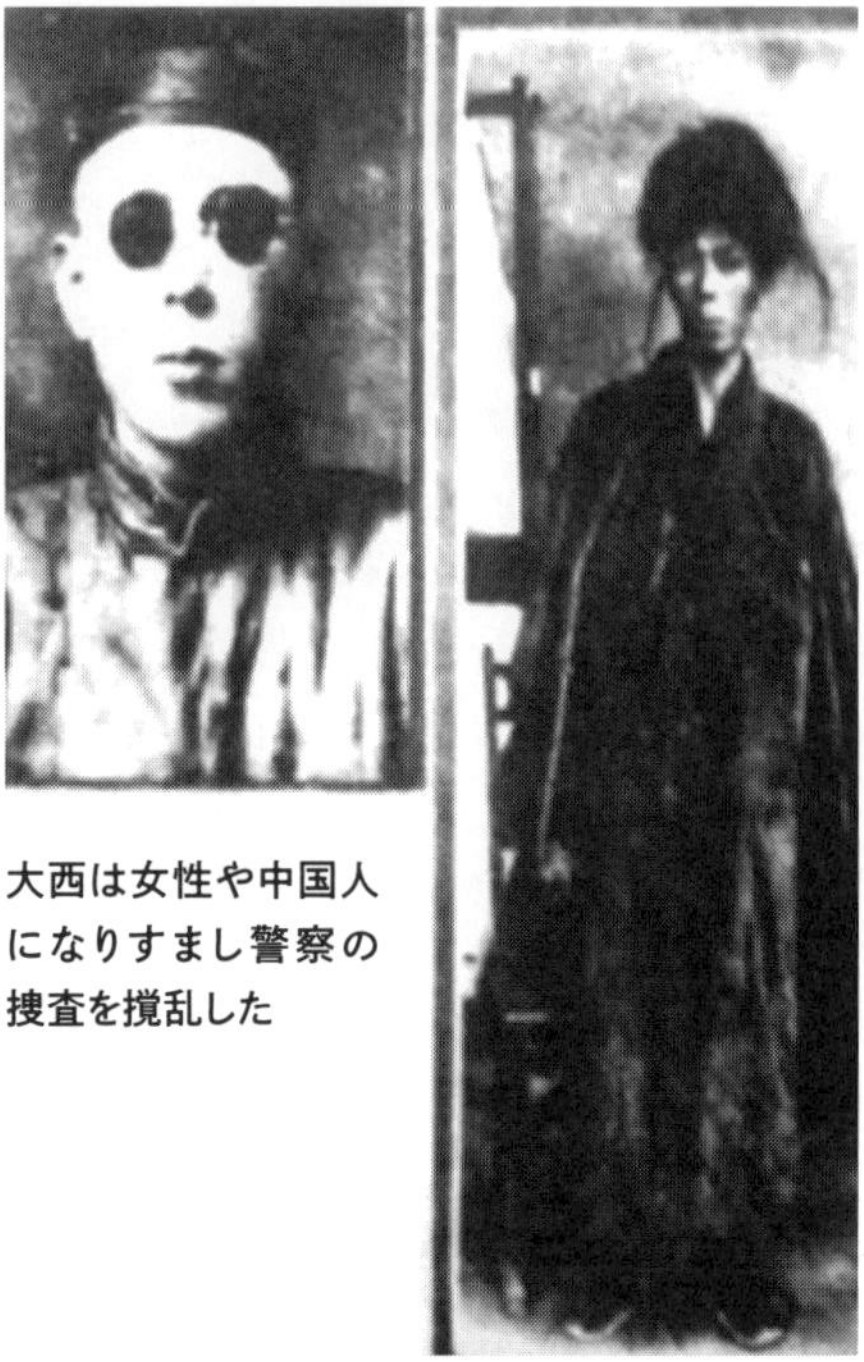

大西は女性や中国人になりすまし警察の捜査を撹乱した

間一髪、刑事が背後からコートを女の頭部にかぶせ逮捕。その女こそが大西性次郎だった。

大西は1887年（明治20年）、兵庫県神戸市布引通に生まれた。その後東京・神田神保町に移り、13歳で浅草区材木町の表具屋へ奉公に。活動写真や芝居が好きで頻繁に出入りするうち、奉公先を飛び出し、浅草公園を根城にする不良の集まりに加入、14歳の頃からサーカスや軽業師、役者などとして地方巡業をしていた。一方、17歳の頃から東京や兵庫で短銃強盗を働き、1908年（明治41年）、21歳のとき神戸地裁より無期懲役の判決を受ける。ちなみに当時、大西は森神健次と名乗っており、逮捕前、「百人斬りの森神健次」などと称して警察や新聞に手紙を送っていたそうだ。

福岡・大牟田の三池刑務所に収監されたものの、恩赦によって懲役15年に減刑されて1923年（大正12年）8月に出獄。職を求めて台湾、天津、上海などを渡り歩いたものの思うような仕事はなく、神

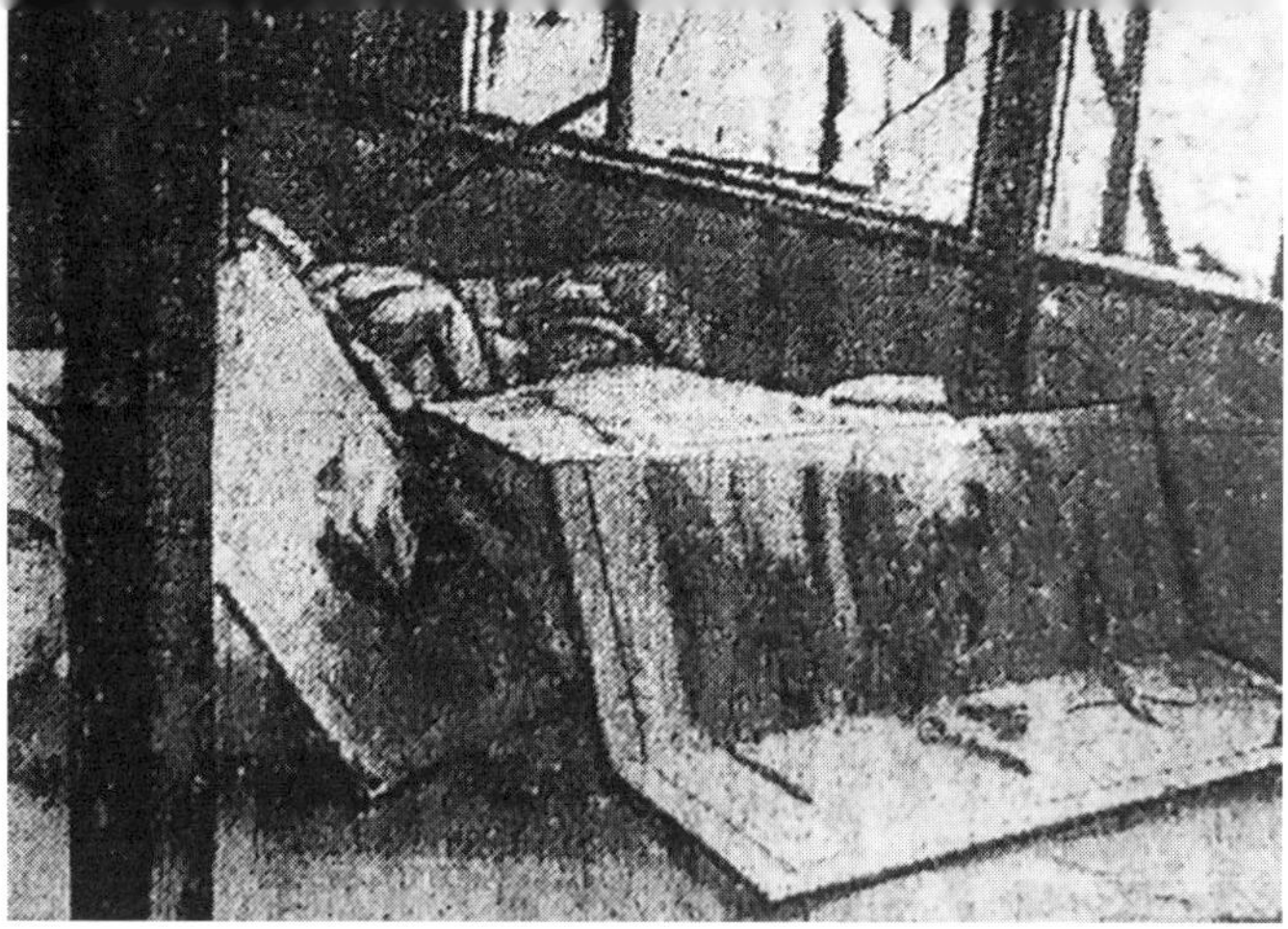

**逮捕現場となった神戸の飲食店「星の家」の2階**

戸に舞い戻る。その後、土木工事の大島組に入り現場監督として活躍。結婚し、神戸市兵庫区の芦原通《あしはらどおり》で学校用品店を営んだ。しかし、周囲から前科者と罵られ、1924年（大正13年）10月、世間を驚かすような大仕事をして来ると妻に言い残し家を出る。同月28日に横浜市久保町の貸座敷番頭、大塚訳次郎方を襲い現金3円と外套を強奪、翌日は鶴見町の花月園《かげつえん》入り口の菓子店などを襲った。その後、しばらく消息を絶っていたものの11月5日に、東京・入新井町《いりあらいまち》（現在の大森周辺）の陸軍御用商人の家を襲って逃走。9日に、品川で前述の教員・巡査殺害事件を引き起こした。後の調べで、大西は犯行時の様子を次のように語っている。

「校長宅では教員に抵抗されたので撃ち殺した。巡査については殺すつもりはなかったが、刀を抜いてきたため命を取られると思い刃向かって致命傷を与えてしまった。後に新聞で家族が多いことを知ったときは気の毒に思って遺族にとらわれてやろうと思ったが、まだ死後の思い出に名前を後世に伝えるようとする企てがあった」

　大西と、共犯の姫野の裁判が大阪地裁で始まったのは1926年（大正15年）9月7日。多数の市民が傍聴するなか、まずは姫野の審理が進められたが、大西は退屈そうにあくびをし、そのうち裁判長の前に進み出て「大概に調べたらどうです。こんなぐずぐずした尋問は辛抱できん」と愚痴をこぼした。自身に対する尋問に対しては「身分、経歴、そんなものはどうでもいいじゃないか」と言い放ち、茨木の事件について「料理屋を狙ったのは、ぜいたくなお客から手にしたものだから悪銭と思った」と供述。犯行を認めたものの、他の事件には全て否認した。そして「一言聞いてもらいたいことがある」と口を開こうとしたところで裁判長が大西を押し止め、法廷の安寧を乱すとして傍聴人に退廷を命ずると「傍聴を禁止するなら俺は法廷でものを言わぬ。傍聴人はちょっと出るのを待ってくれ！」と大声で叫んだという。しかし、午後の審理では一転して罪を認め、17時に結審。検事から死刑の求刑があった後、18時過ぎに閉廷した。

判決は同月25日。共犯の姫野は懲役8年、大西には死刑が言い渡された。その後、大西は「一昨日、妻が面会に来て『1日でも長らえて。それには控訴や上告をすればいい』と聞きました。可哀想です。ただ、私のために命を落とした人の霊も慰めたいので控訴権を放棄します」と一審判決に服することを断言した。

逮捕・連行時（左が大西）

# ピス健法廷で大暴れ
## 突然被告席から突っ立ち
## 大混亂のうちに禁止
### 稀代の兇賊大西の公判

深刻な希望を述べたピス健

平然と邊りを見廻したりして

物凄い光景を呈した

絽の羽織を着流し悠々と入廷す

満場総立ちとなる

風水害地へ御救恤金

恐ろしい

大西は最初

兇暴の限りをつくした

# 兇賊ピス健——けさ死刑を執行
## 『きつと更生する』と
### その朝まで盛んに霊感を説く

この朝

大西も

名殘を

死骸の

懺悔録の出版や生きながらの解剖などさまざまな變つた注文

荒れた初公判の様子（上）と死刑執行を報じる大阪朝日新聞

死刑執行は同年12月6日。親族から遺体の引き取りの声はなく、兵庫・芦屋の資産家が引き取り、西宮市の六湛《ろくたん》寺《じ》の共同墓地に葬られた。辞世の句は「ひが人となりたる罪は赦されよそのためわれは登る刑台」だった。

# 谷口富士郎事件

## イケメンの元美大生が、自分の性癖を知った老婆と、共犯の弟を殺害

東京府荏原《えばら》郡松沢村（現在の世田谷区）上北沢に住む水谷はる（当時66歳）宅前を通りかかった松沢村駐在所の巡査が異変に気づいたのは、１９２８年（昭和３年）６月27日22時頃のことだ。屋内から何とも言えない悪臭が漂っている。不審に感じた巡査が中に入ったところ、布団の上に寝たまま惨殺されている、はるの姿が。死体はすでに腐乱しており、猛烈な異臭を放っていた。検死の結果、被害者は電気のコードで10日以上前に絞殺されていることが判明。室内が荒らされていたことから、警察は強盗殺人として捜査を開始するが、被害者宅は畑の中の一軒家で目撃証言も皆無。何の手がかりも得られぬまま時間だけが経過する。

およそ１年半後の１９３０年（昭和５年）１月、松沢村の精神科病院・松沢病院に北海道で眼科の病院を営む谷口捨次郎《すてじろう》という人物が訪れ、同行していた三男の新三郎《しんさぶろう》を入院させてほしいと申し出た。診断の結果、入院を必要とする症状は認められないとされたが、谷口の強い希望で新三郎は入院となる。

谷口は数年前に妻を病気で失い、１９２９年（昭和４年）に再婚。子供は４男１女の５人おり、長男・富士郎《ふじろう》、二男・省次郎《しょうじろう》、三男・新三郎は１９２７年春に上京、現在の世田谷区経堂に一軒家を借り兄弟３人で同居していた。ところが、省次郎が１９２８年10月から行方不明に。富士郎によれば「無断で満州に行った」のだという。その後、富士郎と新三郎は１９２９年にいずれも学校を中退、北海道の実家に戻っ

たところ、新三郎が継母に暴言を吐いたり暴力を働くようになったため、富士郎が「弟は気が変になっているから、症状が軽いうちに松沢病院に入院させた方がいい」と父親に提言したそうだ。

それから3ヶ月後の1930年4月24日、東京・大井署に地元の開業医の長男である戸野原三男という人物が訪れ、衝撃の発言を行う。戸野原曰く、「先日の新聞に、約3年前に東京から発送したらしい行李

犯人の谷口富士郎。写真は1930年（昭和5年）4月、実家の北海道から警視庁に移送されたときに撮影された1枚

詰めの死体が北海道・夕張の運送店倉庫から発見されたという記事が載っていたが、それは札幌の谷口さんの二男の省次郎ではないだろうか」という。戸野原によれば、自分の父は谷口捨次郎と親しく、自分も新三郎とは兄弟のように付き合っていたそうだ。今年になって新三郎が松沢病院に入院したため、度々見舞っていたが、今日になって病院から呼び出されて行ってみると、新三郎は重い中耳炎にかかっており、「言っても信用されないし、一生隠しておこうと思ったが、実は省次郎兄さんは富士郎兄さんに殺されたのだ」と語った。

報告を受けた警視庁捜査一課は捜査員を松沢病院に送り、新三郎から次のような供述を得る。

1928年11月11日16時頃、外出先から家に帰ると、次兄の省次郎が血まみれになってうめいており、長兄の富士郎が彫刻で使う玄能で殴ろうとしていた。慌てて止めようとしたところ、「邪魔するな」と脅

左から殺害された二男・省次郎、主犯の長男・富士郎、
遺体処理に加担されられた三男・新三郎

されて震え上がってしまった。富士郎は省次郎の頭を続けざまに殴って殺害。3日ほど押し入れに隠した後、自分も手伝わされて、玄関脇の空き地に掘った穴に遺体を埋めた——。

果たして、警察が現場を掘り起こしてみると、新三郎の言うとおり、頭を割られた省次郎の死体を発見。ほどなく富士郎（当時22歳）は殺人容疑で逮捕される。

富士郎は1927年（昭和2年）2月、札幌二中を4年で中途退学し、彫刻を勉強すべく上京。東京美術学校（現在の東京藝術大学）に入学したが、中学校の卒業証書を偽造していたことが判明、退学処分となる。しかし、父親が資産家だったため、その後も十分な仕送り（現在の額で1人、月に約20万円）を受け優雅な暮らしを送る。ただ、共に上京した兄弟3人は、その父親の資産をめぐり、常に争っていた。現在の額にして実に約9億6千万円。父親が再婚したこともあり、莫大な資産が誰の手に渡るのかは彼らにとって重大問題だった。

ただ、富士郎が省次郎を殺害した直接の動機は、冒頭に記した水谷はるの殺害である。富士郎ら3兄弟が借りていた一軒家には、大家の主婦の知り合いである水谷はるがよく訪れていた。彼女が資産家であることを知るや、富士郎は当時18歳だった省次郎を強引に誘い、1928年6月12日、水谷宅に侵入、はるを彫刻用カナヅチで殴打、電線で絞殺し2円30銭（現在の約2千円）入りの財布と懐中時計などを奪い逃走した。

その後、共犯である省次郎の口から犯行の発覚することを恐れた富士郎は省次郎の殺害を計画・実行。

三男・新三郎の証言によれば、省次郎は生前、長兄が自分を狙っていることに悩み「俺はどうせ兄貴に殺される」と口にしていたそうだ。さらに富士郎は、省次郎の遺体処理を手伝わせた新三郎が邪魔になり、彼を殺すべく、東京・小笠原の感化院に連れ出し、途中の船上から海に突き落とそうとするも失敗。そこで、新三郎に「父の後妻は家の財産をいいようにするから何とかしなければ」とたきつけて継母を殴らせ、一方で「新三郎は頭がおかしい」と父親を騙し、精神病院に入院させた。

逮捕された富士郎は、省次郎殺害は認めたものの水谷はる殺害に関しては頑なに否定した。しかし、新三郎の証言により犯行を自供。その動機は当初金銭目的と思われていたが、主因は違う。富士郎は、親からの仕送りをカフェーや喫茶店通いに費やしていた。痩せ型の美男子で美術学校生の彼は女給たちからもてはやされ、いつも2、3人の女給と関係を持っていたそうだ。その逢引の場所が、以前雨宿りをさせてもらった縁で訪れるようになった水谷はるの家だった。富士郎はそこを隠れ家に、女性に対して変態的なセックスを強要。時に女性の首を絞めて興奮するなど犯罪的行為を働いており、その事実を知る、はるの口を封じるため犯行に及んだようだ。

さらに、その後の調べで富士郎の犯行には1人の女性が関係していることも判明する。佐藤文子。富士郎の逮捕当時21歳だったダンサーである。弁護士を父に持つ彼女はタイピスト養成学校を経て銀行に就職したものの、元来派手好きで、1928年（昭和3年）春に東京・新宿の国華ダンスホールにダンサー見習いとして入店。国華ホールの常連の1人だった富士郎は美貌の彼女に一目惚れし、やがて男女の関係になるも、文子には金に余裕のある男としてのポーズを崩せず、父親からの仕送りだけでは足りない金の工面を常に画策していたらしい。ちなみに、文子は富士郎の殺人行為を知っていたためか、事件後、上海に渡り1年足らずで帰国。警視庁の取り調べを受けたが、事件とは無縁であることが判明している。

1930年（昭和5年）5月10日、富士郎は水谷はるの強盗殺人と省次郎の殺人・死体遺棄、新三郎は省次郎の死体遺棄ほう助の容疑で検察に起訴される。が、新三郎は脅迫されてやむなく手伝ったことが認められ免訴に。富士郎だけが公判を開くかどうかを決める予審にかけられ、彼はここで実施された精神鑑定で医師に対し奇妙な主張を展開する。

「俺はシューパーマン（超人）だ。君たちのような俗吏にこの俺の気持ちがわかるはずがない。今の日本でシューパーマンと言えるのは安藤照、山本条太郎、森恪かなあ。西郷南洲、日蓮上人。外国ではダーウィン、メンデル、ガンジー。キリスト、ビスマルク、ヒトラー、ムソリーニ、トルストイ、ボードレール、レーニン、マルクスなどは僕に匹敵するよ」

こうした言動から、医師が富士郎の病的精神障害を認定。公判は停止となり、富士郎はかつて弟・新三郎が入院していた松沢病院へ身柄を移され、1934年（昭和9年）春から約1年間を過ごす。そして公判が再開すると、起訴事実を全面的に自供。1935年（昭和10年）6月14日、東京地裁は「罪状はまさに死刑をもって臨むべきであるが、当時被告は心神耗弱の状態にあったものと認め、特に死一等を減ずる」と無期懲役を宣告する。同年12月5日、大審院（現在の最高裁判所）判決があり無期確定。その後、富士郎がどんな人生を歩んだかは不明である。

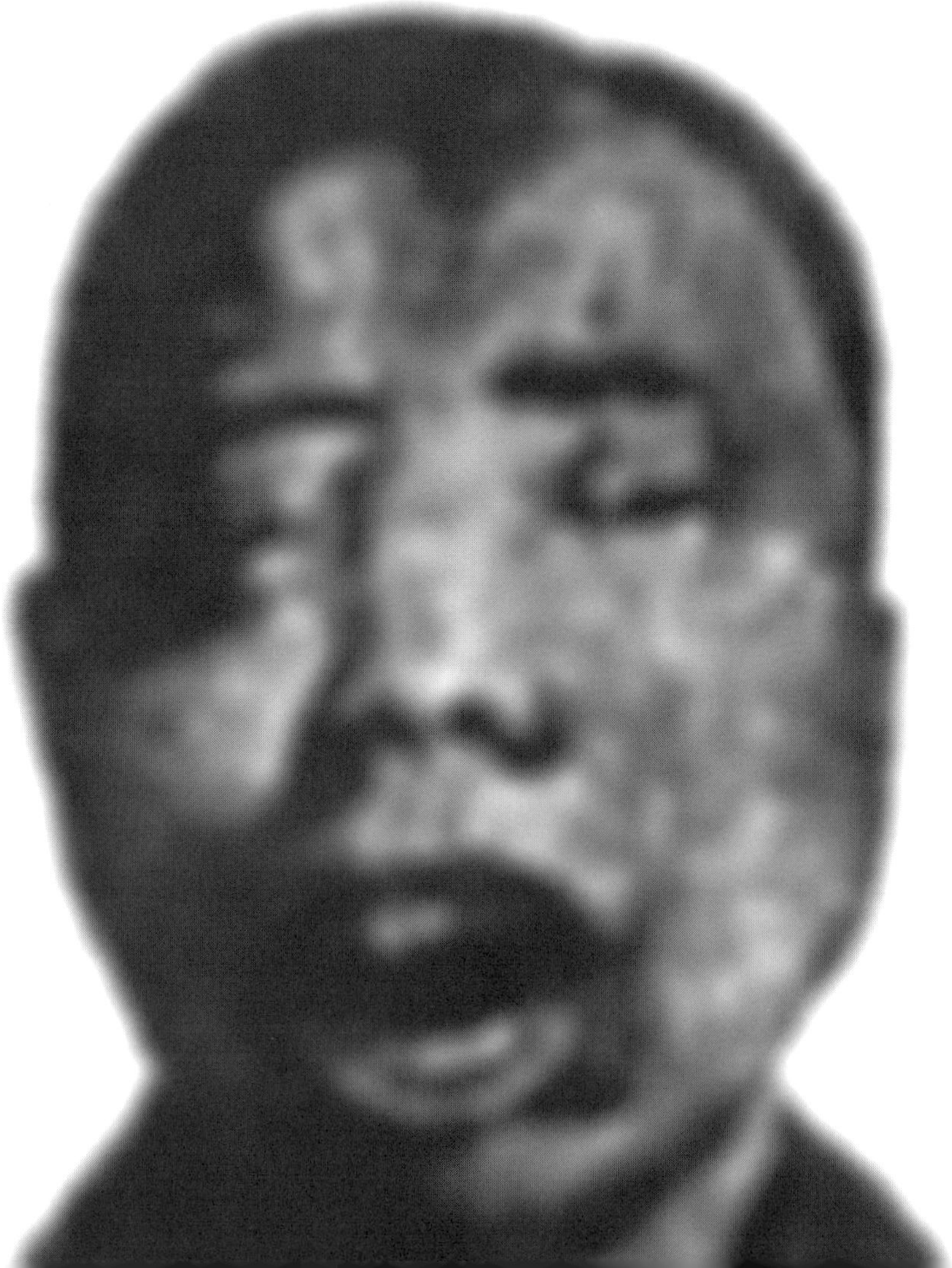

# 第3章 震撼

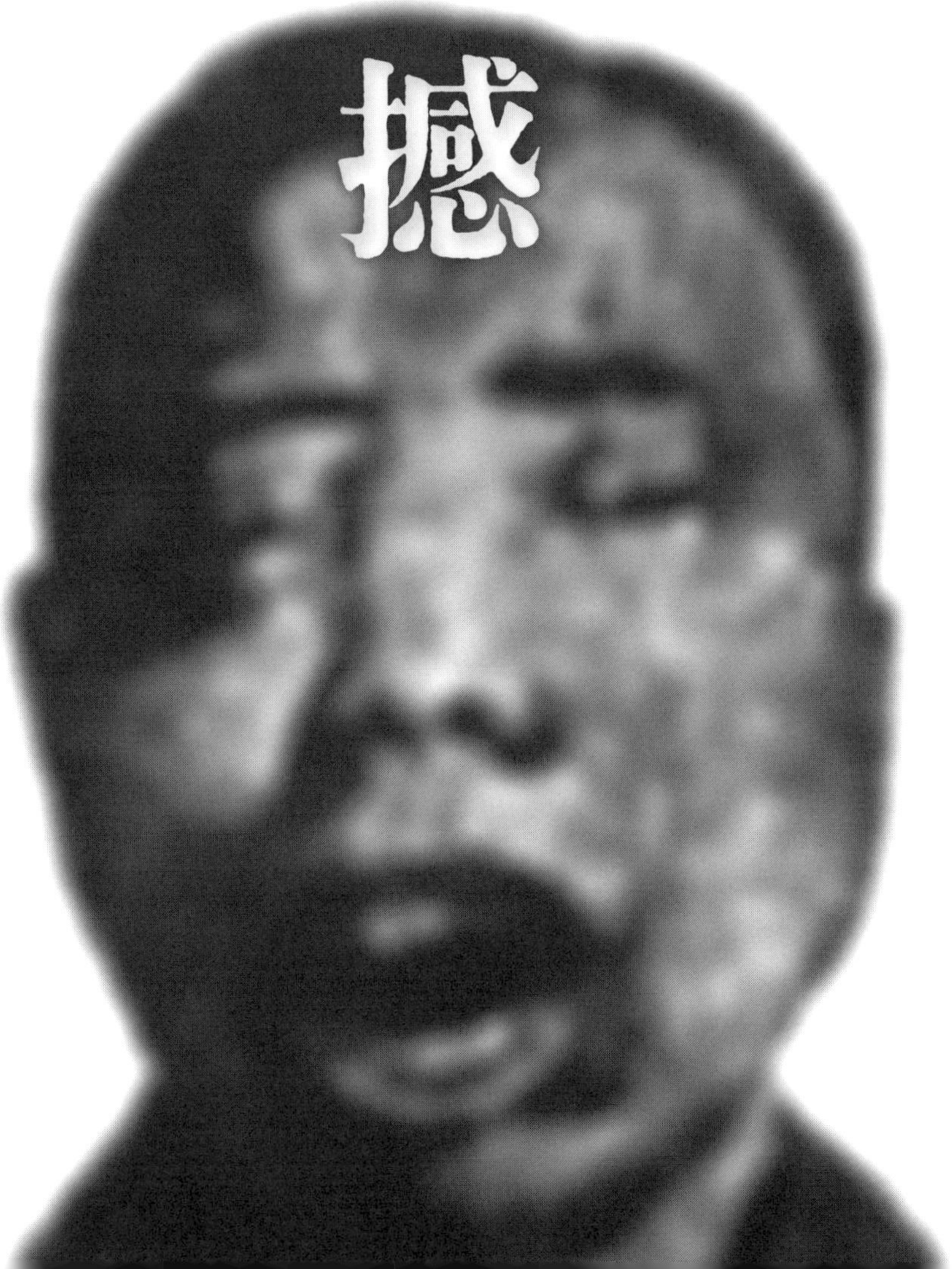

# 少年臀部削ぎ取り殺害事件

## ハンセン病の治療に人肉が効くと信じた元外大生の猟奇的犯行

1902年（明治35年）年3月27日、東京府麹町区下二番町（現在の東京都千代田区二番町）の路上で、左右の臀部《でんぶ》（尻）の肉を削ぎ取られた少年の遺体が発見されるという猟奇的事件が起きた。犯人は当時23歳の青年で、彼は後に他2件の殺害も自供、死刑に処された。

事件発覚当日、秀英舎（現在の大日本印刷）に勤務する中島新吾《なかじましんご》が麹町の自宅に帰宅したのは21時半前のこと。迎えた妻キクが開口一番、不安げな声で言った。長男の荘亮《そうすけ》（当時11歳）がまだ帰ってこない、と。聞けば、この日、彼は試験休みで朝から自宅におり、妹シゲと母キクの内職を手伝い、夕食後の20時頃、妹と一緒に母に連れられて近所の湯屋に行き入浴。21時頃に風呂を上がり、帰宅する途中、母から玉砂糖を1銭5厘分買ってきてくれと2銭銅貨を渡され、その足で麹町6丁目の砂糖問屋へ向かったまま戻らないのだという。

それを聞いて、新吾はつい先ほど遭遇した光景を思い出す。帰路途中の21時過ぎ、麹町の大通りから7丁目の角を曲がった先の路上で、細面でやせ形、ねずみ色の二重回し（和服用の外套）を着た男が、路上に伏した少年の上にかぶさっていたのだ。そのときは2人は転びでもしたのかと思ったが、もしかしたらあの少年が息子の荘亮だったのではないか。新吾は慌てて目撃現場に戻ったものの、すでに少年も男の姿もなかった。ただ、そこに落ちていた子供の下駄は間違いなく我が子が普段履いているもの。荘亮が何らかの事件に巻き込まれた可能性がにわかに強まった。

通報を受けた麹町署の署員と付近住民が一帯を捜索したが、荘亮は見当たらない。しかし、22時頃になって住民の1人が飼い犬を連れ出して嗅ぎ回らせたところ、目撃現場から55メートルほど離れた民家の勝手口前で歩みを止め、その空き地で変わり果てた姿の荘亮が発見される。現場に急行した警察が確認したところ、遺体は死後まもない様子で、左の咽喉《いんとう》部に幅15ミリ深さ10ミリほどの傷、臀部左右の肉が直径9～12センチほど円形に削り取られていた。喉の傷は軽微で動脈も外れているようだが、鼻血がおびただしく、額に内出血のようなものが見えることから、加害者は道路で荘亮を組み伏せ、顔を地面に押しつけて窒息させ、その後、遺体を抱えて他に移し臀部の肉を削ぎ取ったものと推定された。

翌日、東京帝国大学法医学教室で司法解剖が行われ、窒息死であること、肛門に異常がないこと、臀部の左右の肉は鋭利な刃物で削ぎ取ったことが判明する。肛門を調べたのは犯人が少年愛者ではないかと疑ったからで、後に士族の青年が取り調べを受けたが、事件とは何の関係もないことが判明。目撃証

野口男三郎。出廷時、少年を殺した証拠品の短刀を手にした際の様子を描いた絵（『時事新報』より）

言も皆無に等しかったことから捜査は難航し時間だけが経過していった。

遺体発見から3年が過ぎた1905年（明治38年）5月24日午前8時頃、麹町4丁目にある薬局の店主・都築富五郎《つづきとみごろう》（同23歳）が東京府豊多摩郡代々幡村代々木（現在の渋谷区代々木付近）の山林で首をつって死亡しているのが発見された。都築は前日から帰宅せず、家族から捜索依頼が麹町署に出されており、当初は自殺のため少し離れた代々木まで出かけたのではないかと思われた。だが、遺体を検死した新宿署の署員が都築の背中に泥が付いており、何者かと揉み合ったかのような痕跡があること、また首には荒縄のような太い紐で締めつけられたような痕があることを発見。他殺の線が浮上する。そこで都築の周辺を捜査したところ、数日前から彼の薬局に野口男三郎《のぐちおさぶろう》なる当時26歳の男が出入りして怪しい投資話を持ちかけ、都築が行方不明になった日、2人して銀行へ出向き、都築の口座から350円（現在の額で約150万円）を引き落としていることがわかった。疑わしきは男三郎。警察は、彼が事件後に急に金回りがよくなり、下宿先の魚屋に「このたび満州軍司令部付の通訳官に任命された」などとホラを吹き、軍服やサーベルを買い求めていたことも突き止め、男三郎を指名手配。同月28日18時頃、麹町区飯田町（現在の千代田区飯田橋）の駅停車場にて知人に見送られて、まさに旅立とうとしているところを逮捕、拘束した。その際、男三郎は忍ばせていた毒薬のストリキニーネで自殺を企てたが、寸前のところで刑事に取り上げられたそうだ。

野口男三郎は旧姓を武林といい大阪市西区の衡器《こうき》製造業の三男として1880年（明治13年）に生まれ

男三郎の義兄・野口寧斎と、彼の麹町の自宅
（『時事新報』より）

た。生来、口が巧く美男子だったことから相手の懐に入り込むのが得意で、同市内のキリスト教聖公会系の英語学校・高等英学校（現在の私立桃山学院）に在学中、学友だった又木亭三とその実母キクの支援を受け、1896年（明治29年）4月、16歳のとき亭三を伴い上京し、亭三の叔父（キクの弟）である理学博士の石川千代松宅に下宿、勉学に勤しむ。3年後の1899年（明治29年）、東京外国語学校（現在の東京外国語大学）に進学しロシア語を専攻。ほどなく石川博士の紹介で、かの正岡子規《まさおかしき》と並び「日本詩壇の五指」とも称された漢詩人・野口寧斎《のぐちねいさい》（1867年生）の麹町の自宅に出入りするようになる。ここで男三郎は恋に落ちる。相手は寧斎の実妹で、自分より6歳上のソエ。やがて2人は男女の関係となり、1901年（明治34年）から寧斎宅に同居し結婚。1904年（明治37年）7月には長女を授かる。

しかし、当初、寧斎は2人の交際に猛反対していた。男三郎の軽薄な人間性もさることながら、一番の問題は寧斎自身が長年苦しんできたハンセン病（らい病）の存在である。現在では否定されているが、当時、ハンセン病は遺伝により発症する不治の病と考えられており、寧斎は病の血統を残さぬよう兄妹共に生涯独身を貫くことを誓っていた。当然、ソエが男三郎と結婚し、将来子供を生むなど許されないことだった。もっとも、そんな事情を知らない男三郎は寧斎の冷淡な対応に嫌気がさしたこともあり、しだいに勉学が疎かになり、二度の落第を経て外国語学校を退学（後に卒業証書を偽造している）。学校に通うふりをしながら、時間潰しのために麹町の二松学舎《にしょうがくしゃ》に通う日々を送る。そんなある日、論語を教えていた講師が孔子の門人十哲《もんじんじってつ》の1人、伯牛《はくぎゅう》にまつわるエピソードに触れた。

「伯牛疾《やまい》有り。子、之を問ふ。窓より其《そ》の手を執りて曰く、之、亡はれし命なるかな。斯《こ》の人にして斯の疾有るや。野口寧斎もまた然るか」

男三郎は耳を疑った。講師が口にした「疾」とはハンセン病のこと。確かに寧斎は病気がちだが、まさかハンセン病だったとは。もしかして、自分とスエの交際に反対しているのは、それが理由なのか。半信半疑、男三郎は大阪の実家に急な用事ができたと偽って、野口家の郷里である長崎県諫早《いさはや》まで出向く。そして、寧斎の父親が39歳の若さでハンセン病で他界した事実を知ったうえで、改めて寧斎の口から病がスエとの交際・結婚を認められない最大の要因であることを聞かされる。が、それを知った男三郎の行動が異常だった。当時、巷に流布されていた「ハンセン病には人肉が効果をもたらす」という根も葉もない俗説を信じ、本気で人間を殺し、その肉を寧斎やスエに食べさせようと考えたのである。

警察は男三郎から都築富五郎殺害の自供を得た後、男三郎が同居する寧斎がハンセン病であることと、それを治すとされた俗説に着目。彼が3年前に起きた少年殺害に関与しているのではないかとの仮説を立てる。臀部の肉を削ぎ落とすという猟奇的犯行の動機を、その俗説に当てはめれば全ての辻褄が合うのだ。

そこで、改めて男三郎の過去を洗ったところ、少年が殺害された翌日に、男三郎が京橋区南金六町《みなみきんろくちょう》（現在の中央区銀座8丁目）の瀬戸物屋にてコンロと鍋を購入し、その晩に同区木挽町《こびきちょう》（現在の銀座4丁目）にて舟を借りて、浜離宮付近の海上で3時間にわたって何事かをしていたことが判明。警察の厳しい尋問で、ついに男三郎は少年殺しを自供、次のように詳細を語った。

「あの日、野口宅に帰りかけていた夜9時頃と思いますが、写真屋の前から十歩ほど先に男の子の行くのが見えました。すぐに実行したいと考え、後ろからその子を抱いて、両腹と脇を押さえて突き上げました。子供が声を上げましたので、手ですぐ口を押さえました。そうして奥の方の井戸のそばで、どこの肉を削ろうかと考えましたが、臀の肉が一番よかろうと思い、ナイフで臀肉を切り取りました。そうしてハンカチーフに包んで野口家に持ち帰りました。

翌朝、学校に行くふりをして書籍と共に少年の肉を風呂敷に包みました。同時に木炭を持ち、京橋の陶器商の三銀に行きましてコンロとナベを買い、木挽町の釣り舟屋で舟を借りて、櫓櫂を漕ぎ、一人で海上に出ました。御浜御殿から一丁ほど離れた海の沖で錨をおろし、釣りをしているように装い、持って行った肉を塩水で清め、2時間ほど煮ました。

コンロ、ナベ、肉などの残りものはすべて海中に投棄し、その汁だけを持って戻り、それから赤坂の交番のそばの店で鶏のスープ一合を購入し、自宅へ帰りました。それは午後の3時頃だと思います。それから兄（寧斎）に、今日はよいスープを買って来たと申して、人肉の汁にスープを混ぜ、さらに五香という支那の香料を加え、飲みよいようにして兄に勧めました。兄はそれを飲みました。それから私の部屋にソエを呼んで、よいスープを買ってきたからと申しました。私が飲まなければ、ソエは飲まないと思いましたので、私から鶏だけのスープを飲んで見せました。するとソエは兄に飲ませたのと同じスープを安心して飲みました」

3年間、未解決だった事件の謎が解明された瞬間だった。しかし、警察はさらに男三郎を追及する。実は都築富五郎の遺体が発見される12日前の1905年5月17日、寧斎が自宅で父と同じ39歳で突然死を遂げていた。遺体解剖で、死因は両胸部に外力による溢血または窒息か不明とされたが、押収品にストリキニーネやアミルアルコールがあ

公判に臨む男三郎と傍聴席を描いた絵。傍聴席には臀肉事件の被害者・荘亮の母や野口家の親戚もいた（『時事新報』より）

り、警察は男三郎がそれら毒物を寧斎に飲ませ殺害したのではないかと疑ったのだ。果たして、男三郎は警察の厳しい尋問に、野口家の長男である寧斎の財産を狙った自身の犯行であることを自白する。その日、男三郎は友人に頼んでアリバイ工作もしていたという。

１９０６年（明治39年）５月15日、東京地方裁判所は、男三郎に、第一の殺人事件である臀肉事件、及び二番目の義兄・野口寧斎殺害事件の２件の起訴事実について証拠不十分で無罪、都築富五郎に対する強盗殺害にのみ有罪を認め、死刑判決を言い渡した。前２件で無罪判決が出たのは、男三郎の弁護を務めた当時の腕利き弁護士・花井卓蔵の手腕によるところが大きいとされるが、警察が取り調べの際に拷問を行った疑念が指摘されたためとする意見もあるようだ。

市ヶ谷監獄にて男三郎の絞首刑が執行されるのは２年後の１９０８年（明治41年）７月２日（享年28）。その後、男三郎が獄中で作ったとされる「ああ世は夢か幻か　獄舎に独り思ひ寝の　夢より醒めて見廻せば　あたりは静かに夜は更けて」という詩は演歌師に替え歌として唄われ一世を風靡《ふうび》したそうだ。

# 愛知貰い子殺人事件

## 金目当てで引き取った訳ありの赤ん坊300人以上を亡き者に

戦前の日本では刑法で堕胎は違法とされ、人工中絶も合法化されていなかった。加えて当時は社会全体が貧しかったため、父親が不明だったり不倫でできた子供を養うことは困難で、巷では相応の養育費をつけ新生児を貰い子（里子）に出す場合も珍しくなかった。こうした事情を背景に、明治後期から昭和初期にかけ全国で最悪の事件が起きる。養育費目当てで貰い子を引き受けた者が、金銭受領後に邪魔になった新生児を殺害したのだ。記録に残る最も古い具体例は１９０５年（明治38年）に発覚した佐賀貰い子殺害事件。これは１９０２年（明治35年）、佐賀市内在住の40代の夫婦が生後６ヶ月の女児を養育費70円（現在の貨幣価値で約28万円）で引き取り１年後に餓死させたものの医師が自然死の死亡診断書を書いたことに味をしめ、以降、３年にわたり近隣各県から私生児を10円から25円の養育費で引き取っては殺害し土に埋めた惨い事件で、逮捕された夫婦は60人以上の殺害を自供。１９０９年（明治42年）６月に死刑判決を宣告された。絞首刑が執行されたのは１９１３（大正２年）年２月だが、その４ヶ月後の同年６月、本件を遥かに凌ぐ身も凍る蛮行が明らかになる。愛知県在住の女が他２人の女と共謀したうえ、15年間で３００人以上の嬰児《えいじ》を殺《あや》めた愛知貰い子殺人事件だ。

１９１３年５月、１人の芸妓が愛知県愛知郡愛知町（現在の名古屋市中村区東部および中川区北東部）

日置若狭《ひおきわかさ》に住む板倉しげ（当時45歳）のもとを訪れた。彼女は数ヶ月前に出産したものの自分では育てられない我が子をしげに40円の養育費を払い里子に出していた。とはいえ母親として成長する子供の顔は見てみたい。芸妓はしげに頼むも、すげなく拒否され、その後何度足を運んでも断られるばかりだった。あまりに不自然な態度に芸妓は警察に相談。取り調べを受けたしげは警察の厳しい追及に、芸妓の子供を殺したことを自供したばかりか、これまで300人以上の貰い子を葬ったとする衝撃の告白を行う。同年6月4日のことだ。

写真はイメージ

　しげは伊勢藤堂藩《いせとうどうはん》（現在の三重県津市）の藩士の娘として生まれ、長じて坂倉家に嫁いだが、事が発覚する15年前の1898年（明治31）年から40～50円の報酬を受け貰い子を育てる仕事に就いていた。当時は日露戦争（1904－1905）により死亡した日本兵が数多くおり、子供を育てられない母親が続出していたのだ。しかし、しげには子供を育てる気など最初からなかった。2、3人の私生児を預かってほどな

く殺害、犯行がバレないよう別の地域に引っ越し、その転居先でも数人を預かり殺した後にまた別の地域へ。これを繰り返した。子供を預けた母親の中には、しげを怪しんでいる者も数多くいた。が、我が子を他人に預けたうしろめたさや、自身が浮気の果てに出産した自責の念などにかられ訴える人は皆無。しげは、そのような事情も十分すぎるほど把握していた。そのうち、沖つた（逮捕当時45歳）、猪飼《いかい》なか（同62歳）の共犯者を得たことで「貰い子ビジネス」は軌道に乗り、3人は子供を預かっては浮気相手を連れ込むための隠れ家などで殺害。約1年間で300人以上を手にかける。が、前述の芸妓の通報により犯行発覚。殺人罪で逮捕された3人は1914年（大正3年）6月29日、裁判で死刑判決を言い渡され、翌1915年（大正4年）9月9日に絞首刑に処された。

貰い子の殺人はこの後も続く。板倉しげらの犯行が発覚した23日後の1913年6月27日、静岡県熱海市で当時55歳の女性ら10人が預かった子供170人のうち32人を殺害していたことが判明し逮捕。その3日後の同月30日には、滋賀県愛知郡豊国村《とよくにむら》（現在の愛荘町《あいしょうちょう》）に住む68歳の男性ら3人が共謀、9年前から貰い子殺人を繰り返していたことが発覚。同年には東京・深川で養育費目当てに貰い子を受け15人を殺害した女性も逮捕されている。さらに3年後の1916年（大正5年）には神奈川県横浜市で3年間で13人の貰い子を殺した夫婦が、翌1917年（大正6年）には東京・日暮里で11人を殺害した男女が逮捕された。

1930年（昭和5年）には、貰い子ビジネスに組織的ネットワークが存在することが明るみとなる。同年4月1日、東京府北豊島郡板橋町の長屋が立ち並ぶスラム街「岩の坂」（現在の板橋区本町）に住む小川キク（同35歳）が貰い子を殺害した容疑で逮捕された。キクは、貰い子を紹介してくれたのは福田はつ（同40歳）という女性であると自供。はつは当時、岩の坂に複数存在した貰い子周旋人の中心人物で、付近の産院に出入りし子を手放したいと望む母親を探し出すと、養育費や手数料をもらい子供を引き取り、岩の坂の長屋に住む貧しい家庭に振り分けていた。その数は１９３０年だけで約３００人。このうち41人が変死していることが明らかとなった。しかし、関係者で逮捕・実刑をくらったのは殺人を自供した小川キクのみ（懲役7年）。高橋はつら周旋人には証拠不十分で何のお咎めもなかった。

3年後の１９３３年（昭和8年）、東京目黒在住の33歳の男が「子供やりたし」の広告を見て広告主である産婆の下に行き、何十円かの養育費を受け取ったうえで殺害していた容疑で逮捕された。犯行は5年にわたり、犠牲者は25人。男は１９３４年（昭和9年）に死刑に処されている。

日本で人工中絶が合法化されたのは戦後の１９４８年（昭和23年）。直接の契機となったのは同年1月、東京・新宿で産科医らが意図的に数十人の嬰児を餓死や凍死させていた寿《ことぶき》産院事件である。

# 三毛別羆事件

## 巨大ヒグマが開拓民とその家族7人を食い殺した史上最悪の獣害事件



1915年（大正4年）12月、北海道苫前《とままえ》郡苫前村三毛別《さんけべつ》（現在の苫前町三渓《さんけい》）六線沢《ろくせんさわ》の民家をエゾヒグマが襲撃、7人が殺害され3人が負傷するという惨劇が起きた。通称・三毛別羆《ひぐま》事件。クマの習性や恐ろしさを語る上では欠かせない日本史上最も多くの犠牲者を出した獣害事件である。

大正時代初めの北海道はまだ開拓されたばかりで、人々は森を切り開いたような原野で暮らしていた。事件の舞台となった苫前村三毛別六線沢の集落も然り。日本海から直線距離で10キロほど離れた山中の一角にある同集落は野生動物、ことにヒグマにとっては絶好の棲息地でもあった。ちなみに、地名の「三毛別」はアイヌ語で「川下へ流し出す川」を意味する「サンケ・ベツ」に由来している。

1915年11月上旬の寒い夜、この六線沢に住む池田家で異変が起きた。突然、壁を蹴るような鈍く激しい音が聞こえてきたのだ。主人の池田富蔵が外に出たところ飼い馬がやけに興奮している。周囲を見渡してみると、軒下に吊るしたトウキビが荒らされていた。ヒグマの仕業と思い、その行き先をたどった富蔵は息を飲む。みぞれでぬかるんだ地面に直径30センチほどのヒグマの足跡が残されていたからだ。これまで見たことのない大きさに驚きはしたものの、さほど気にせず帰宅する。当時の北海道でヒグマが出るのは日常茶飯事。この時点で事の重大さに気づくのは難しかった。しかし、数日後、またも馬が暴れている音に聞くにつけ、さすがに危機感を覚えた富蔵は2人のマタギ（山間部や山岳地帯で獣を仕留める猟師）にヒグマの出没を知らせ駆除を依頼する。これを受け、彼らが待ち構えていたところ、月明かりに照らされ、池田家の軒先のトウキビに手を伸ばす巨大なヒグマの姿を捉えた。1人が銃を構え発射。周辺につんざくような銃声とヒグマの叫び声が鳴り響く。ところが、ヒグマは血痕を雪上に点々と残し、そのまま森の奥へと消えていってしまう。それを追いかけることが自滅行為と知っていたマタギたちは退散。その後、彼らは3度ヒグマの出没に遭遇したが、地吹雪の影響などで追撃をあきらめる。ただ、彼らは確信する。そのヒグマが「穴持たず」であることを。そもそもヒグマは寒い時期は冬眠する生き物。しかし、時に自分の体のサイズに合う冬眠用の穴を見つけられず冬の間、一帯を徘徊するものもいる。この巨大グマも例外ではない。マタギたちは経験上、「穴持たず」が凶暴化することを知っており危機感を強めたが、以降、ヒグマは何かを察したように六線沢に姿を見せなくなった。

**三毛別羆事件復元地（北海道苫前町）に再現された巨大ヒグマの姿。体長270センチ、体重380キロ、前足20センチ、伸びた爪が鋭利な刃物以上の凶器となった。**

　村民たちは安心し、12月に入ると「氷橋《すがばし》」の準備に取りかかる。これは雪のせいで通行が閉ざされる冬期限定で、丸太

# 三毛別羆事件

**事件が起きた六線沢集落は北海道留萌地方中部の日本海側沿岸から10キロ内陸に入った場所に位置していた**

の上に木の枝や葉を敷き詰めて雪をかぶせて水を使いながら踏み固めて作る橋のことで、村の行き来に欠かせないライフラインだ。開拓民の年間行事ともなっていたこの作業は一家から主が出るのが習わしで、家は主の妻、子供たちだけで留守番をすることになる。そして、ヒグマはその期間を狙ったかのごとく姿を現す。

12月9日、一帯が雪で覆われたこの日は15軒から14人の男衆が出払い、朝から橋の材料である木の伐採を行っていた。三毛別上流に住む太田家からは主人の三郎（当時42歳）が作業に就き、家にいたのは内縁の妻である阿部マユ（同34歳）と養子に迎える予定の蓮見幹雄（同6歳）の2人だった。昼12時過ぎ、太田家に同居していた伐採を生業とする長松要吉（同59歳）が作業を一段落させ昼食のため家に戻る。が、屋内は異様に静かで呼びかけても誰も出てこない。と、囲炉裏の傍に幹雄がぽつんと座っているのに気づいた。要吉は幹雄がてっきり狸寝入りしているものと肩に手をかけたところ、その体が崩れ落ちた。側頭部に親指大の穴が開き、すでに息絶えている。が、不思議なことに家にいるはずのマユの姿はどこにもない。

屋内に異様な臭気が立ち込めるなか、要吉が冷静になって状況を確認すると、軒先のトウキビが食い荒らされており、居間には濡れた巨大な足跡、柄が折れて赤く染まった斧が落ちていること、さらに窓枠にマユのものとおぼしき数十本の頭髪が絡みついていることなどがわかった。さすがに要吉は気づく。この家をヒグマが襲い、幹雄を殺害後、抵抗するマユを外に引きずり出したのだ、と。すわ一大事と開拓民を集め捜索に当たったところ、巨大な足跡が裏山へ続いていること、さらに住民の目撃証言から午前10時30分頃にはすでにその足跡があったことが判明。誰もがすぐにヒグマの痕跡を追ってマユの安否を確かめるべきことはわかっていたが、あまりの惨憺たる光景に皆が震え上がり身動きできない。15時、ひとまず幹雄の遺体を安置した後、住民たちは太田家から500メートル下流の隣家である明景《めいけい》安太郎宅に集まり、ヒグマの討伐とマユの奪還を話し合う。結果、夜明け前までに村人の斉藤石五郎（同42歳）が32キロ離れた苫前警察に通報。翌10日午前9時からベテランのマタギ5人を含む計30人の捜索隊が銃器や鎌、刃物などを手にヒグマの行方を追う。歩きづらい雪道を進むこと150メートル、捜索隊の1人がトドマツの木の根元辺りが黒く盛り上がっているのに気づいた。そこに近づいた瞬間、不気味な声が響き始め、1頭のヒグマが姿を現した。体長270センチ、体重380キロ、立ち上がると4メートルにも届かんばかりの大きさ。今まで見たことのある最も巨大なヒグマより1・5倍は大きいモンスターの出現に皆がパニックに陥った。それでもマタギの1人が銃を発砲すると、ヒグマは捜索隊に向かって突進。1人に突撃する寸前でUターンし山奥に消えた。

この後、捜索隊はトドマツの下に不自然に何かを隠したような痕跡を発見。そこを掘り返すと、食害されたマユの遺体が見つかる。残されていたのは黒い足袋《たび》を履き、ぶどう色の脚絆《きゃはん》が絡まる膝下の脚と、頭蓋の一部のみ。あまりの無惨な姿に震撼するも、捜索隊はそれでもマユの遺体を村に持ち帰る。この行動がさらなる悲劇を呼ぶとは誰もが想像していなかった。一度、人間の味を覚えたヒグマは手がつけられないほど獰猛《どうもう》になるのだ。

同日夜、太田宅で幹雄とマユの通夜が執り行われることになった。村民はヒグマの襲来におびえ、参列したのは六線沢から3人と三毛別から2人、幹雄の両親と知人、喪主の太田三郎のあわせて9人だけ。このとき、ベテランのマタギの1人が太田家に立ち寄り、「どうせ喰われるならもう2、3人喰われれば一緒に弔ってやるのに」と悪態をついた後、「覚えておけ。今夜9時頃必ずヒグマが出る。明日もヒグマ撃ちだ」と警告し帰っていったそうだ。が、その言葉を素直に聞く者はいなかった。

20時半、通夜が一通り終わっても太田三郎は泣き崩れたままで、幹雄の両親も放心状態。幹雄の母チセは何とか気力を振り絞り持参していた清酒を参列者に注ぎまわっていた。その最中、轟音とともに壁が崩れ、ヒグマが室内に乱入してきた。保存食として隠していたマユを人間に奪われたため、その匂いをたどって取り返しに来たのだ。

棺桶を打ち返し遺体を散らばすヒグマの襲来に参列者はパニックに陥り、ある者は厠《かわや》（便所）に、ある者は屋根裏の梁にと散り散りに逃げ出すなか、勇敢な1人が石油缶を打ち鳴らしヒグマを威嚇。物音に気づいた近くの家から50人ほどの男たちが駆けつけ、どうにか撃退に成功する。

危機感を覚えた参列者たちは、昨日対策を話し合った明景宅に避難することを決める。このとき、同家には家主の安太郎（同40歳）、その妻ヤヨ（同34歳）、長男・力蔵（同10歳）、次男・勇次郎（同8歳）、長女・ヒサノ（同6歳）、三男・金蔵（同3歳）、四男・梅吉（同1歳）の7人と、前出の斉藤石五郎の妻で妊婦のタケ（同34歳）、彼女の三男・巌（同6歳）、四男・春義（同3歳）の3人、さらに同じく前出の太田家の同居人で男手として明景宅に身を寄せていた長松要吉の計11人（タケの胎児を含めると12人）がいた。しかし、大田家を襲ったヒグマは通夜の参列者が到着する寸前の20時50分頃、最悪なことにその明景宅に侵入、現場を地獄絵図に変える。

まず、土間の野菜置き場に身を隠していた身重のタケが部屋の中央へと引きずり出された。彼女は悲痛に叫ぶ。

「腹破らんでくれ！　腹破らんでくれ！」「喉を食って、喉を食って殺してくれろ！」

命乞いも虚しく、タケは上半身から食われ始め、やがて腹を破られ胎児が引きずり出された。同時にヒグマは屋内にいた人々を次々に襲い、結果的にタケ、金蔵、巌、春義、タケの胎児の5人を殺害。ヤヨ、梅吉、要吉の3人が重傷を負った。力蔵は雑穀俵の後ろに隠れ生還、ヒサノは失神し居間で倒れていたことが幸いし奇跡的に助かり、勇次郎は脱出して無事だった。ちなみに、明景家が襲われてまもなく村の男性らが同家へ救助に向かったが、彼らはヒグマが火を恐れ逃げるという迷信を信じ大量の薪をくべていた。しかし、ヒグマは火を物ともせず屋内の人々を襲撃。救助の男たちは当然、発砲による討伐も考えたが誤射の危険性を考慮し空への空砲だけを実施、ただ家を取り囲み悲鳴や絶叫を聞いているよりほかなかったそうだ。惨劇が終わったのは1時間後の21時50分頃。何度目かの空砲の音に反応したヒグマが玄関から顔を出し、悠々と森の中へ消えていった。

その後、生還した被害者たちは数キロ先の川の下流まで降り病院へと運ばれ、六線沢集落の全15戸約

40人の住民は三毛別にある三毛別分教場（後に三渓小学校になるが廃校）へ避難を余儀なくされる。一方、三毛別区長は自宅を事件対策本部とし、村の長老や有志らを集め、一連の事件の情報収集を行うとともに、警察や行政に頼るべきか議論。惨劇に遭った明景家には救助隊から選抜された決死の隊員5人と精鋭の若者10数人が残り、さらなるヒグマの襲撃に備えた。

最初の事件から3日後の12月12日、ようやく北海道庁警察部（現在の北海道警察）から警察隊が現地へ派遣される。管轄の羽幌《はぼろ》分署長は全署員と管理下のマタギ、村民の協力を得て討伐隊を結成。ヒグマの捕殺を目的に、その本部を前出の区長宅に置く。果たして、ヒグマは林野《りんや》ですぐに発見された。しかし、視界や足場の悪さを考慮すると、このまま立ち向かっても返り討ちに遭うと判断し、作戦を練り直すことに。同時期、検死と現場検証のために六線沢に乗り込んだ医者が山中でヒグマの糞を見つけ調べたところ、中に人間の骨や髪の毛、未消化の肉などが入っていることを確認し愕然としたそうだ。

討伐隊は協議の結果、動物の亡骸《なきがら》を囮《おとり》にヒグマをおびき寄せることにする。もっとも、本事件の場合、ヒグマが最も興味を示すのは、自ら食い殺した犠牲者。死んだ人間を餌に使うのは倫理的に問題あり、前代未聞との意見も出たが、一刻の猶予もないと判断され、明景家の遺族に承諾を得たうえ、同家に残された死体を利用することが決定。最終的には、討伐隊の隊長が全責任を負うことになった。

山小屋の前に死体を置き、実行部隊であるマタギが待機していたところ、思惑通りヒグマが小屋の周辺に現れた。発砲は囮に手をかけた瞬間。マタギたちは引き金に指をかけ、その時を待った。が、ヒグマは何かを察したのか、辺りを周回しただけで森へと戻っていく。ヒグマの洞察力は鋭く、明景家で待機する銃撃隊をあざ笑うかのごとく監視の目をかいくぐり、その後、3度にわたり最初に襲った太田家に侵入。雑穀類を食べ尽くし糞尿を垂れ流した。同家の周囲には数人のマタギが待機していたが、その巨体を見るや恐怖のあまり為す術もなく立ち尽くしていたそうだ。

12月13日、討伐に軍隊を投入すべきと意見が出され、歩兵第28連隊の将兵30人の出動が決まった。が、彼らが到着するまでの間にも、ヒグマは日中から田畑や鳥小屋に侵入、ニシン漬けなどの保存食を荒らし、さらには女性が使っていた枕や湯たんぽなどをかじるなど、どんどん行動が大胆になっていく。このままでは時間がない。そう判断した討伐隊の隊長は前出の氷橋を最終防衛線に定め、マタギたちや撃ち手を集結させ警戒に当たる。

同日20時、討伐隊が待機していた氷橋の暗闇で、ガサガサッと木をかき分けるような音が発せられた。それを聞いた隊員の1人が大声で「人か⁉ クマか⁉」と叫ぶ。この言葉は氷橋を通る際の合言葉として決められており、三度叫んで応答がない場合は直ちに発砲することになっていた。結果は応答なし。十丁の村田銃が火を吹いた。その瞬間、黒い塊は川岸をひとっ飛びにして、冗いた雪原に走り去った。巨体から考えられないすばしっこさに隊員は唖然としたまま後を追えなかったばかりか、不思議と多くの銃が不発に終わったことから本業のマタギですら自信を失ったそうだ。

これより少し前、討伐隊以外にも事件を聞きつけたマタギ一行が10日から三毛別に入っており、その中に伝説のマタギである当時57歳の山本兵吉《やまもとへいきち》がいた。兵吉は「クマ撃ち名人」と呼ばれ、若い頃にはサバ先包丁1本でヒグマを倒し「サバ先の兄」との異名もつくほどのプロ中のプロ。常に軍帽を被り、日露戦争の戦利品である銃を携え山野を歩き回り、被害の情報を集めながらヒグマの行動を予測していた。今回の事件で兵吉は考えた。一度、女性を食べたクマは女性しか食べない。次は女性がいる三毛別に向かうはず。よって、クマは六線沢と三毛別と結ぶ氷橋を必ず渡る——。獲物に対し異常な執着心を持つクマの習性と行動を知る兵吉ならではの読みである。

14日、前日に橋で仕留め損ねた討伐隊は足跡と血痕を頼りにヒグマの行方を追うも、兵吉だけは1人で山に入る。この状況での単独行動はあまりに無謀と思われたが、隊長は過去の彼の実績からこれを容認。兵吉は不気味に静かな冬山を堂々たる足取りで突き進んだ。と、頂上付近でミズナラの木につかまって、体を休める件のヒグマを発見。兵吉はヒグマが鼻をヒクヒクと動かしていることで、人間の姿に気づいていることを見抜く。音を殺し素早く20メートルほど接近、ハルニレの木にいったん身を隠し銃を構える。木の陰から身を乗り出し、背筋を伸ばし足を軽く開いて標的を捕捉したうえで銃弾を放つ。弾は心臓に命中し、ヒグマが悲

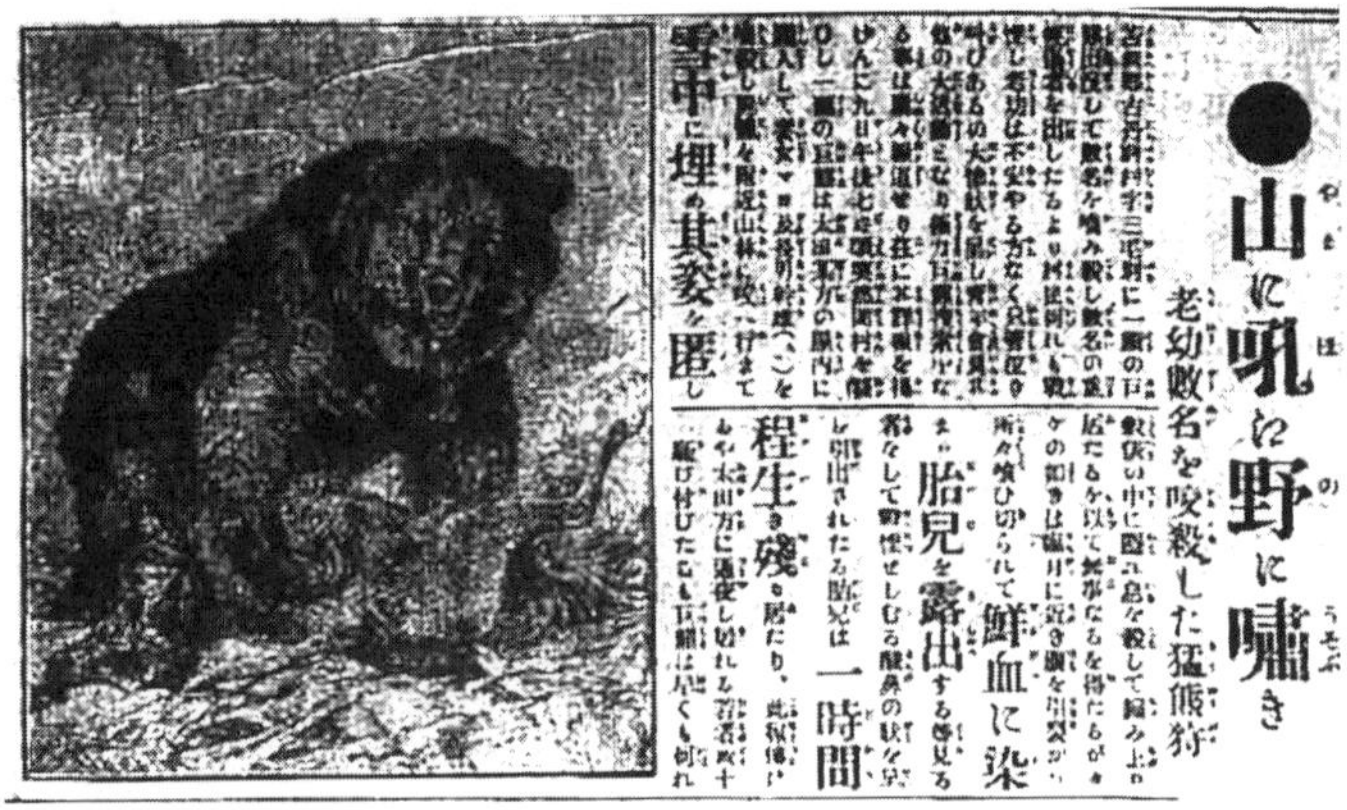

●山《やま》に吼《ほ》え野《の》に嘯《うそぶ》き

老幼數名を咬殺した猛熊狩

鮮血に染

胎兒を露出する

一時間

程生き殘り居たり

雪中に埋め其姿を匿し

事件を報じる1915年（大正4年）年12月15日付けの『小樽新聞』

**モンスターを射殺した山本兵吉。生涯で300頭のクマを仕留めた伝説のマタギで、作家・吉村昭の小説『羆嵐』や、野田サトルの漫画『ゴールデンカムイ』にも彼をモデルとした人物が登場する。事件から35年後の1950年（昭和25年）7月、92歳でこの世を去った**

鳴をあげ2メートルほど飛び上がる。が、まだ生命は絶たれておらず、ヒグマは茶色の毛を全身逆立て殺気に満ちた眼差しで兵吉を睨んでいた。

ほどなく麓《ふもと》の討伐隊も山の上に到着、ヒグマを見つけ、その視線の先に兵吉がいることに気づく。唸り声を上げて仁王立ちする獣を前にしても兵吉は全く怯《ひる》まず、姿勢をキープしたまま弾丸を装填《そうてん》し、眉間に狙いを定めて2発目を発射。今度は頭部を正確に撃ち抜きヒグマは体をのけぞらせ倒れた。さらに3発目の弾を装填、構えたところでヒグマのうめき声が細くなり、やがて完全に消えたことを確認する。午前10時頃のことだ。

討伐隊員たちが次々とヒグマのもとに集まり、7人の尊い命を奪った獣の亡骸に憎悪を込め棒や刃物で殴りつけた。その後、5キロの下り道を1時間半かけて戻り、三毛別奉仕会館で死体解剖実施。体内から犠牲者の遺品が取り出され、後に高値で売却されたクマの内臓の金は遺族に贈られた。またクマの皮は板張りされ、乾燥させるために長い間風にさらしていたが、その間も犠牲者の親族などが毛皮を棒で叩くなどの仕打ちが続いたという。事件は六線沢の村民にPTSD（心的外傷後ストレス障害）を植えつけ、1人また1人と村を離れ、やがて集落は消滅した。

# 下谷サドマゾ事件

## 全身傷だらけ、両手足を欠損した女の恐るべき死の真相

1917年（大正6年）3月2日17時頃、東京市下谷区《したや》（現在の台東区西部）龍泉寺町の開業医・末弘《すえひろ》順吾《じゅんご》のもとに、同じ龍泉寺町で下宿屋を営む男性が訪れ往診を依頼した。なんでも、下宿人である小口《おぐち》末吉《すえきち》（当時29歳）の部屋で、末吉の内妻・矢作《やはぎ》ヨネ（同23歳）が急病になったのだという。要請を受け末弘医師が下宿屋に向かうと、当の部屋にヨネらしき女性が寝ており、その傍らで末吉が布団の上から彼女の背中をさすっている。

室内に異様な臭気が漂っていることを不審に思った末弘医師は布団をめくり驚愕する。硫酸らしき液体を浴びたのかスエの全身が焼け爛《ただれ》ていたばかりか、両手足の指が切断されていたのだ。事件性を感じた末弘医師は、激しく痙攣を起こしていたスエに応急でカンフル注射を施した後、警察に通報。すぐに所轄の下谷坂本警察の署員が駆けつけたものの、スエは同日21時頃に搬送先の病院で死亡する。検死では、臀部や大腿部に22ヶ所、陰部に左右3ヶ所ずつの傷が並び、左足の薬指、右足の中指と小指、左手の薬指と小指が第二関節から欠損、さらに背中と右腕の3ケ所に焼け火箸で「小口末吉妻、大正6年」と彫られていることが判明。警察は末吉がスエに虐待を働いたうえ死に至らしめたものと睨み、傷害致死の容疑で逮捕する。

酷い状態で死亡したヨネ（左）と傷害致死で捕まった同居人の小口末吉

末吉は栃木県那須郡出身の大工で、1913年（大正2年）に新潟出身の紡績工場で働いていたサキという女性と内縁関係となり、2人で上京し浅草に所帯を持った。が、末吉は女癖が悪く、ほどなく吉原の遊郭で女中をしていたヨネと愛人関係となる。当然のように夫婦の仲は悪化し、サキは妊娠を契機に離婚の決意を固め叔母の家に身を寄せる。しかし、末吉はサキにしつこく復縁を迫り、見かねた叔母がサキを現在の千葉県勝浦市の知り合い宅へ転居させる。それでも末吉は、ヨネとは別れるからサキを返してくれと叔母に懇願。なんとか復縁を果たしたが、約束とは異なりヨネとの関係は切っていなかった。それを知ったサキが子供を連れ再び家を出ると、末吉はあきらめたのか妻子の後を追わず、以降ヨネと浅草今戸町の雑貨屋を間借りし同棲を始める。

新たな同居生活は末吉にとって最悪だった。ヨネは多淫で一晩に数回も性行為をせがみ、勃起できなくなると末吉を激しくなじった。やがて、ヨネは末吉が仕事に行ってる昼間、隣室に住む遊郭で客引きをしていた山岸という男性を自分の部屋に誘い込み肉体関係を持つ。当初、末吉は全く気づいていなかったが、大工仲間からヨネが寝取られているのをからかわれたことから、ある日、仕事を抜け出し屋根に登って自分の部屋を覗き見て行為の現場を目撃。逆上した末吉は山岸を蹴り倒し、ヨネを殴打した。ヨネは末吉に詫びを入れ、手切れ金10円(現在の約4万円)を払ったうえで山岸との関係を絶ち、1917年1月初めに2人して龍泉寺町に転居する。

他の男と寝たヨネを末吉は許せず、たびたび暴力をふるうばかりか、同月下旬には彼女を縛り上げ刃物で両足の親指を切ったのを皮切りに、両手の指を切断、焼け火箸による文字の刻印など激しい暴行を加え続けた。そして3月2日、事件発覚。当時の新聞は「龍泉寺町の生地獄」という見出しで事件を大々的に報じた。

事件から3日後の3月5日、東京帝国大学で行われた司法解剖において、単なる虐待死とは思えない疑問点が幾つも浮上する。ヨネの体には首から上を除くほぼ全てに外傷があり、特に両側の内腿と臀部の損傷が激しく深さ数センチに達する傷もあったが、それらは前と後ろで相対しており、陰部の傷も左右対照だった。さらに状態からみて傷は長期間にわたって付けられていることも判明。こうした事実から、担当医はヨネが末吉の虐待行為を容認していたのではないかと推定する。早い話が、双方合意のうえでのSMプレイの成れの果てだったのではないかというわけだ。それを裏づけるように末吉は、警察の取り調べに次のように供述した。

「これらの傷はみなヨネが付けてくれと云うから付けました。嫌だと云えば、別れると云う。別れるのは困るから、云われるまま付けてやりました」

ヨネの浮気に怒り狂ったうえでの蛮行だと思い込んでいた警察は、ヨネ自身が望んで傷つけられたことを知り驚愕、同時に疑問に思う。なぜ、彼女はこのような行為を希望したのか。

末吉とヨネが出会ったのは1913年（大正2年）2月頃。仕事で出向いた浅草・千束《せんぞく》で、ヨネの方から「大工さん、活動に行こう」と誘ってきたという。妻子のいる末吉は最初は断ったが、ヨネの強引な誘いで活動写真を見た後、木賃宿で肉体関係を結んだ。

「泊まれと云ったのは向こうです。銭は向こうで出してくれました。その時は二つしただけです。私は一つしたら嬶《かかあ》のことを考え、嬶に済まないと思って止めようとしたら、女がしようというので二遍しました。その時の色に変わったことはありませんでした。それから、時々、方々でその女と色をしました。それから一緒になりました」

その後、末吉が妻子を捨てヨネと同居、そこでヨネが隣人の山岸と浮気したのは前述のとおりだが、末吉の証言によれば、ヨネはこのとき山岸からSMプレイを強制され、自分がマゾヒストであることを自覚。背中、尻、股の傷は山岸が付けたものだそうだ。ヨネは龍泉寺町の下宿に越してからも浮気癖が直らず、発覚するたびに末吉に詫びて思う存分責め苛《さいな》んでくれと哀願したが、末吉によれば、ヨネは自分に虐待されたいがために意図的に浮気していた節もあるという。ちなみに、末吉は逮捕後の精神鑑定で「性格は愚鈍で、判断力、抑止力は普通人より乏しい」と診断されていることから決してサディストではなく、ヨネに言われるまま彼女をいたぶっていたのが真相らしい。実際、末吉はこうも供述している。

「妻の体に傷を付けたのは警察に来る1ヶ月余り前のことです。山岸と浮気した責任を取るので、自分の指を切ってほしいと言うのです。そんなことは嫌だと云うと、自分と別れる気だろう、別れる気がないなら切ってくれとせがんできました。渋々了承すると、右の小指を切ろうとするので右手はいろいろ不便だろうと、左の薬指の根本を縛って切断するのを手伝いました。足の指もヨネが切って私は仕方なく手伝っただけです」

そのうち、ヨネの要求はエスカレートしていき今度は自分の体に文字を入れることを望むようになる。

「何処へ行って死んでもあなたの女房だと云うので、焼け火箸で背中に私の名前を書いたのです。小口末吉と書いたのです。しかし、背中では自分で見ることが出来ないと云うので、次に手にまた焼け火箸で名前を焼きつけたのです。どうしてそんなものを書く気になったか、と妻に訊くと、これを見て他の男には決して心を動かさぬためだと云うから、そんなら一つ書いてあったらたくさんではないか、と云ったら、最初腕を上げて書いてもらったので、腕を下げると逆さになって困る。それで書き直して欲しいと云う。なるほどと思って、今度は腕を下げさせて書いてやりました。二、三日すると、腕の外側にばかり書いてあるので、寝て見ようとしても何も見えない。寝ていても見えるように書いてくれと云う。なるほどと思って、今度は腕の内側に書いてやりました。これで3通り書いたことになりました」

さらに、末吉はヨネが真性のドMであることを示す話として、ある年の元旦のエピソードを語った。なんでも、ヨネが「マオトコシタ　セケンノカガミ」と書いた半紙を自分の背中に貼りつけ、末吉と2人で吉原界隈を練り歩いたというのだ。その際、末吉はヨネにせがまれて「ブッカラ、チャッカラ」と囃し

ヨネの遺体は『世界の刑罰・性犯・変態の研究』という写真集に掲載されている

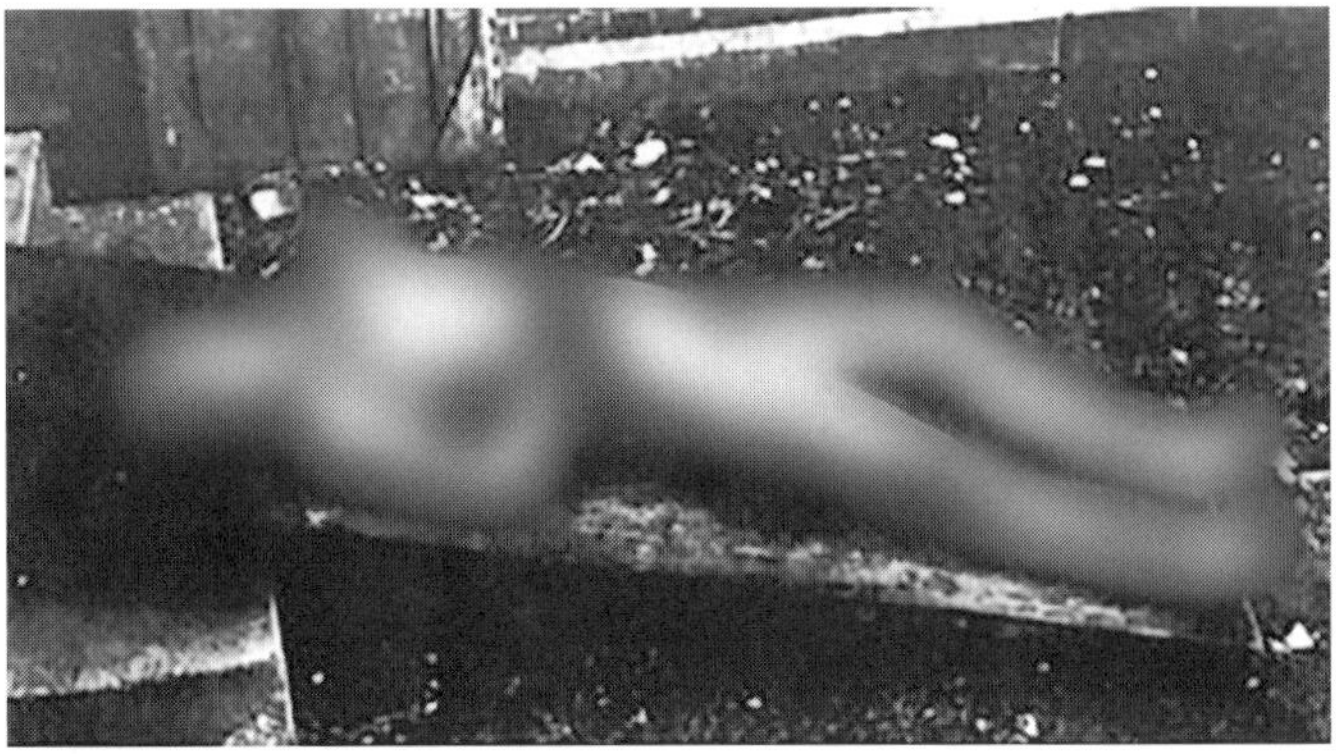

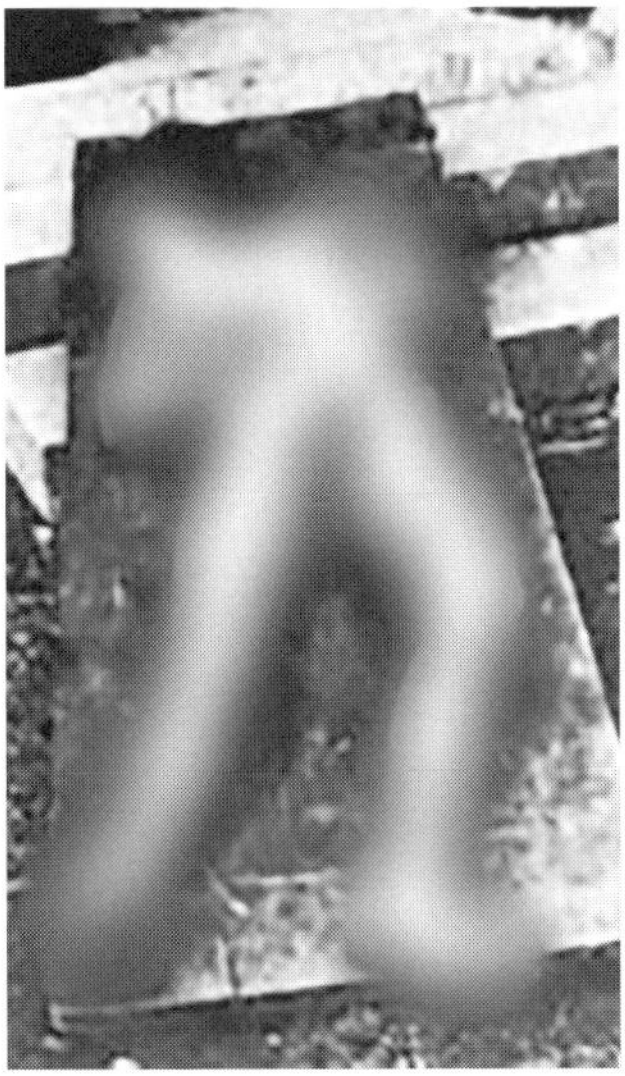

ながらヨネの前を歩いたところ、子供たちが面白がりゾロゾロとついて来たので切り上げたのだそうだ。こうして、見せしめプレイを終えたヨネはいつもより増して末吉を激しく求めてきたという。

当初は末吉による虐待死と思われたヨネ死亡の恐るべき真実。ある意味、ヨネの被害者とも言ってもいい末吉には裁判で検察から懲役10年が求刑されたが、判決を前にした1918年（大正7年）9月23日、脳溢血でこの世を去った。

# 福田村事件

## 関東大震災時の混乱下、千葉県の自警団が日本人の薬売り9人を殺害

1923年（大正12年）9月1日午前11時59分、神奈川県相模湾北西部を震源とするマグニチュード7・9の巨大地震が関東一円を襲った。関東大震災。発生が昼時だったこともあり100ヶ所以上から出火し、結果的に死者・行方不明者が約10万人を数える大惨事となったが、特筆すべきは、このとき「朝鮮人が井戸に毒を入れ、火をつけ回っている」とのデマが流布し、多くの朝鮮人が日本人自警団によって虐殺された事実だ。発端は9割以上の住人が被災した震源地に近い横浜で、1日19時過ぎ、混乱に乗じて右翼団体・立憲労働党員らが税関倉庫の輸入食料を強奪したことだった。これが「朝鮮人強盗団」と誤認され、2日午後には東京市全域に拡散。この噂を政府が利用し、内務大臣の名で「爆弾を携えたり放火・掠奪する朝鮮人を手配せよ」の無電が警察の通信網を通じて関東一円に流れた。背景には1919年（大正8年）3月1日に日本統治時代の朝鮮で発生した「三・一独立運動」がある。日本の新聞は当事件を「不逞《ふてい》鮮人」「陰謀」などの言葉を用いて朝鮮人に対する恐怖心と憎しみを煽り続けており、結果、震災時のデマも何ら疑われることなく朝鮮人に刃《やいば》が向けられる。中でも悲劇的だったのは、香川県からの薬売りの行商団が千葉県福田村《ふくだむら》で地元の自警団に朝鮮人と間違われ、暴行された挙げ句9人が殺害された福田村事件だ。

1923年（大正12年）9月1日に発生した関東大震災で廃墟と化した東京の街並み

震災から3日後の9月4日、千葉県にも戒厳令が敷かれ、同時に官民一体となって朝鮮人などを取り締まるために自警団が組織・強化され、街には「あやしい行商人を見たら警察へ連絡せよ・千葉県警」といった防犯ポスターが張られた。そんな緊張と不安が渦巻くなか、大八車に日用品を積んだ薬の行商団5家族15人が同県東葛飾郡福田村（現在の野田市）三ツ堀に到着するのは9月6日午前10時頃のこと。彼らは3月に香川県三豊《みとよ》郡《ぐん》（現在の観音寺市および三豊市）を出発し、関西から各地を巡って群馬を経て8月に千葉へ入っていた。

一行は利根川の渡し場に近い香取神社に留まり、1人が渡し場で船頭と渡し賃の交渉をする間、足の不自由な若い夫婦と1歳の乳児など6人は鳥居の脇で涼をとり、15メートルほど離れた雑貨屋の前で20代の夫婦2組と2歳から6歳までの子供3人、他に24歳と28歳の青年が床机に腰を下ろした。交渉が始まってすぐに渡し場が殺気だった。船頭が聞き慣れない讃岐弁を不審に感じ「おまえらの言葉は変だ」と大声をあげたのだ。突然半鐘が鳴らされ、駐在所の巡査を先頭に、竹やりや鳶口《とびぐち》、日本刀、猟銃などを手にした数十人の村の自警団があっという間に現地に集まった。

「日本人か？」「日本人じゃ」

「言葉が変だ」「四国から来たんじゃ」

「おまえらは朝鮮人だろう」「違う」

後の生存者の証言では、こんな会話があったという。このとき、現場に来ていた福田村村長らが「日本人ではないか」と言っても群衆は聞く耳を持たず、行商団のメンバーに君が代を歌うことを強要する。そこで、駐在の巡査が本署に問い合わせに向かったのだが、その直後、自警団は一向に襲いかかる。乳飲み子を抱いて命乞いをする母親は竹やりで全身を突かれ、男は鳶口で頭をかち割られ、泳いで逃げようとした者は小船で追われて日本刀で膾切《なますぎり》にされた。惨劇はしばらく続き、雑貨屋の前にいた9人全員が殺害・死亡。1人は妊婦だったという。一方、鳥居の側で茫然と事態を見つめるしかなかった6人は、針金や縄で後手に縛られ、川べりに引き立てられた。乳児を抱いたまま縛られた母親を後ろから蹴り上げながら、1人の男が「早く投げ込んじまえ！」と叫ぶ。呼応した自警団の面々

朝鮮人にまつわるデマに踊らされ関東一円で自警団が結成された

が縛りあげられたままの6人を川に投げ込もうとしたとき、馬で駆けつけた野田署の警官が事態を止めた。河原には女子供を含む9つの惨殺死体が転がり、厳しい残暑の日差しに照らされていたそうだ。

この事件で逮捕されたのは福田村の自警団員4人と、隣接する田中村（現在の柏市）の自警団員4人の計8人。起訴された彼らは騒擾《そうじょう》殺人罪に問われたが、裁判で被告人は「郷土を朝鮮人から守った俺たちは憂国の志士であり、国が自警団を作れと命令し、その結果誤って殺したのだ」と主張する。また、当時の予審検事は裁判の前から「量刑を考慮する」ことを新聞に明かしており、田中村の会議でも被告4人「見舞金」の名目で弁護費用を出すことを決め、村の各戸から均等に徴収していた。果たして、裁判長は１９２４年（大正13年）7月、7人に懲役3年から10年の実刑判決を下した（大審院で確定。残り1人は懲役

事件現場となった福田村の場所

千葉県野田市三ツ堀の円福寺境内に
建立された犠牲者追悼の碑

2年、執行猶予3年）が、2年5ヵ月後の昭和天皇即位（1926年12月25日）による恩赦で全員が釈放された。ちなみに犯行の中心人物だった1人は、出所後に田中村の村長となり、柏市に合併後は市議も務めたという。

事件は長らく闇に葬られた。その背景には行商団の一行が被差別部落出身だったためとも言われる。しかし、56年後の1979年（昭和54年）に被害者遺族らから「千葉県における関東大震災と朝鮮人犠牲者追悼実行委員会」などに連絡があり、事件の現地調査がスタート。1983年には千葉県歴史教育者協議会から香川県歴史教育者協議会に情報が伝えられ、共同調査や香川県での聞き取り調査が進んでいき、1980年代後半からようやくメディアでも取り上げられるようになる。さらに、2000年（平成12年）7月、千葉県「福田村事件を心に刻む会」が設立され、事件当時5歳で戦後に福田村村長になった（後に野田市長にもなった）新村勝雄が「個人としてですが、被害に遭われた香川の方々に心からおわび申し上げます。事件の真相究明は今を生きる私たちの役目。地元の1人として最大限の努力をしたい」と表明。翌2001年（平成13年）に「福田村事件追悼碑建立基金の募集」が始まり、2003年には犠牲者の追悼慰霊碑が野田市三ツ堀の円福寺大利根霊園に建立された。ただ、追悼慰霊碑の背面には「本碑ヲ以テ慰霊ノ場トシ幽魂ノ墓ヲ兼ネルモノ也」として犠牲者の名前は刻まれているが、彼らがなぜ殺されたのが、その経緯は一切説明されていない。

関東大震災時に虐殺された朝鮮人（中国人を含む）の犠牲者は、当時の内務省の調べだと300人弱。

**本事件を題材とした映画「福田村事件」(監督：森達也)。**
**関東大震災100年目に当たる2023年9月1日公開予定**

一方、朝鮮罹災同胞慰問班の調査では2千600人あまりと大きな隔たりがある。ちなみに、毎年9月1日、都立横網町公園（墨田区）では関東大震災の際に虐殺された朝鮮人を慰霊するための式典が市民団体の主催で行われており、都知事が追悼文を寄せることが恒例となっていたが、2017年（平成29年）3月の都議会で、自民党都議が虐殺の犠牲者数について異論があるとし「今後は追悼の辞の発信を再考すべきだと考える」と提言。対し小池百合子知事は「追悼文は毎年、慣例的に送付してきた。今後は私自身がよく目を通し、適切に判断する」と答えたうえで、その年の追悼文送付を取りやめている。

# 玉の井バラバラ殺人事件

## 遊郭の下水溝から3つの包みに入れられた身元不明の切断遺体が

関東大震災後、東京には私娼街が数多く生まれた。中でも賑わっていたのが現在の墨田区東向島4丁目から6丁目に当たる「玉の井」。ここに「お歯黒どぶ」と呼ばれる動物の死骸などが遺棄される極めて汚い下水溝があった。その名称は、水面がお歯黒の液を流したような黒い色をしていたのが由来である。

1932年（昭和7年）3月7日午前9時頃、そのお歯黒どぶの横を歩いていた少女が汚水の中に下駄を落とす。一緒にいた親が棒を手にどぶをかき回し探したところ、黒い水に血のような赤が混ざり始め、水面に麻の縄ヒモで縛られた包みが浮かび上がってきた。驚いた親は交番へ駆け込み、巡査が現場に急行、包みを引き上げを確認する。中身は首と両手を切断された人間の上胸部胴体だった。さらに少し離れた場所で見つかった2つの包みを開けると、1つから両足を切り取った腰部胴体、もう1つから首が現れた。

報告を受けた寺島警察署および警視庁捜査一課が現場検証を実施し、翌日に東京帝国大学で司法解剖が行われた結果、3つの包みは同一人物で30歳前後の男性、死後1ヶ月ほどが経過し、死因は鈍器状のもので殴打されたものと判明。また骨格や筋肉の発達具合が肉体労働者の可能性が高いこともわかった。その他、鼻や口などに布団の古綿が詰められ、女性の毛髪が6本付着していたことが特徴として挙げられ、さらに泥水の染み込み具合から犯人が包みをお歯黒どぶに捨てたのは発見された日の前日であると推定された。しかし、指紋採取のために必要な手足部分の遺体が見つからなかったことや、長期間どぶに浸かって

**遺体が見つかった「お歯黒どぶ」があった**
**1932年当時の玉の井遊郭**

いたため人相が著しく変わっていたことなどから被害者の身元特定は不可能で、警察は現場付近一帯で家出人や行方不明者がいないか、地道な聞き込み捜査に専念する。が、有力な情報は皆無。手がかりが得られぬまま捜査は行き詰まる。ちなみに、本事件は当初、新聞で「寺島八つ切屍体事件」「向島の惨殺死体事件」などと呼ばれていたが、しだいに各紙とも「玉の井バラバラ殺人事件」で統一される。類似した事件は過去にも起こっていたものの、「バラバラ殺人」という言葉が使われたのは本事件が日本で初めてだった。

　捜査が暗礁に乗り上げた9月、警視庁は水上《すいじょう》警察署（現在の湾岸警察署）に対して捜査継続を要請。これを受け同月27日、同署長は署員数名をつれ現場視察に向かう。この中に巡査の石賀《いしが》道夫《みちお》がいた。視察の最中、石賀は3年前の1929年（昭和4年）8月に職務質問した1人の男が、バラバラで見つかった身元不明の死体の特徴に似ていることに気づく。男は当時27歳の千葉《ちば》龍太郎《りゅうたろう》というホームレスで、菊子《きくこ》という8歳の娘を連れていた。妻に死なれたうえに失業し物乞いにまで成り下がったと窮状を訴える千葉に石賀巡査は同情、2人を自分の家に住まわせ、千葉には運送屋の仕事を紹介してやる。にもかかわらず、千葉は仕事を数日で辞め、横浜に行くと言い、菊子と共に家を出てしまう。しかし、2人は10日ほどでまた戻ってくる。そんな姿を見た石賀は、千葉に故郷の秋田に帰って出直すよう提言、列車の切符まで用意してやり家から見送る。以降、石賀巡査が親子を見ることはなかった。

もしかしたら、あの千葉が事件の被害者ではなかろうか。疑念を抱いた石賀巡査は捜査本部に事情を説明。これを受け千葉の捜索を始めたところ、ほどなく彼と娘が本郷区湯島花町（現在の文京区湯島2丁目）の長谷川市太郎《はせがわいちたろう》（当時39歳）という人物のもとに寄宿していたことが判明する。この情報をもとに警察は10月16日、長谷川宅を訪問、事情を聞くと、市太郎曰く「確かに1年ほど前から千葉親子を引き取っていたが、今年の2月頃から家を飛び出したきり」だという。一方、近隣住民の聞き込みから、市太郎と千葉が頻繁に揉めていたという証言が手に入り、警察は市太郎が千葉を殺し、遺体を切断したのではないかとの疑いを強める。そして4日後の20日、市太郎を水上署に連行。取り調べで厳しく追及し、ほどなく千葉殺しの自供を得る。

市太郎は病気がちの母、当時30歳の妹・とみ、23歳の弟・長太郎《ちょうたろう》の4人で一つ屋根の下で暮らしていた。が、3兄妹ともにまともな職に就いていなかったことから電気代が払えず、夜はろうそくを灯すような暮らしぶりだったという。そんななか、事件が起きる前年の1931年（昭和6年）4月下旬、市太郎が浅草公園のベンチでうずくまっている千葉と菊子を見かける。何気に声をかけ千葉から返ってきた言葉に市

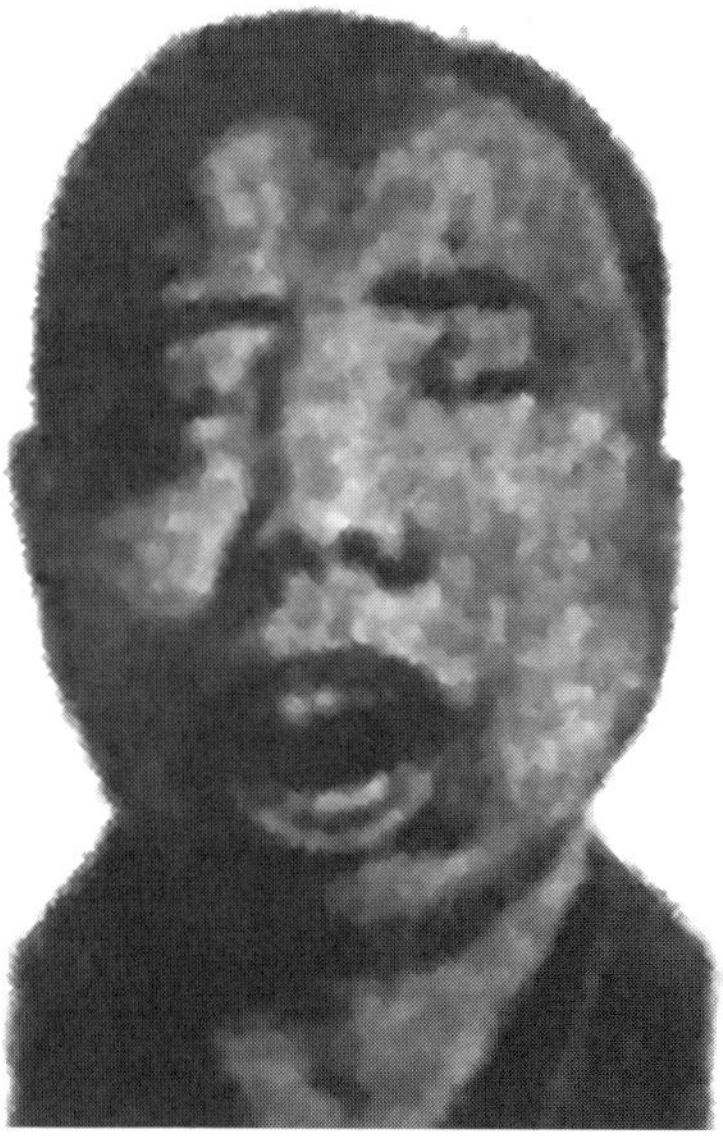

遺体から作成された被害者の顔のモンタージュ

太郎は驚く。なんでも、自分は高等農林学校で勉強しており、故郷の秋田にはかなりの財産があるが、義母と不仲で家を飛び出し、以降会社勤めをしていたものの妻が死に自分も病気になって失業、今は物乞い暮らしを余儀なくされているという。そして、千葉は「こんな自分を助けてくれる人がいれば、近い将来、何倍にもお礼をします」と口にした。金に困っていた市太郎がこの話に飛びつき、親子を家に連れ帰り事情を話すと、あろうことか母親は娘のとみに千葉を誘惑するよう促し2人に関係を持たせる。

ほどなく、とみと夫婦同然の間柄となった千葉に対し、市太郎は、故郷の秋田で財産を整理するよう要求。母親と妹の着物を質屋に入れ交通費を確保する。言われるまま千葉は秋田に向かうが、戻ってきたのはそれから10日以上後で、手に握られていたのは手土産一つだけ。千葉曰く、地元で農民による抗議行動が起こっており土地を処分するどころではなかったのでもう少し待ってほしいという。こうした説明に市太郎は千葉を疑い、知人を介して秋田の千葉の実家を調べる。結果、千葉の話が全てウソだったことが判明。激怒した市太郎は千葉親子を追い出そうとするも、開き直った千葉はそのまま家に居座り続けた。どころか、その態度は日に日に粗暴化し、とみが以前交際していた男性との間に作った子供を振り回すまでとなる。それが原因したのか、子供はまもなく死んでしまったそうだ。

騙されたうえに身内に暴力までふるう千葉。市太郎の我慢は限界に達し、長太郎と共謀し千葉の殺害を計画。1932年2月11日、実行に移される。この日、出先から千葉が家に戻ると、亡くなった子供のために仏壇に手を合わせるとみの姿があった。千葉は「そんなことはやめろ」と騒ぎ出し、口論の挙げ句、とみに掴みかかろうする。それを背後から見ていた市太郎は用意していたスパナで千葉の頭を殴打。そこにバットを持った長太郎が加わり2人でめった打ちにして死に至らしめる。犯行中、とみは外で見張りを務め、母親と菊子が帰ってきても家に入れない役目を担っていたそうだ。その後、市太郎と長太郎はいったん遺体を隠し、2日に分けてバラバラにしてから柳行李に入れ、3月6日夜に市太郎ととみがタクシーで玉の井に向かいお歯黒どぶに遺棄したのだという。

殺人・死体遺棄罪で逮捕された市太郎は当初、自分の単独犯行であると主張。千葉の遺体をノコギリでバラバラにした心理を「この足で母を蹴った、この手で妹を殴り、弟を殴った。こうしてやるぞ、こうしてやるぞと歯軋りしながらやった」と供述した。が、1934年（昭和9年）8月6日、東京地方裁判所は市太郎に懲役15年、長太郎に懲役8年、とみに懲役6ヶ月執行猶予3年を宣告。兄弟は控訴し、翌1935年（昭和10年）年12月17日、市太郎は懲役12年、長太郎は同6年で確定、服役した。

犯人逮捕(上)と、被害者である千葉の娘・菊子(写真の女児)の様子を報じる東京日日新聞

# 隅田川コマ切れ殺人事件

## 大金を持っているというホラ話を信じた男の愚かで残酷な犯行

1934（昭和9年）6月14日13時頃、隅田川にかかる永代橋《えいたいばし》上流の岸辺に切断された左手首が漂流していたのを船頭が発見、東京水上《すいじょう》警察署（現在の湾岸警察署）に届け出た。警視庁の鑑識課の鑑定により、左手首は成人男性のもので死後5、6日が経過していることが判明。殺人事件として捜査に乗り出したところ、翌15日午前8時半頃、隅田川上流の吾妻橋付近で右手首が、さらに18日16時頃に芝浦の海岸に左足首が打ち上げられ、警察は全て同一人物のものと推定、身元特定に動く。遺体はいずれも激しく腐敗していたものの何とか指紋の検出に成功したが、被害者に前科がなかったせいか、司法省が保管する指紋原紙に一致する者はいない。身元の割り出しは絶望的と思われた。しかし、受刑終了後10年が経過した指紋は一般原紙から除外され別に保管されていることを知っていた鑑識課長が一縷《いちる》の望みをかけて照会したところ、奇跡的に合致する指紋が見つかる。徳島県出身で窃盗で2度の逮捕歴がある森西儀市《もりにしぎいち》（当時60歳）。結婚と離婚を繰り返し、事件発覚当時は51歳のミヨという女性と渋谷区公会堂通りで所帯を持ち、おでんの屋台を引き生活していたことがわかった。

同月20日、捜査員が森西の自宅を訪ねたところ、もぬけの殻。家主の証言によると、事件発覚翌日の6月15日に森西宅を訪ねたところ、見知らぬ若い男が1人で畳を上げていたとのだという。事情を聞くと、男は「自分は森西夫妻の同居人だが、1週間ほど前に彼らに金を貸したところ、夫婦はそのまま家を出て

遺体が見つかった永代橋がかかる隅田川上流の現場

行き帰ってこない。借金のカタに家にあるものを売り払うつもりだ」と答えたそうだ。家主は「畳は自分のものだから売られた困る」と男を制止したが、詳しい事情はわからないという。話を聞いた捜査員が屋内を改めたところ、家財道具の一切が失くなっており、襖や天井には血しぶきが散乱、畳には染み込んだ血をふき取った痕跡が認められた。さらにカビが生え始めていた畳を上げたところ、床板に大量の血が染み込んでいるのが判明。儀市とミヨがその若い男にここで殺されバラバラにされた疑いが一気に強まった。

聞き込み捜査により、ほどなくその若い男に家財道具の売却を手伝わされた稲垣というバタ屋（廃品回収業者）が見つかり、貴重な証言が得られる。

6月14日の早朝、自分は公会堂通りでゴミ箱をあさっていたところ、若い男に「ボロを売ってやるからついてこい」と声をかけられ、儀市宅を訪れた。そこで、大量のこま切れ肉が入った石油缶5個とバケツを手渡され「自分は焼き鳥屋だが、肉を仕入れすぎて腐らせてしまった。なるべく遠くに捨ててくれないか」と言われた。特に怪しむことなく、石油缶を自分の車に積み、隅田川の白鬚橋で2人がかりで遺棄した。別れ際に「明日の夜も来てくれ」と頼まれ、そのとおり家を訪ねると、遅いから泊るように勧められ、翌朝に古着や蒲団、仏壇、蚊帳などを渋谷区山下町のクズ物問屋に持ち込んだが、全部は売れず、運搬費をもらい帰った。男は小林と名乗っており、身長は１６０センチ程度、顔に赤黒い痣があった——。稲垣が語る男の容姿は、家主が目撃した男のそれと酷似していた。

捜査本部は家財道具が持ち込まれたクズ物問屋を捜索、押収した蚊帳に血痕が付着していたことから小林を名乗る男が夫婦殺害の犯人と断定するとともに、目撃情報をもとに数万枚の似顔絵を作成、さらに前科がある者の中から小林と思われる写真を特定し大量に複製し各警察署に手配する。と、6月23日午前8時頃、四谷警察署伝馬派出所で見張勤務にあたっていた巡査が、手配書にぴったりの年恰好で行李《こうり》を携え歩く男を発見した。顔は帽子で隠れよく見えないが、鼻の頭に赤黒い痣《あざ》がある。巡査が職務質問をかけると、男は「小林要介、23歳」と名乗り、森西儀市方に同居していたこともためらいなく答えた。巡査は男をそのまま派出所に同行させ行李の中を調べる。果たして、そこに入っていたのは鋸《のこぎり》、鉈《なた》、出刃包丁、手斧で、それらの柄に血を拭った痕跡があったため巡査は男を緊急逮捕した。

捜査本部の取り調べに対し、男は素直に犯行を自供する。本名小林利平《こばやしりへい》、年齢25歳の前科3犯。その年の5月10日に前橋刑務所を出所した後、神奈川県平塚市で寿司屋の出前持ちとして働き始めたものの、6月4日に集金した15円余りを持ち逃げして上京。渋谷の北丘橋付近の路上でおでんの屋台を引く森西夫婦に遭遇し立ち食いする。もちろん、このときは何の意図もなかった。が、儀市が客を前に「貯金が１万円（現在の貨幣価値で約2千５００万円）以上ある」「恩給がたっぷり入る」などと景気の良い話をするの

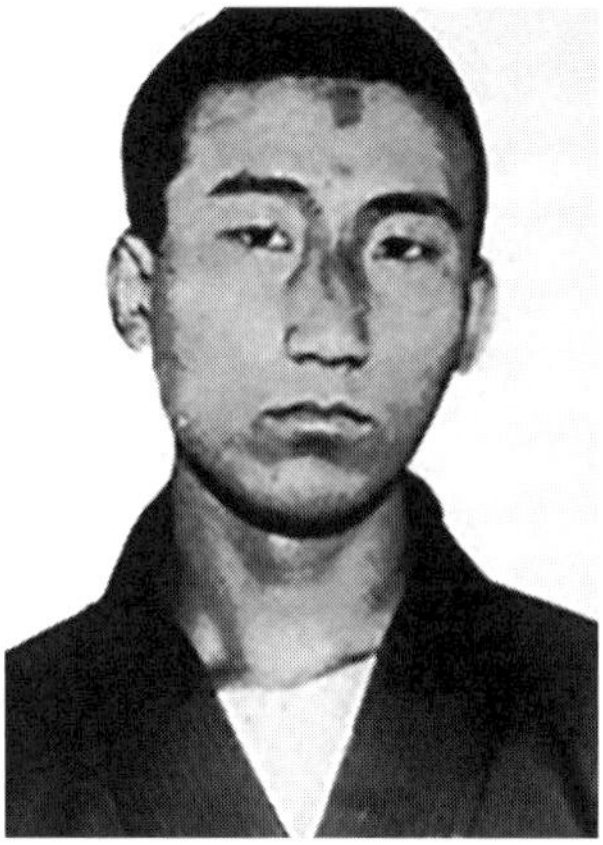

犠牲者の〝ホラ吹き爺さん〟こと森西儀市（左）。犯人の小林利平（右）

を聞くにつけ、しだいに儀市から金を奪うことも思いつく。後にわかることだが、儀市は普段より大法螺を吹くことで周囲から「ホラ吹き爺さん」、ミヨは首が曲がっていたことから「ハテナ婆さん」と呼ばれていた。

儀市の与太話を信じ込んだ小林は、儀市の家に4畳半一間が空いていることを知るや、月6円50銭で借りる約束を取りつけ、その日のうちから森西夫婦宅で同居を始める。当初から彼らを殺し有り金を奪う腹積もりだった。ヒントにしたのは、本書84ページで取り上げた鈴弁殺し事件。新聞報道で犯行手口を知った小林は夫婦を殺害したうえで遺体をバラバラにし隅田川に遺棄しようと計画、6月5日に天現寺《てんげんじ》（港区南麻布）近くの金物屋から出刃包丁と鉈、上野で鋸を購入し準備を整える。そして、2日後の7日夜、酒を大量に買い込み夫婦にふるまう。その真意など知らない2人は大喜びで杯を受け、良い気分で床に。犯行に及んだのは日が変わった8日の午前2時頃だ。儀市とミヨが熟睡したのを見計らい真っ暗な寝室に侵入、手斧を振るって夫婦ともども惨殺する。電灯をつけると辺りは血まみれ。返り血を浴びた自分の顔と手足を洗い流した後、2人を丸裸にし、鋸や鉈、出刃包丁を使い、肉から皮、骨、内臓に至るまで文字どおりコマ切れにし洗濯桶《おけ》に放り込んだ。午前5時、近くのバタ屋を起こし石油缶の空き缶5個を買い求めコマ切れ遺体を缶に詰める。が、途中で刃物の切れ味が悪くなったため新たな包丁を購入し改めて解体。全ての作業が終わったのは14時間後の16時頃だった。その後、家中から金を探したが、見つかったのは現金19円（同5万円弱）と郵便通帳にあった50銭のみ。ここで初めて儀市の話がウソだったことを知った小林は銭湯に行き、ゆっくり湯に浸かった後、犯行現場の寝室の隣室で眠った。朝には約束していたバタ屋と遺体を投棄する予定だった。が、なぜかバタ屋は現れない。すでに缶の中からは異臭が漂っており一刻の猶予もない。慌てて外へ出て、偶然見つけたのがゴミを漁っていた稲垣で、彼を使い隅田川にコマ切れ遺体の入った石油缶とバケツを投げ捨てた（ミヨの遺体は見つかっていない）。

逮捕から3ヶ月後の9月12日、東京地裁で開かれた初公判で、小林は「私を死刑にしてください」と胸を張った。しかし判決が下される9月19日には青ざめて出廷を拒み、大勢の看守に支えられて出廷、望みどおり死刑を宣告された。絞首刑執行は10月12日。事件発覚からわずか4ヶ月の速さだった。

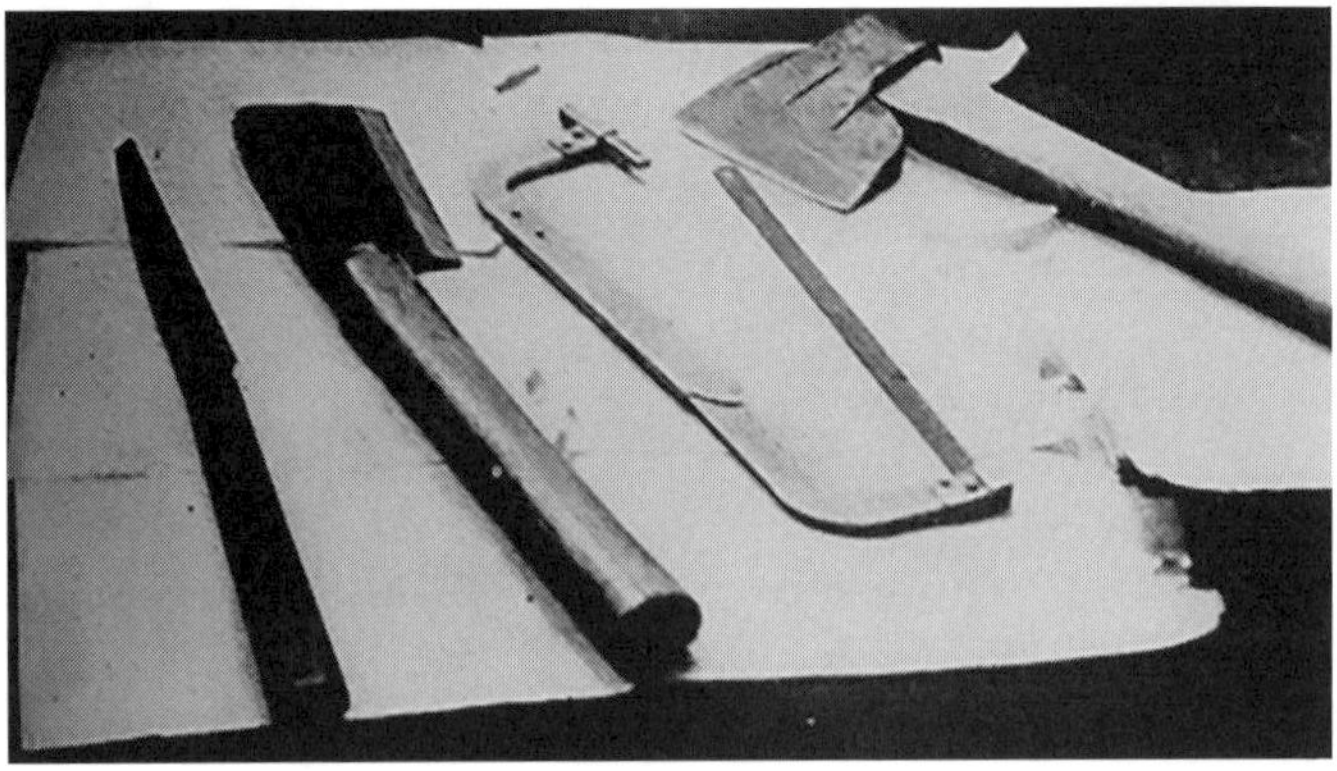

犯行に使われた凶器

# 浅草青酸カリ殺人事件

## 紅茶に毒を混ぜ校長を殺害し、給与の入った風呂敷を強奪

1935年（昭和10年）11月21日午前9時30分過ぎ、東京・浅草区（現在の台東区）の柳北《やなぎきた》尋常小学校の増子菊善《ますこきくよし》校長（当時48歳）が浅草区役所の会計課を訪れ、同校職員の給与3千335円（現在の貨幣価値で約620万円）と、同校に併設されていた青年学校職員の給与240円（同約45万円）を引き出した。当時、学校職員の給与は校長自ら下ろし手渡しするのが慣例だった。増子校長が手続きを終えた頃、会計課に校長宛の電話が入る。校長は10分程度話した後、受話器を戻し役所を後にする。その手には給与を入れた風呂敷が携わっていた。

増子校長が浅草雷門の明治製菓売店喫茶部に入店したのは午前10時20分頃。席に腰を下ろしテーブルの上に風呂敷を置く。向かいには絣《かすり》の袷《あわせ》に同じ羽織を着てロイドの眼鏡をかけた27、28歳の若い男が座っていた。校長は男と二言三言話した後、男が事前に頼んでいた紅茶を勧められるまま口にする。その途端、校長の顔が変わり、怪訝そうな声で言う。

「ウィスキーが入っているんですか。なんだか少しヒリヒリする」

慌てたように男が給仕を呼び「この紅茶は変だそうだ、すぐ捨てて別のをくれ」と命じ、代わりのコー

ヒーが届く間に校長は立ち上がろうとしてそのまま「ウウン」となって膝から崩れ落ちるように倒れてしまう。

「先生！　先生！　大変だ、早く柳北小学校に電話をかけてくれ」

男が校長を抱きしめながら大声を上げると、店内は大騒ぎに。近くの大橋病院から医師が駆け付けるも校長はすでに息をしていない。急報を受け所轄の象潟《きさかた》警察署と警視庁捜査第一課・鑑識課が現場に到着した頃には、若い男も風呂敷包みも消えていた。

現場検証の結果、増子校長が飲んだという紅茶の受け皿にこぼれていたごく少量の紅茶から青酸カリが検出される。警察は関係者の証言などから、男がその日、校長が給与を受け取ったこと知ったうえで喫茶部に誘い込み紅茶に青酸カリを混入して毒殺、給与を奪っ

事件を報じる東京日日新聞。1948年（昭和23年）に12人が毒殺された帝銀事件の犯人は本事件からヒントを得たとされる

東京日日新聞

白晝・喫茶店の怪殺人

紅茶に毒を盛られ　小學校長忽ち悶絶

三千余圓奪ひ犯人消ゆ

怪青年と名刺を交換

雑沓する雷門前

計畫的な犯行

捜査の範圍は狹い

一萬の長ゴム行進

けふ魚市場へ

て逃走したものと断定。象潟警察署に捜査本部を置き捜査を開始する。警察が描いた犯人像は以下のとおりだ。

❶業務で青酸カリを使う者、あるいは薬物に詳しい者（当時はまだ、青酸カリが即効性の猛毒であるという事実が一部の者にしか知られておらず、自殺に用いた例はあるものの、犯罪に使われたケースはなかった）

❷増子校長と顔見知り（校長を電話で呼び出して会談している）

❸学校または区役所の内部事情に詳しい者（当日が学校教員の給与日で、校長が区役所で給与を受領することを知っていた可能性が高い）

とはいえ、対象はいずれも広範囲で、紅茶を入れたカウンター担当をはじめとする喫茶部のスタッフが厳しい取り調べを受けるのは当然として、増子校長のかつての教え子の中で前記項目に当てはまるうえに不良化している物を探したり、当時跋扈《ばっこ》していた左翼主義者の犯行を疑うなど、捜査は多方面にわたり、かつ難航するものと思われた。しかし、意外にも事件は発生当日にスピード解決をみる。

きっかけは、京橋警察署の外勤巡査の申告だった。この日の夕刊を見たその巡査は、浅草千束《せんぞく》尋常小学校に勤務する実兄から、同僚教師に大金を貸したと偽って校長から金を借りようとした男と事件犯人の人相風体が極めて似ていることに気づいた。そこで、巡査が兄や関係者に会って確認したところ、金を借りようとした浅草区千束町で木綿衣料品販売を営む鵜野洲《うのす》武義《たけよし》（同27歳）が、事件犯人と酷似していたため、ただちに署長に報告。これを受けた捜査本部は鵜野州宅に捜査員を急行させるも本人は不在。しかし、聞

# 浅草青酸カリ殺人事件

犠牲となった増子校長と、彼が勤務していた
事件当時の柳北尋常小学校校舎

き込みなどから鵜野州がこの数年、芸者遊びにふけって家計が極度に苦しくなっているなどの情報が次々と集まったことから待合方面を捜査した結果、23時30分、浅草象潟の待合《まちあい》「志のぶ」で遊興中の鵜野州を発見、逮捕するに至る。このとき、鵜野州は強奪した現金のうち3千260円を保持していた。連行された鵜野州は犯行を素直に認め、次のように供述した。

　学校を卒業して実家の綿布既製品の小売商に従事、当初は地道な営業で商売を順調に伸ばし、妻子も得たが、いつしか芸者遊びを覚え、浅草象潟町の待合に足繁く通うようになった。当然のように商売は疎かとなり売上は減少、問屋への融通もつかなくなり、知人や友人からも数千円の借金をしたうえに、出入りの待合にも300円近い未払いができた。いよいよ金に困り果て、友人を毒殺して彼の持つ高価な絵画を奪う計画を立てる。これは幼少期から好んで読んでいた探偵小説からヒントを得たもので、亜ヒ酸による殺害を二度にわたって試みるも失敗。そこで書店で薬物関係の本を立ち読みして毒物を研究し、青酸カリを用いた殺害計画を思い立つ。同時に毎月21日は学校の給料日で、校長が区役所に給与を受け取りに行くことを思い出し、教員の多い学校として柳北小学校の校長に狙いをつけた。当日は、自分は増子校長の教え子であるとウソをついて誘い出し、毒殺したうえに騒ぎ立て、店員たちが立ち騒ぐ隙に職員の給与が入った包みを盗み逃走。小泉学園まで電車で言った上に車を飛ばして知人宅を訪れるなどのアリバイ偽装まで行ったうえで、方々で飲みまわった末に中野で豪遊、そして22時頃に「志のぶ」へ席を変えて遊興していた——。

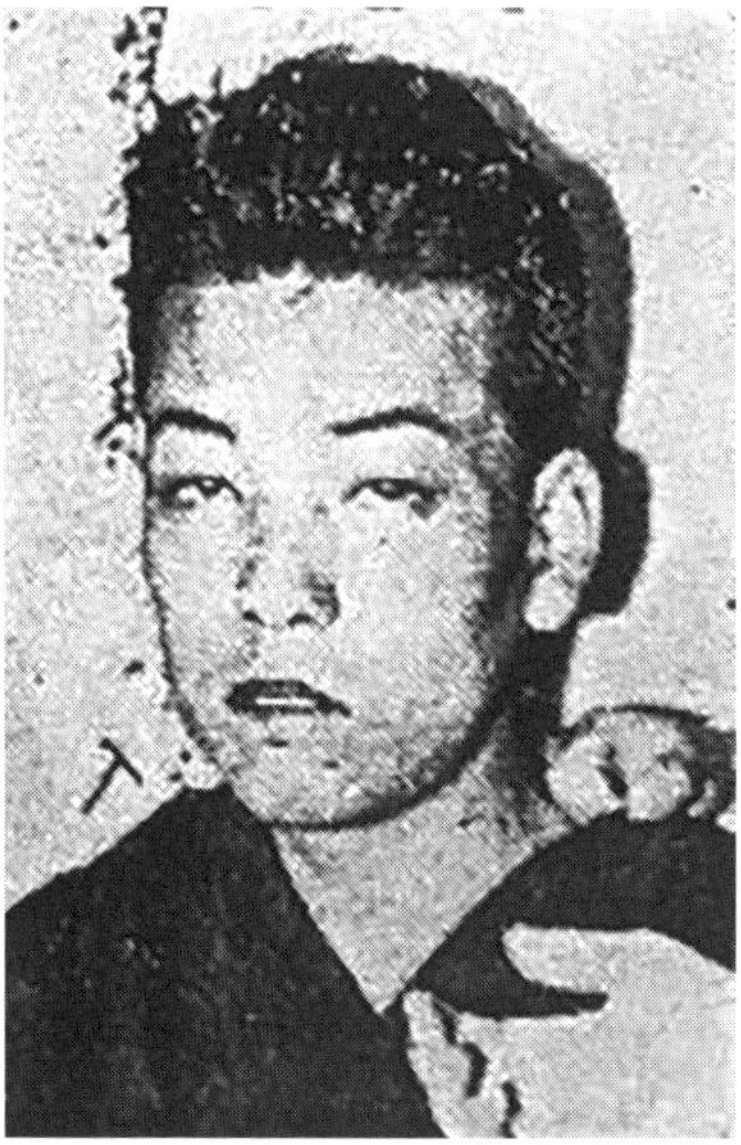

犯人の鵜野洲武義。逮捕当時27歳

鵜野州は強盗殺人および殺人予備罪で東京地裁に起訴され、1936年（昭和11）年1月31日に死刑を宣告される。鵜野州はこれを不服として控訴・上告したが、いずれも棄却され同年8月3日に刑が確定。翌1936年（昭和12年）10月26日、絞首台の露と消えた。

# 群馬連れ子殺人・人肉食事件

## 食糧難の果てに知的障害のあった義理の娘を殺害、山羊の肉と偽り食卓に

例外として戦時下の事件を取り上げる。第二次世界大戦終戦間際の1945年（昭和20年）3月、群馬県の山間部で震撼すべき猟奇的事件が起きた。村に住む女性が再婚相手の連れ子を殺害、その人肉を家族に食べさせたのだ。貧困と食料不足が引き起こした悲劇。

敗戦の色濃くなった1945年3月、群馬県北甘楽《きたかんら》郡尾沢村（現在の甘楽郡南牧村《なんもくむら》）に天野《あまの》今朝吉《けさきち》（当時52歳）を当主とする一家6人が暮らしていた。今朝吉以外の家族は、妻と子供4人。事件を起こすのは、妻のハツ（同32歳）である。

ハツは荷馬車引きの父、父と内縁関係にあった母の間に私生児として生まれ北甘楽郡で育った。小学校6年を卒業したが、学業を嫌い、1935年（昭和10年）、22歳で最初の結婚をする。しかし、夫は婿《むこ》だったためハツの父親との折り合いが悪く、一女・あさ子を授かったものの1937年（昭和12年）には離婚。女手ひとつで子供を育てるのは困難で、離婚の翌年には生まれたばかりの長女を連れ、20歳上で妻と死別した今朝吉の後妻となった。このとき、今朝吉には長女・やす（同12歳）、次女のトラ（同10歳）、さらに双子であるみつよと満雄（同7歳）の計4人の子供がいた。お互い連れ子が存在したためか、再婚といっても正式なものではなかったが、今朝吉とハツの間にはその後、2人の男児が誕生する。

事件の舞台となった旧・尾沢村（写真は現在の群馬県甘楽郡南牧村）

しかし、今朝吉は怠惰な性格の日雇い労働者で食料が必要でない限り働こうとせず、一家の暮らしは困窮を極めていく。日本中で食料が不足していた終戦間際、上州地方山間部は平地の少なさから耕地面積が限定され、穀物不足に陥りやすく慢性的な貧困が生じていたが、その中でも天野家の貧しさは群を抜いていた。そんな事情もあって、ハツは実子3人だけは家に残し、今朝吉の連れ子たちを幼い頃より女工、子守など奉公に出した。が、次女のトラだけは例外だった。トラには幼少期に患った脳膜炎が原因の知的障害があったからだ。後の報道によれば「何の用をも弁せず徒食」という状態だった義娘をハツは常日頃から憎み虐待していたそうだ。背景には、唯一トラだけが自分と血が繋がっていなかったこともあったらしい。

1945年3月10日、米軍の夜間空襲で東京が焼け野原となった16日後の同月26日、いよいよ一家の食糧事情は逼迫《ひっぱく》していく。今朝吉は働かない。ハツは配給された食糧を無計画に消費する。それまでは近所の家から米や麦、サツマイモなどを恵んでもらったりしながら日々をしのいでいたが、この日、ついに食べるものがなくなった。囲炉裏に吊るされていた空っぽの鍋を前に、子供たちは腹が空いたと泣き叫んだ。

イライラが高じていくハツの目に、栄養不足のためこたつで動けなくなったトラ（当時17歳）が映る。日頃の鬱憤も錯綜した。この子さえいなければ〝私〟の子供たちは腹を満たせる——。鬼畜な思いにかられたハツは、トラ以外の子供3人を外へ遊びに行かせると、腹が減って寝転がっていたトラに襲いかかった。背後から20分間にわたり首を絞め上げ絶命させると、家にあった鋸と包丁で頭と手足を切り落とした。内臓は取り出し胴体を2つに切断。それをぶつ切りにして大鍋で煮込む。目的は言うまでもない。殺害したトラの肉を食べるためだ。

その日の夜、ハツは山羊《やぎ》の肉と偽り子供たちに鍋をふるまった。普段、肉などほとんど口にしたことのなかった彼らは、鍋に入った肉片を歓喜しながらたいらげた。しかし、日雇の仕事を終えて戻ってきた朝吉だけは、トラの姿が見えなかったことからそれが何の肉か悟っていたのか、ひと口も箸をつけなかったという。その後、トラの人肉は3日間をかけ一家の胃に収まったばかりか、ハツが近所に「猫の肉ですが、よかったらどうぞ」と配って回り跡形もなく消滅した。

事件が発覚するのは終戦から2ヶ月が過ぎた1945年10月31日のこと。この日、尾沢村の巡査が戸口調査のため、村の一軒一軒を回り天野家にも訪問したところ、なぜかトラの姿が見当たらない。ハツに尋ねると、「前橋に子守りに出ていて、８月５日の空襲で焼け死んだ」と感情の起伏も見せずに言う。もし死んでいるのなら、死亡届が出ているはずだ。が、役場に問い合わせても届は出ていない。不審に思った巡査が近所で聞き込みを開始すると、意外な答が返ってきた。いつもは家の前でぼんやり佇んでいるトラの姿をかれこれ半年以上見ていないというのだ。いよいよ怪しいと巡査が再びハツを問いただしたところ、「病気で死んで、庭に埋めた」と証言が変わった。いったいどういうことなのか？　今朝吉とハツが所轄の下仁田《しもにた》警察署に呼び出され尋問を受ける。と、最初は食い物がなくて栄養失調で死んだと言っていたハツがぽつりと漏らした。

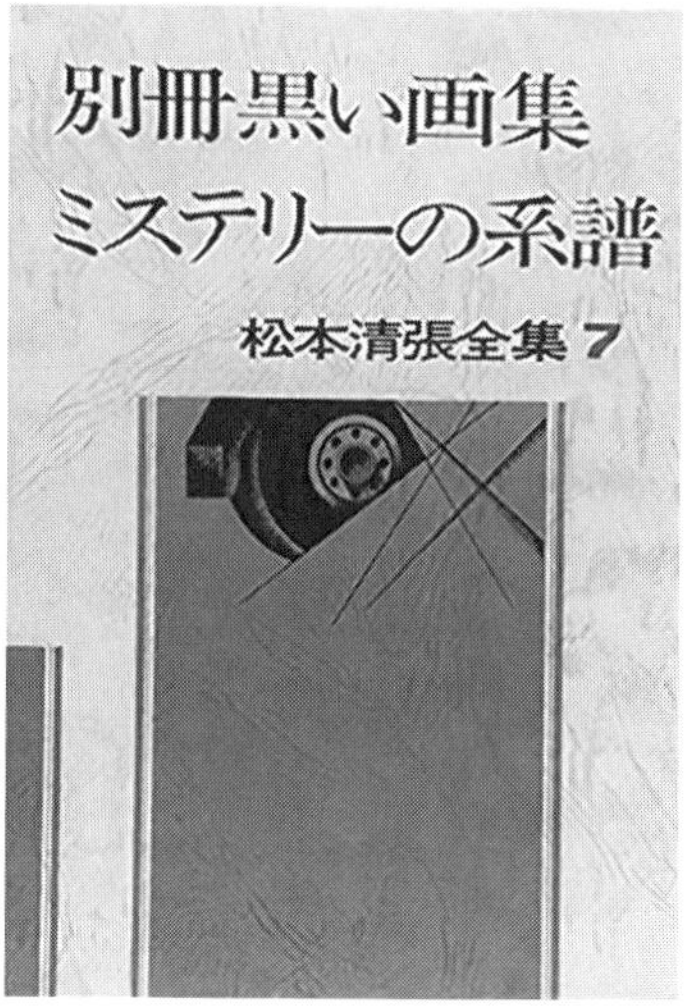


**作家の松本清張は本事件を基に、ノンフィクション小説シリーズ『ミステリーの系譜』の第1話『肉鍋を食う女』を著した**

「食っちゃった」

その後、ハツの供述どおり天野家の庭先から人骨が発見される。骨に鋸の痕跡があったことから殺人および死体損壊が立証され逮捕。ハツは精神鑑定によって心神耗弱を認められたものの、翌１９４６（昭和21年）４月11日、前橋地裁の公判において無期懲役の実刑判決が下される。服役、釈放後、ハツは寺に引き取られ余生を送った。一方、残された今朝吉と子供たちはその後も村で暮らしたそうだが、２０１７年の時点でハツ、今朝吉ともに死亡が確認されている。

# 第4章 痴情の果てに

# 鈴ヶ森おはる殺し事件

## 愛人男性が逮捕されるも、後に前科6犯の真犯人が判明し死刑に

京浜急行大森海岸駅から第一京浜を北上した東京都品川区南大井に鈴ヶ森《すずがもり》刑場の跡地がある。同刑場は江戸時代初期の1651年（慶安4年）に開設、「由井正雪《ゆいしょうせつ》の乱」に関係した丸橋忠弥《まるばしちゅうや》や八百屋お七《しち》、白《しら》井権八《いごんぱち》をはじめとする罪人10～20万人が斬首《ざんしゅ》、水磔《すいたく》（罪人を逆さ吊りにし潮が満ちると溺死させる処刑法）、磔《はりつけ》（罪人を板や柱などに縛りつけ槍などを用いて殺す公開処刑）などで処刑された場所で220年間の運用の後、1871年（明治4年）閉鎖された。それから44年後の1915年（大正4年）、この地で若い女性が殺害される事件が起きる。世に言う、鈴ヶ森おはる殺し。当事件は犯行の残忍さもさることながら、被害者の愛人が容疑者として逮捕された後に真犯人が名乗り出た大正時代を代表する冤罪事件でもある。

1915年4月30日朝、鈴ヶ森刑場跡の鬼子母神堂《きしぼじんどう》の尼僧が参拝客を送った後、何気なくお堂の裏を覗き、遺体となって倒れている若い女性を発見した。すぐさま交番に届け出て警察が調べた結果、遺体は鬼子母神堂と隣接する砂風呂旅館「浜の家」の娘、田中はる（当時26歳。通称おはる）と判明。鋭利な刃物で右目と咽喉《いんこう》をえぐられ、陰部に5ヶ所の傷があったことから、警察は痴情のもつれによる殺人と推定し捜査を開始する。

おはるは「浜の家」の主人の養女で、以前は妹とともに別の旅館の仲居として働いていた。妹が結婚すると養父のもとへ戻り、事件の2年前の1913年（大正2年）に警察官の男性と結婚。近くの大森海岸の海水浴場で「浜の家」という休憩所（旅館と同名だが別の店）を開き、店を切り盛りしていた。おはるは美貌で接客上手、店は繁盛したが、客と親しげに話すおはるを夫が嫉妬したことで夫婦喧嘩が絶えず、ほどなく2人は離婚する。

**事件の舞台となった東京・鈴ヶ森刑場跡の現在（品川区南大井2丁目の大経寺内）**

以降、おはるは変わる。もともと、その美貌に惹かれた男たちから言い寄られていたが、離婚後は堂々と5、6人の愛人を持ち、代わる代わる浜の家で関係を結んだ。目的は金。早い話が、おはるは特定男性を対象とする売春婦だった。警察は彼女のこうした身辺を把握したうえで、おはるの部屋に敷かれたままの布団や紙くずが残っていたことから馴染みの客が犯行に及んだものと推定。ほどなく愛人の1人だった小守惣助《こもりそうすけ》（同36歳）を逮捕する。

小守は休憩所「浜の家」の前で汁粉《しるこ》屋「のんきや」を開いており、そこでおはると親しくなった。とはいえ、彼の女癖の悪さは以前からで、正妻と子供2人がいながら、事件の9年前から赤坂の芸者と愛人関係になり、さらにはその愛人の16歳の妹にも手を出す始末。事件当時は、愛人に鈴ヶ森跡で茶屋を持たせ自分は土木工事の現場監督に就いていたが、おはると関係ができたことで浜の家に入り浸りとなり、彼女の妹とも肉体関係を持った。この一件でおはるが別れ話を切り出すと、ピストルを振り回して手切れ金を要求。このため、おはるは郵便局で下ろした40円（現在の貨幣価値で約8万1千円）を渡したものの、小守は未練たらたらで、よりを戻す機会をうかがっていた。さらに、遺体発見前日の夜、小守が現場近くを通ったことが目撃者の証言で明らかとなり、その際、手に刃物を持っていたことも後に判明した。

　品川署に逮捕・連行された小守は当初犯行を否認していたが、警察の厳しい追及に5月29日になって「私がやりました」と自白する。その供述内容は以下のとおりだ。

　おはると愛人関係になったのは事件前年の１９１４年8月。成田不動尊で「もし変心するようなことをしたら、莫大な違約金を取る」との約束を取り交わした。が、おはるの妹と関係を持ったことで態度が冷淡になり、１９１５年

事件の第一報を伝える報知新聞

○鈴ヶ森美人殺し

首無女以來七年振

2月頃から言い寄っても応じなくなった。事件当日、仕事帰りに酒を飲んで浜の家を寄ったところ、「あなたの泊まるところはここと違うでしょ」と相手にされなかったため、怒りに任せておはるの顔を殴打。対し、「人殺し！」となじられたことで、おはるを右脇に抱え声を出せないよう彼女の頭を自分の胸に押し当て引きずり回したところ、手を離した瞬間に倒れ込んでしまった。様子をうかがうと、すでに息をしていない。仕方なく死体を海に捨てようと大森海岸まで運んだが干潮だったことから、鬼子母神堂脇の空き地まで引きずったうえで、癪《しゃく》に障《さわ》るので陰部を何度もナイフで刺し、絶対に生き返らないよう右目と喉を突いた。その後、鬼子母神堂裏の物置から戸板を取り出し、おはるの体にかぶせて帰宅した——。

被害者のおはる(左)と
逮捕された愛人の小守惣助

おはるが休憩所を出していた
大正時代の大森海岸

この供述に基づき警察が捜査したところ、物証のナイフは発見できなかったものの、自白内容が東京帝大医学部による司法解剖の結果と合致していること、事件当日に友人と酒を飲んでいたこと、干潮の時間が一致していること、海岸まで人を引きずった痕跡が認められたことなどから小守は殺人罪で起訴される。が、同年9月から始まった裁判で、彼は一転供述を翻し、「自白は拷問によるもので、自分はおはるを殺していない」と身の潔白を主張。さらに、1ヶ月間にわたって同房だった山口という男から「大正天皇即位式には恩赦がある。今は何とでも言っていい抜けておいて、恩赦で許されたら同じことでないか」と提言されたので、ウソの自白をしたのだとも述べた。とはいえ状況証拠は真っ黒。小守は絶体絶命の窮地に追いやられる。

事が一変するのは公判途中の1916（大正5年）年1月のこと。前年の11月末から12月にかけ東京で強姦・強盗事件を起こした容疑で逮捕されていた石井藤吉《いしいとうきち》（同44歳）が、鈴ヶ森おはる事件も自分がやったと告白したのだ。石井は強盗窃盗前科6犯の男で、1903年（明治36年）に懲役11年の刑を受け千葉監獄に服役。そこで知り合った共犯者の男と出所後に一連の犯行を起こし逮捕されていたのだが、その取り調べ過程で1915年6月17日に横浜市在住の歌人夫妻宅が強盗に遭い両名が殺された事件、7月13日に愛知県で警官が殺害された事件にも関与していることが判明し、さらに追及を深めたところ、おはる殺しについても自供したのだという。

石井は自白に至った心境を、後に記した懺悔《ざんげ》文で次のように説明している。

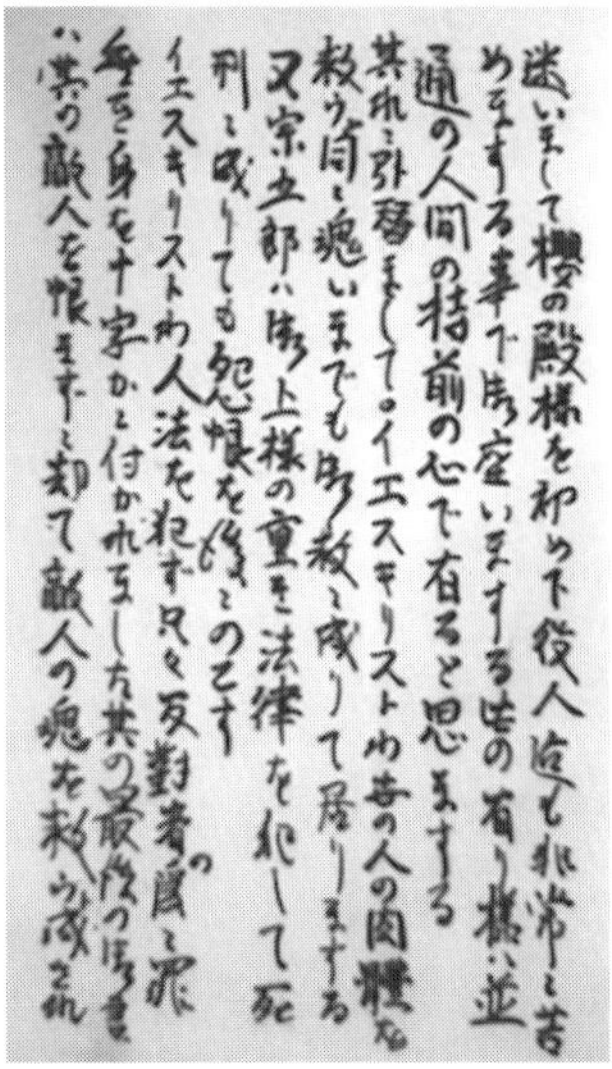

**真犯人の石井藤吉と、彼がおはる殺しを自供にするに至った心境を獄中で記した懺悔文**

「警察署の勾留監に入りますと、その内に7、8人の犯罪人がおりました。その人々がいろいろの話を致しておりまするうちに、東京市中の殺人犯の話が出まして、どこぞの人殺しは捕縛になり、また、あそこの人殺しも捕縛になったと、いろいろの殺人犯の話の中に、鈴ヶ森のおはる殺しの小守はいま公判になったという話を致しておるのを私はそのそばで聞いておりました。そこで私は、その鈴ヶ森のおはる殺しは自分であるのに、どうして小守という人が無実の罪にて裁判所まで送られたかと思いまして、一時は疑いました。そこでなお、その話を聞きまするとと、皆の人が口を合わしたように、君はあの鈴ヶ森のおはる殺しの小守を知りませんかと言われまして、初めて小守という人が私の犯した罪にて無実の罪に落ちておるのかと思いました」

石井によれば、1915年4月29日、盗みに入る家を物色しながら横浜から東京に向けて歩いている途中、21時頃に鈴ヶ森を通りがかり、掛け茶屋の床机に腰がけて一休みしているところに、目の前を女（おはる）が通り過ぎたという。周囲に人通りもなかったことから強姦しようと襲いかかったものの、被害者に騒がれたことから絞殺。懐の財布から現金を奪い手ぬぐいで死体を引きずり草むらに捨てた後、痴情のもつれで殺人が起こったように見せかけるため、陰部などを刃物で突き刺したところ、鬼子母神堂から声がしたのですぐに逃走したのだそうだ。

検察は当初、凶賊ぶりを誇張するための虚言と考えていたが、態度が真剣で供述内容も現場状況とあまりに一致していたため捜査を再開。石井の供述した草むらから女物の財布を発見されたことや、石井に酷似した人物が茶屋でタバコを吹かしていたとの目撃証言が得られたことから、石井を別事件と合わせて、おはる殺しの真犯人として起訴する。

しかし、東京地裁は1916年12月4日、別件の強盗殺人については無期懲役の判決を言い渡したものの、おはる殺しの自供は信憑性がないとして、証拠不十分で無罪判決を下す。対し、石井は「自分が殺したと言っているのに、どういうことか。この（自分を担当した）弁護士のいるところではもう何も答弁せぬ」と改めて己が真犯人であることを強調、裁判長が「あまり死に急ぐことはない」と注意する一幕もあった。

その後、石井は監獄に訪れたカナダ人キリスト教伝道師の女性が置いていった聖書に感化されキリスト教に帰依《きえ》。自分の罪を悔いたうえで、控訴審において、おはる殺しは自分の犯行であると改めて主張した。

1918年（大正7年）3月30日、東京控訴院はおはる殺しの犯人を石井と認定し、死刑を宣告。石井はこの判決に「このたびの公判は公明正大です。これで安心して天国に行かれます。ありがとうございます」と喜び裁判長に何度も頭を下げた。また、弁護士から上告の意思を聞かれた際には「滅相もない。今の判決で満足です。小守という人がこれを聞いたならばさぞ喜ぶでしょう」と口にしたそうだ。

一方、犯人に間違えられた小守は、石井が自供した直後の1916年1月25日に釈放となったが、「責付」の条件付きだった。これは、当時の刑事訴訟法で裁判所が勾留の執行を停止し被告の身柄を親族に預ける制度で、この時点で警察・検察はまだ小守が真犯人であると疑っていた。しかし、後の裁判で、取り調べ段階において4人の刑事が代わる代わる小守に殴る蹴るの暴行を働いたり、手錠をはめて夜通し立たせるなどして強引に自白を引き出していたことが判明。警視庁刑事部の2人と品川署の2人の巡査計4人が起訴され、辞表を提出している。

東京監獄で石井の死刑が執行されたのは控訴院判決から半年後の1918年8月17日（享年47）。それから1ヶ月後の9月27日、小守は正式に無罪と認定された。逮捕から実に3年半。その後、彼がどんな人生を歩んだのかは伝わっていない。

# 鬼熊事件

## 村人から愛された「熊さん」が起こした恋の復讐劇

元号が大正から昭和へ変わる4ヶ月前の1926年（大正15年）8月、千葉県香取郡久賀村《かとりぐんくがむら》（現在の多古町《たこまち》）で1人の男が惚れた女性の裏切りを知り、その女性を含む3人を殺害する凶悪事件が起きた。男の名は岩淵熊次郎《いわぶちくまじろう》。人情味があり親しみやすい性格の熊次郎は村の人気者で、犯行後も村民たちが彼を庇《かば》ったことでも話題になった通称・鬼熊事件。その結末は、報道陣を前にした自殺という衝撃的なものだった。

1892年（明治25年）、農家の四男として久賀村に生まれた熊次郎は幼少期から勉強が苦手な少年だった。尋常小学校を3年で中退し読み書きもできないまま成長、12歳から地元の豪農で県会議員も務めた五木田太郎吉《ごきたたろきち》家の小作人や、兄・清次郎《せいじろう》の農業の手伝いなどをした後、27歳のとき荷馬車引き（馬を使った運送業）として独立。伐採《ばっさい》された材木を町まで運び、町で仕入れた肥料を村に持ち帰る日々を送る一方、私生活では25歳で2つ上の女性と結婚、5人の子宝に恵まれる。貧しい家の出で、学もない。当時の村社会でもバカにされておかしくない存在だが、熊次郎の評価は高かった。年寄りや病人を積極的に手助けし、仕事仲間にも気前よく酒を振る舞う面倒みの良さ。身長は155センチと小柄ながら、米俵2俵（1俵約60キロ）も軽々と担ぐ力持ちで、近隣住民からは「熊さん」の愛称で親しまれた。しかし、熊次郎には一つだけ欠点があった。家庭がありながら大の女好きだったのである。

犯人の「鬼熊」こと岩淵熊次郎

たびたび女性関係でトラブルを起こしていた熊次郎が、旅籠《はたご》に勤務する、28歳のおはなにぞっこんになるのは彼が34歳のとき。聞けば自分には夫がいるものの、借金のカタで旅籠に売られてきたのだという。困った人間を放っておけない性格の熊次郎は惚れた弱みも手伝って、その借金を肩代わりすべく商売道具の馬を売却して金を工面。返済を終わらせた後、おはなを知り合いの土屋《つちや》忠治《ちゅうじ》が経営する旅籠に住めるよう取り計らう。土屋は熊次郎の頼みを快諾した。が、毎夜毎夜、熊次郎が訪ねてくることが煩わしくなり、やがて土屋は彼の来訪を拒否。この一件で両者は仲違いし、おはなも住まいとしていた旅籠から出ざるをえなくなる。熊次郎は再びツテを頼り、今度は荒物商を営む岩井《いわい》長松《ながまつ》（事件当時49歳）の家におはなを移転させるも、岩井は熊次郎の訪問を頑として許さず、またも険悪な関係に。そんな状況に嫌気がさしたのか、おはなは夫のいる自宅へと戻ってしまう。

この行動に熊次郎は大きなショックを受ける。商売道具を売ってまで借金を肩代わりしてやったのに、突然、姿を消すとは何事か。落ち込む熊次郎にさらに追い打ちをかける情報が耳に届く。実は土屋と岩井は、おはなの夫とグルで、熊次郎から彼女を引き離すために共謀していたのだという。加えて、おはながが借金を抱えていたこともウソらしい。ということは、自分は単に50円を騙し取られただけなのか。失望が怒りへと変わる熊次郎。何とか復讐してやりたいと激しい憎悪を募らせたが、それを留まらせたのが、またも女だった。

おはなが去ってほどなく、熊次郎は地元の小料理屋「上州屋」経営者の孫で酌婦の吉沢ケイ（同23歳）に惚れ込む。が、彼女はいわゆる〝尻軽女〟で、強引に口説いてくる熊次郎にすぐに体を許し愛人関係に。実際、彼女は店の複数の男性客と体の関係があり、さらには本命の彼氏というべき菅原寅松《すがわらとらまつ》（同25歳）と世帯を持つという話まで出ていた。そんな状況に周囲は、熊さんはまた女に騙されている、ケイが35歳の既婚者と25歳の独身男性ではどちらを選ぶか明らか、捨てられるのがオチなどと噂したが、熊次郎は聞く耳持たず。おはなの借金返済のため売却した馬をあたかもまだ所有しているかのように騙して前払金80円を詐取し、ケイに高価な反物や、当時は贅沢品だった米などを貢ぐ。

破綻の日は近かった。1926年6月25日、仕事帰りに酒をひっかけ、良い気分となった熊次郎がケイを驚かせようと彼女の家を訪れる。と、部屋から艶《なま》めかしい男女の声が聞こえてきた。見れば、布団の中でケイと寅松が全裸で抱き合っているではないか。このとき、初めてケイに男がいることを知った熊次郎の怒りとショックは計り知れなく、扉を蹴破りケイを容赦なく殴打。彼女は命からがら村の駐在所に逃げ込み、寅松は恐怖で裏口から逃走。警察は熊次郎の心情を慮《おもんぱか》り厳しい処分は下さなかった。

この一件で心のタガが外れた熊次郎は、妻帯者である自分の立場を棚に上げ「寅松を殺してやる」と村民の前で堂々と吹聴するようになる。危機感を覚えた寅松の父親は駐在所の巡査を仲介を頼み、熊次郎に説得を試みるも、彼の怒りは収まるばかりか、憎悪の標的は寅松の父親にも向けられる。

7月7日、熊次郎は畑仕事をしていたケイを強引に軟禁し寅松との関係を追及。すでに愛情のかけらもなくしていた彼女が冷淡な態度を取り続けたことで堪忍袋の緒が切れ、ケイに包丁を向ける。心配して様子を見に来た彼女の祖父が異変に気づき駐在所に連絡したことで、ケイは事なきを得るが、このときばかりは事態を重く見た警察によって熊次郎は逮捕され、寅松への脅迫、ケイへの暴行、さらには詐欺で馬の代金を騙し取ったことも明るみとなる。ただ、千葉地裁八日市場支部が出した判決は懲役3月執行猶予3年という驚くほど軽いもの。これは熊次郎の以前の雇い主だった五木田太郎吉が便宜を図った賜らしい。

8月6日、釈放された熊次郎はお礼のため五木田を訪ね、酒を酌み交わしながら自分の行いを反省、ケイへの詫びも必要だろうと考える。そして14日後の同月20日、ケイのもとへ足を運ぶ。当然のように彼女は恐怖する。が、憑き物が落ちたように頭を下げる熊次郎の姿に安心したのか、謝罪を受け入れるべく家に招き入れ、酒を酌み交わす。もともとは仲の良かった2人。穏やかな時間が流れ、何事もなく熊次郎は帰宅する予定だった。しかし、運命は残酷である。2人が談笑している場に突然、寅松が訪ねてきたのだ。自分を殺すと息巻いている男がいることに驚愕し踵《きびす》を返す寅松。そこに熊次郎が声をかける。本当に迷惑をかけた、酒でも飲んで今までのことは互いに水に流そう。人が変わったような優しい口調に、寅松は誘いを無下に断ると機嫌を損ねると思い家に上がる。このまま和解できれば言うことはない、が、事は最悪な方向に動く。酔いが回るにつれ饒舌になってきた寅松が、ケイとの関係をのろけ始めたのだ。しばらくは笑いながら聞いていた熊次郎はしだいに沈黙し、やがて牙をむく。嫉妬と怒りに任せてケイの髪を掴んで庭先に引きずり出し、土間に積んであった薪で彼女の頭を殴打したのだ。絶叫を聞きつけたケイの祖母(同68歳)が熊次郎にしがみついたものの、彼女もまた頭を殴られ気絶。ケイは頭蓋骨が見えるほど無惨な姿で絶命し、祖母は命こそ助かったものの重傷を負った。

一方、寅松はケイが暴行されている間に、少し離れた農家に駆け込み助けを求める。その行方を追った熊次郎は彼の所在がわからず、夜の村をさまよい歩く。脳裏に浮かぶのは、これまで憎悪を募らせていた相手の顔。馬を売った金を騙し取ったおはな、彼女の夫と共謀して関係を断とうとさせた土屋忠治と岩井長松、自分と手を切るようケイを説得していた寅松の父親、同じく間を割こうとした駐在所の巡査。彼らを片っ端から殺害してやろうと決意した熊次郎が最初に向かったのは寅松の父親の家で、門前から石油をぶちまけ火をつけた。木造の家屋は瞬く間に火の海と化し、半鐘が響き渡る。すぐに消防団が駆けつけるも、熊次郎は一家を丸焼きにしてやると喚き、クワを片手に近づく者を次々と叩きのめしていく。が、寅松の父親と家人は間一髪で火の手から逃れ無事だった。全焼し崩れ落ちる家を後に、熊次郎は次に巡査を殺害すべく駐在所に向かうも無人。と、そこに偶然、標的の1人である岩井長松が姿を見せる。ここぞとばかりにサーベルで襲いかかり殺害。その後、血まみれのサーベルを握りしめたままいったん自宅に戻り、妻におはなや寅松、巡査などを殺す旨、大声で宣言する。それを聞きつけた見張り中の1人の巡査が自宅に現れ捕縄で取り押さえようとするも、サーベルで頭を切りつけられ負傷。熊次郎はそのまま山林へと逃げ込む。午前4時過ぎのことだ。

事件を報じる新聞は飛ぶように売れた（東京・京橋）

熊次郎の潜伏期間は1ヶ月以上に及ぶ。この間、警察は延べ約3万6千人、地元の消防団や青年団約2万人を動員し行方を追った。しかし、熊次郎の姿は杳として知れず、9月11日には立ち寄り先として五木田太郎吉宅を見張っていた河野巡査（同24歳）が熊次郎と出くわし、格闘のすえ鎌で頸動脈を切られ命を落としている。

これほどの長期間、熊次郎が逮捕されなかったのは彼が身体能力に長け、地元の地理に詳しかったこともさることながら、そこには村民の協力があった。凶行を知ってもなお、彼らにとって熊次郎は弱い者を助ける面倒見の良い人物で、実際、彼に恩義を感じている者が数多く存在していた。対し、犠牲者は身持ちの悪い女、熊次郎を騙した商人、普段威張り散らしている役人。現在の常識では考えられないが、当時、村人にとって彼は〝村の鼻つまみ者〟を排除してくれた英雄とさえ見る向きもあった。そのため、村民たちは逃亡中の熊次郎を見かけると通報するどころか家に上げ食事や寝床を提供、村ぐるみで彼を匿い、警察には偽の情報を流し捜査を攪乱《かくらん》した。

地方の村で起こった衝撃的な殺人事件、山中に逃げ込み一向に捕まらない犯人。ほどなく多くの新聞記者が現場に赴き報道合戦を展開、残虐な犯行に手を染めた熊次郎を「鬼熊」と称して、連日のように事件の経緯を報じる。ラジオ放送が始まってまもない当時、世間は新聞を食い入るように読み漁り、事の顛末を見守った。特筆すべきは、やはり熊次郎の評判である。取材に対し、彼のことを悪く言う者は皆無だった。これまで、熊次郎がいかに病人や貧しき人に手を差し伸べてくれたか。話を聞いた記者たちの心境も熊次郎に傾き、紙面での表記が「鬼熊」から「熊さん」に変わっていく。殺人犯を「さん」付けで呼称されるのは後にも先にも本事件だけだ。

さらに東京日日新聞の記者にいたっては、9月25日に村民の手引きで、熊次郎の独占取材も果たしている。ここで熊次郎は実兄の清次郎や村の消防団長、新聞記者などから自首を勧められるが、同意しなかった。代わりに「村人を大声で謝って死にたいと思う。しかし、怒鳴った程度では全員に声を届けることはできない。そこで、自分の気持ちと無念を文字に残して、世間の人々に伝えてほしい」と記者に伝えたそうだ。

実は、このとき熊次郎は自殺を決意していた。記者の取材に応じた4日後の同月29日には首つり自殺を図るも失敗。30日には兄や村民に頼みストリキニーネという毒薬を入手。先祖代々の墓所に逃げ込み、恨みは全て晴らしたとして、取材に来ていた新聞記者や知人や村人の前で毒入りのモナカを食べ、剃刀《かみそり》で喉を切り自殺した。午前11時20分のことだ。

事件後、村人と新聞記者に自殺ほう助の嫌疑がかけられたが、裁判ではいずれも執行猶予つきの温情判決が下され、村人たちも無罪となっている。

自殺した熊次郎の遺体が運ばれる様子

# 首なし娘事件

## 菓子職人の男が25歳下の恋人女性を殺害後、彼女の頭皮をかぶり首つり自殺

事件との類似性が指摘された江戸川乱歩の小説『陰獣』。世に怪奇ブームを巻き起こした1冊

ミステリー作家・江戸川乱歩の『陰獣《いんじゅう》』は、ある殺人事件の謎解きを軸に、推理作家の主人公が出会った人妻に求められるままSM行為に耽る乱歩の代表作の一つだ。本作が発表された1928年（昭和3年）から4年後の1932年（昭和7年）、愛知県で本作品を彷彿とさせる事件が発生した。恋愛関係にあった女を殺害、遺体をバラバラにした挙げ句、犯人の男が被害女性の皮をまとい自殺した世にもおぞましい猟奇殺人。この通称・首なし娘事件は、乱歩の作品になぞらえ「陰獣事件」とも呼ばれている。

# 首なし娘事件

事は1932年2月8日17時頃、名古屋の遊郭「中村遊郭」にほど近い愛知県名古屋市中村区米野町《こめのちょう》の鶏糞《けいふん》小屋（鶏の糞を溜めるための小屋）で若い女性の腐乱死体が発見されたことから始まる。見つけたのは小屋の経営者の長男で、作業を終え小屋を出ようとしたところ、隅にムシロがかけられた大きな物体が置かれているのに気づいた。不思議に思いムシロを剥がすと、現れたのはメリンス（毛織物の一つ）の着物を着た女性の死体。長男は慌てて近くの交番へ駆け込む。通報を受け現場に急行した警察は、その姿に思わず目を背ける。首が切断され頭部は行方不明、胴体は内臓が露出するほど切り刻まれ、下腹部も深くえぐり取られていた。さらに、死体の近くには犯行に使われたと思われる凶器の出刃包丁が落ちており、それにはどんな意味があるのか数珠《じゅず》が巻かれていた。

遺体は当初、中村遊郭で働く遊女と推定されていたが、遺留品と検死から、身元は同年2月5日から行方不明となっていた名古屋市内の青果業者の次女・吉田ます江（当時19歳）と判明。身辺を洗ったところ、彼女と恋愛関係にあった和菓子職人の増淵倉吉《ますぶちくらよし》（同44歳）が1月14日に仕事先の東京から舞い戻り、旅館で彼女と何度も会っていたこともわかった。警察は増淵がます江を殺害したものと睨み彼を指名手配する一方、事件発覚から3日後の2月11日、最初の現場から約22キロ離れた愛知県犬山市の犬山城にほど近い犬山橋近くの木曽川河原で、人間の生首を発見した。それは、顔が性別が判別できないほど壊滅的に崩れ、頭の皮が剥がされ頭蓋骨や歯がむき出し、さらには眼球もえぐられた状態。翌日、詳しい調査が行われ、発見された生首はます江のものと断定される。

増淵の行方はそれから2週間が経過した3月5日に判明する。この日、生首発見現場から数百メートル離れた茶店の主人が、掃除のため別棟の物置を開けようとした。ところが、なぜか中から鍵が掛けられていたため強引に扉を外して中に。鼻をつんざく異臭に戸惑う主人は、すぐにその原因を把握する。中年男性が天井から首をつり遺体が腐乱していたのだ。が、主人が仰天したのは遺体のあまりに異様な状況だった。頭に長い頭髪がついたままの女性の頭皮をカツラのようにかぶり、女性用の毛糸の下着の上に黒い洋服を着用、ゴムの長靴を履いており、さらに上着のポケットにあった女性用の財布の中のお守り袋から眼球が出てきた。また、小屋の片隅の冷蔵庫からは、まるで安置するかのように女性の乳房と下腹部が見つかった。まさに地獄絵図。主人の通報により現場に急行した警察は、首つり遺体が増淵、その他の遺体はます江のものと特定する。

群馬県で生まれ育った増淵は、若い頃から神仏を篤《あつ》く信仰し、死後の世界の存在を信じて疑わなかった。後に和菓子職人となった彼は東京・浅草で和菓子店を営み、妻と子供にも恵まれていたものの、1923年（大正12年）の関東大震災で店を喪失。絶望のまま増淵は妻子を捨て、仕事を求めるべく旅に出る。その道中の名古屋で出会ったのが再婚相手となるつやだった。彼女は裁縫教室を開き近所の娘たちに教えていた。増淵は饅頭屋に勤めながら、結核を患うつやを甲斐甲斐しく世話し、質素ながらも幸福な暮らしを送る。が、つやの症状はしだいに悪化し入院、裁縫教室もやむなく閉じることになる。

そんなつやをよく見舞ったのが、彼女の教え子のます江だった。他の生徒は滅多に来ないのに、ます江だけが頻繁に病院を訪れる。どころか、ます江は増淵の身の回りの世話まで厭《いと》わなかった。増淵の感謝の気持ちが恋心に変わるまでに時間はかからず、ある日、ます江を押し倒し強引に肉体関係を持つ。ます江にとって初めての男。しばらく犯されたことに嫌悪を抱いていたものの、ます江も知らず知らず増淵に惹かれていく。

1931（昭和6年）秋、看病のかいなく、つやが死亡し、増淵は病院の申し出に応じて妻の遺体を献体として渡す。献体とは病院側に医学の教育や研究として使われる解剖用遺体のことだが、このとき増淵は解剖の一部始終を目もそらさず見守っていたという。彼が何を思っていたのかは定かではないが、この後、増淵は金に窮する。妻の入院代で借金まみれとなったのだ。そこで、再び東京でひと稼ぎすべく上京を考えるも、ます江が猛反対する。自分のような中年ではなくもっと若い相手を見つけて幸せになるよう説得しても、別れることなど考えられないと泣きじゃくる。そんなます江を振り切るように増淵は上京し和菓子店で働く。が、ます江から頻繁に届く手紙に彼もまたいてもたってもいられず、ます江のいる名古屋に舞い戻る。増淵が東

凄惨極まる事件を起こした増淵倉吉

京にいたのはわずか3週間だった。

その後、2人は毎日、昼夜を問わず情事を交わす。ある日は旅館、ある日は知人宅、そして1932年1月22日は、誰も来ない納屋で快楽に耽っていた。このとき2人の間にどんなやり取りがあったのか定かではないが、金に窮した増淵が将来を案じ無理心中を図ったのは容易に想像できる。情事の最中、増淵はます江の首を絞め殺害、持参してきた包丁で彼女の首を切り落とし、続いて乳房、性器、へそをくりぬき、ます江の服でそれを包んだ。さらには、眼球をえぐり守り袋に、左耳をそぎ落としポケットに入れ、顎をえぐり、頭部から髪ごと頭皮を剥いだ後、鼻と口だけになった頭蓋骨むき出しの頭部を川に投げ捨てた。そして、死に場所と定めた茶屋の別棟で、ます江の頭皮をかぶり首つり自殺。常人には到底理解できない異常行動だが、愛する女と一体化するための増淵ならではの理屈があったのだろう。

自殺した増淵のコートのポケットには、ます江の体の一部の他に彼女の両親に向けたと思われる手紙が入っていたという。

「娘さんと一緒に（群馬県の）高崎へ駆け落ちします」

増淵はかつて住んでいた東京や名古屋ではなく自分の生まれ故郷で、ます江とともに再起を図ろうとしていたのだろうか。真相はわからない。

# 安田銀行玉島支店強盗殺人事件

## 幼馴染で初恋相手の芸妓を身請けするため現職警察官が凶行を

岡山県赤磐郡葛城村《あかいわぐんかつらぎむら》（現在の岡山市北区）の金川警察署葛城村巡査駐在所に勤務する岡上銀二《おかうえぎんじ》は非番の日にも村の防犯に注視する正義感溢れる警察官だった。周囲からは堅物とも評される彼が、同県浅口郡玉島町（現在の倉敷市玉島中央町）の安田銀行（現在のみずほ銀行）で支店長を務める田中篤《たなかあつし》に飲みに誘われたのは1930年（昭和5年）のある日のこと。このとき岡上は25歳、田中は一回り上の37歳だったが、岡上が同銀行に口座を作ったのが縁でプライベートな事柄まで相談する間柄になっていた。

田中が連れていったのは、玉島町の料亭。酔いも回ってきた頃、宴席に現れた芸妓を見て岡上は驚愕する。なんと、その芸妓が岡上の幼馴染で初恋の相手である立川ユイだったからだ。もう10年以上も会っていなかったが、岡上はまだ彼女に恋心を抱いており、以降、悪い客がつかないよう、非番の日は決まって料亭に足を運びユイを指名するようになる。そんな岡上を、署の人間は、あんな堅物が人が変わったようだと噂した。

岡上の恋心は時が経つにつれ燃え上がり、ユイもまた彼を特別な存在として意識し始める。岡上はユイに芸妓を辞めさせ正式な夫婦になることを望んだ。しかし、ユイは親の借金を肩代わりするため芸妓になっており、辞めるには身請けのための2千円（現在の貨幣価値で約400万円）が必要だという。巡査の給料ではとても用意できる金ではない。が、女性にハマった真面目な警官はとてもあきらめきれない。大金を準備するにはどうしたらいいのか。悩みに悩んだ岡上の出した結論が、田中が支店長を務める安田銀行から金を奪うことだった。ユイに再会してからすでに3年。岡上自身も料亭代や芸妓指名料で散財したうえ借金を重ね生活に窮していた。

事件現場の安田銀行玉島支店があった建物には現在、玉島信用金庫西支店が入居している

1933年（昭和8年）6月18日午前1時頃、岡上（当時28歳）は制服姿で田中支店長（同40歳）宅を訪れた。夜中にいきなり自宅にやってきた岡上に田中は大層驚いたが、岡上曰く「銀行の中に不正を働いている行員がいて、いま署で取り調べをしているが、念のため銀行の金庫の中を調べてほしい」という。急を要する彼の態度に、田中は自宅のすぐ隣に建つ銀行へ岡上を案内する。しかし、いつまで経ってた2人が戻ってこないため支店長の妻と小間使いが不審に思い自ら銀行に足を運ぶも、行内には誰もいない。いよいよ状況を怪しんだ妻が支店長次席を呼び、午前4時

半頃に金庫室を開ける。と、そこには電気コードで首を絞められ死亡している支店長が倒れており、金庫から現金3万円（現在の貨幣価値で約6千万円）と有価証券が奪われていた。

通報を受け現場に急行した警察は、妻などの証言から犯人が岡上であると断定。近隣住民の聞き込みにより、当時玉島では珍しい自動車が走っていた目撃証言が得られ、また県内の乗合自動車会社から当夜、ハイヤーが岡山や玉島方面を客を乗せ走っていたと名乗り出たことから客もすぐに判明し、事件発覚後わずか4時間後の午前5時頃、駐在所にいた岡上を逮捕した。

現職警察官による強盗殺人という前代未聞の事件に、当時の内務大臣は全国の警察官に対し厳重注意の戒告を下し、岡山県知事と岡山県警察部長に異例の訓告を発令。岡上の上司であった金川警察署署長は事件の責任を取り辞任した。また、犯人の岡上は一審で死刑が言い渡され大審院（現在の最高裁）まで争ったが、上告は棄却され刑が確定した。１９３４年（昭和9年）7月30日、広島刑務所で絞首台の露と消えた。岡上が愛したユイがその後、どんな人生を歩んだかは伝えられていない。

# 阿部定事件

## 愛人の局部から流れ出た血で敷布団に書いた「定吉二人キリ」

昭和初期の文化的風潮を示す「エログロナンセンス」という言葉がある。エロ（エロティック、煽情《せんじょう》的）、グロ（グロテスク、怪奇的）、ナンセンス（ばかばかしい）を組み合わせた造語で、当時、世間の下世話な好奇心を誘う雑誌・新聞記事・楽曲などが数多く世に送り出された。その中でも極めつけだったのが、１９３６年（昭和11年）５月に起きた阿《あ》部《べ》定《さだ》事件。二・二六事件の３ヶ月後というきな臭い時代に性交中の女性が愛人男性を絞殺、局部を切り取った猟奇的犯行は新聞でセンセーショナルに報じられ、犯人・阿部定は日本犯罪史に特筆すべき存在として、その名を刻まれる。

東京・中野の鰻《うなぎ》料理店「吉田屋」の主人・石《いし》田《だ》吉蔵《きちぞう》（事件当時41歳）と、店の女中で彼の愛人である阿部定（同31歳）が荒川区尾久《おぐ》（現在の荒川区西尾久）三業地《さんぎょうち》（芸者置屋と料理屋と待合旅館の営業許可が出ている地区）の待合「満佐喜《まさき》」に入ったのは１９３６年５月15日夕方のこと。宿の２階、４畳半の「桔《き》梗《きょう》の間」に部屋を取った２人はここで情事に耽る。といっても、普通の性交にはすでに飽きを覚えており、吉蔵と定は最近目覚めたＳＭプレイに興じた。定が吉蔵の乳首を噛み、自分の腰ヒモを彼の首に巻

# 阿部定事件

犯人・阿部定（左）と被害者の石田吉蔵

き付けたうえで、それを緩めたり強めたりしながら騎乗位で腰を振る。「首を締めると腹が出てオチンコがピクピクして気持ちが良い」と定が言えば、「おまえが良ければ少し苦しくても我慢するよ」と吉蔵。行為はエスカレートし、定は17日午前1時頃、寝ている吉蔵の首をヒモで強く締めあげる。対し、吉蔵は定の偽名である田中加代を呼んで「かよ、かよ」と苦しそうに叫び顔をうっ血させた。思わず定がヒモを解くと、吉蔵の首には、くっきりした二重の傷跡が。それでも彼は「ヒドいことをしたなぁ」と笑うだけだった。

夜が明けた17日朝、定は銀座・資生堂で目薬と傷跡の薬と催眠鎮静効果のあるカルモチン30錠を買い、吉蔵を介抱する。が、吉蔵は「おまえは俺が眠ったらまた首を締めるだろう。今度、締めるときはそのまま緩めないでくれ。ひと思いに苦しまずに殺してくれ」と言う。どこまで本気だったのかはわからない。しかし、18日午前2時、定はその言葉どおり、行為の最中に吉蔵の首を締め、緩めることなく窒息死させる。そして、彼の局部を肉切り包丁で切断。この包丁は満佐喜に入る直前に定が上野で購入したもので、他にも遊ぶ女がいた吉蔵を脅すためだった。包丁を陰茎に置き「もう他の女と決してふざけないこと」と凄む定に、吉蔵はこのときも単に笑っただけだったという。

　同日午前8時頃、定は「水菓子を買いに行ってくる」と告げ宿を出たまま姿を消す。それから3時間、相手の男が起きてこないことを不審に感じた宿の女中が部屋を覗き驚愕する。全裸の吉蔵が枕を窓側にして赤い絹の腰ヒモで絞殺されていたのだ。しかも、局部が睾丸ごと切り取られ、流れ出た血でシーツに「定吉二人キリ」、左太ももに「定吉二人」、左腕に包丁で「定」と刻まれている。女中は驚いて宿の主人に連絡、警察への通報で事が発覚する。

事件の舞台となった待合「満佐喜」

　19日の朝刊各紙は社会面トップで事件を報じた。瓜実《うりざね》顔で髪を夜会《やかい》巻きにした細身の女性が痴情の果てに愛人男性を殺害したこと、局部を削除し持ち去ったこと、現在も行方がわからないこと。衝撃的な事件に国民は興奮、定とよく似た女性がいるとの通報を受けた銀座や大阪の繁華街は騒然となり、日本中に「阿部定パニック」を引き起こす。

　一方、当の定は悠然としたものだった。宿を出た後、円タクで新宿へ向かい、伊勢丹横側の交差点で下車。車を乗り換え、午前9時30分頃、下谷区上野町（現在の台東区上野）の古着店に現れ「暖かくなりましたから、もうこれは着ていられないよ。何か格好のセルはありませんか」と、取り乱した様子もなく店内をしばらく見回し、銀色と白色の鱗《うろこ》模様のある薄ねずみ色の鶉《うずら》お召《めし》の単衣《ひとえ》を買い求めた。その後、かね

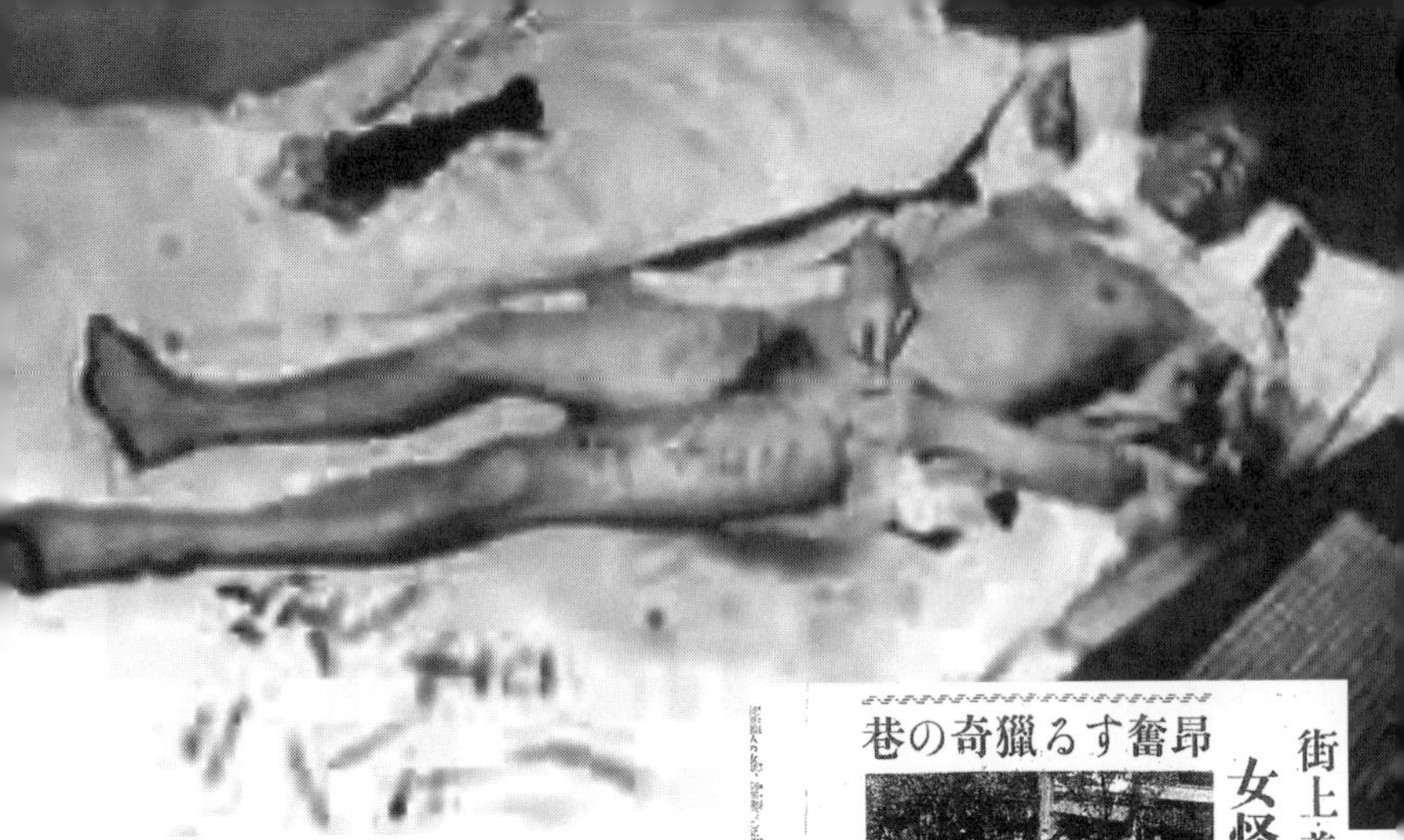

**吉蔵の遺体。布団に「定吉二人キリ」と血で書かれた文字が（上）。犯行後に行方を消した阿部定を面白くおかしく書きたて読者の興奮を煽る新聞紙面**

てからの知り合いで神田淡路町の旅館に宿泊中だった当時49歳の大宮《おおみや》五郎《ごろう》（後述）と合流、肉体関係を持つ。このとき、定が腰巻きの下に吉蔵の局部を隠し持っていたことなど、大宮は知るよしもなかった。

事件が報じられた5月19日は買い物をして映画を観賞、20日に品川の宿・品川館に大和田直なる偽名を使い宿泊する。そこで、マッサージを受け3本のビールを飲み、大宮五郎、友人、吉蔵に遺書をしたためる。このとき定は大阪の生駒山から飛び降り自殺する腹づもりで、吉蔵宛の遺書には「私の一番好きなあなた。死んで私のものになりました。すぐ私も行きます。あなたの私より」と書かれていたそうだ。しかし、同日16時、東京一帯を捜索していた警察のうち高輪署の刑事が品川館を訪れ、定とよく似た女性が滞在していることを確認。女中に案内させ部屋に出向き「おまえ、偽名を使っているな？」と問い詰めたところ、定は布団に寝そべったまま「エー、そうよ、私がお尋ね者の阿部定よ」と返答。さらに「あれを持っているな？」の追及には「エー、持っていてよ」と帯の間のハトロン紙包みを平然と見せつけた。阿部定、逮捕。洗面所で最後の化粧をして高輪署に連行された定の姿は新聞紙面で大きく扱われ、その美貌と、殺人犯にはおよそ似つかわしくない笑顔に国民の興奮は絶頂に達した。

1905年（明治38年）、定は畳屋「相模屋」の阿部重吉・カツ夫妻の8人姉弟の末娘として東京市神田区新銀町《しろがねちょう》（現在の千代田区神田司町2丁目と神田多町2丁目）に生まれた。家は裕福で、幼い頃から三味線や常磐津《ときわず》（浄瑠璃の一種）を習い、近所からは相模屋のお定ちゃん（おさぁちゃん）とちやほやされ成長。美少女としても評判だった。

何不自由のない人生が一転するのは高等小学校に通っていた15歳のとき。近所の家に遊びに来ていた慶應大生とふざけているうちに強姦されてしまったのだ。初潮もまだで生理を

**事件2日後の5月20日、連行された高輪署の前で撮影された1枚。**
**阿部定の美貌に世間の男は狂喜乱舞した**

知らなかった定は2日も止まらない出血が恐ろしくなり両親に相談、母がその学生と話をしようと自宅まで行くが、本人とは会えず、泣き寝入りすることになる。この一件で定は人が変わったように不良少女と化す。後の定の証言によれば、「もう自分は処女でないと思うと、このようなことを隠してお嫁に行くのはいやだし、これを話してお嫁に行くにはなおいやだし、もうお嫁にいけないのだ、どうしようかしらと思いつめ、ヤケクソになった」のだという。時を同じくして、阿部家では長男と次女の男女問題や家業継承問題で揉めており、母は家庭内のトラブルを年頃の定に見せまいと現在の貨幣価値で10万円〜60万円の小遣いを渡し、外に出す。これが全くの逆効果だった。大金を手にした定は学校を中退、遊びまくる。昼近くに目を覚まし朝昼兼用の食事を女中に運ばせ、風呂を済ますと外出。10人以上の不良少年に取り巻かれ、浅草の凌雲閣《りょううんかく》（1923年の関東大震災で半壊。その後閉館）で映画を見た後は居酒屋でどんちゃん騒ぎ。こうした生活が1年ほど続いたが、定が16歳のときに三女・千代《ちよ》の縁談が決まると、体面を保つため女中奉公に出される。しかし、屋敷の娘の着物や指輪を盗んだことで1ヶ月後には家に送り返され、以降約1年間、父の監視の下、自宅で監禁同様の生活を余儀なくされる。

その後、阿部家は畳屋を閉め、埼玉県入間郡坂戸町（現在の坂戸市）に転居する。生活は都内に貸家を数件持っていたことで困ることはなかった。一方、定の遊び癖は直らず、男との交際も頻繁になっていく。見かねた父と兄は「そんなに男が好きなら芸妓になってしまえ」と、あろうことか、長男・新太郎《しんたろう》の前妻・ムメの妹の夫で女衒《ぜげん》（女性を遊廓など、売春労働に斡旋することを業とした仲介業者）の秋葉正義《あきばまさよし》に売ってしまう。秋葉はかつては彫刻家の高村光雲《たかむらこううん》（1852－1934）の弟子だったが、当時は彫り物家の肩書きも持っており、その後4年ほど定のヒモとなっている。

秋葉の紹介により、17歳のとき、神奈川県横浜市住吉町（現在の横浜市中区住吉町）の芸妓屋「春新美《はじみ》濃《の》」に前借金300円（現在の貨幣価値で約600万円）で契約。源氏名「みやこ」として芸者の世界に足を踏み入れる。同店で1年ほど勤めた後も横浜や長野で芸者として働いたが、特筆した座敷芸がない定は客から性交を強いられることもしばしば。嫌々ながらも彼女は応じるよりなかった。

1923年9月1日の関東大震災当日、定がちょうど遊びに来ていた秋葉の家が全焼。定は秋葉を助けるため、富山県富山市清水町の「平安楼」という芸妓屋に1千円以上の前借金をして店変えをし、前の店に返済した残りの金から約300円を秋葉に渡し、彼とその家族の生活の面倒を見るようになる。が、20歳のとき、秋葉に騙されていたことを知り縁を切ることを決意。しかし、「平安楼」の契約書が自分と秋葉との連判《れんばん》（署名者が責任を持つこと）であったため、その借金を返すべく1925年（大正14年）7月、信州飯田町（現在の長野県飯田市）の「三河屋」に移転する。ここでも仕方なく秋葉との連判で契約し、「静香」の名で売れっ子芸者に。しかし、性病を患ったことでヤケになり自ら娼妓《しょうぎ》に身を落とす覚悟を決める。このとき、母・カツに秋葉との一部始終を暴露、別の仲介業者を得て移籍手続きをし、秋葉から連判の契約書を返してもらっている。

1927（昭和2年）、22歳のとき、父・重吉を連判者として大阪西成・飛田新地の高級遊郭「御園楼」と前借金2千800円で契約。「園丸」の源氏名で客を取る。1年後、常連客の会社員から身請けの話が出たものの、男性の部下も定の常連だったことから話は白紙に。その後、1930年（昭和5年）半ばまで名古屋・中村遊廓、大阪・松島遊廓などを転々とし、最後は兵庫県篠山の京口新地の「大正楼」にて「おかる」「育代」の名で半年ほど働き、26歳で娼妓暮らしを終える。

以降は、神戸のカフェーで「吉井信子」の偽名で女給を務めた後、娼婦や妾として生活。この頃、男性と毎日肉体関係を持たないと気がおかしくなりそうだと病院に相談しているが、実際、定の性欲は異常なほど強く、当時、関係を持った男たちは後に、彼女がアクメに達すると体を震わせ1時間近く失神したと一致して証言している。

1933年（昭和8年）1月に母・カツ、翌1934年（昭和9年）1月に父・重吉が相次いで死亡。当時、定は日本橋の袋物商の妾をしていたが、1935年（昭和10年）4月に名古屋へ移転、東区千種町（現在の名古屋市千種区）の料亭「寿」で仲居の職に就く。ここで知り合ったのが、前出の大宮五郎。彼は名古屋市議会議員、中京商業学校校長の肩書を持つ物腰の柔らかい紳士で、定が今まで会ったことのない人柄の男だった。その大宮が新宿の口入屋《くちいれや》（人材斡旋業者）を介して、中野新井町の料亭・吉田屋を紹介する。大宮は後々、定に自分の店を持たせる腹づもりだったらしい。

ところが、彼女はここで運命の相手と出会う。店の主人・石田吉蔵。次から次に愛人を作る女好きな男

娼妓として初めて働いた飛田新地の高級遊郭「御園楼」

だったが、定もそれに引けを取らない好色女。２人が男女の関係になるまでに時間はかからなかった。当初こそ吉蔵の妻・とく（同43歳）の目を避けながら情痴を繰り返していたが、しだいに外の料亭や待合で会うことが多くなると、定のなかで吉蔵を自分のものだけにしておきたいという気持ちが強くなっていく。

恐れていたことが起きたのは、定が働き始めて数ヶ月が経った１９３６年４月19日のこと。応接間で灯りを消して関係していたところを女中に見られ、妻の知るところとなったのだ。しかし、すでに切っても切れぬ関係となっていた２人は同月23日に家出。待合で快楽をむさぼり食う。27日には多摩川の料亭「田川」で芸者を寝床まで呼んで乱痴気騒ぎ。このとき、定は布団をめくり吉蔵のモノをしゃぶっては、平気な顔で酒を飲んだという。事件の舞台となる尾久の待合・満佐喜へ初めて行ったのは30日。２人は５月５日の夕方まで寝床を敷きっぱなしにして情痴の限りをつくす。この間、定は大宮五郎に金を無心し、数百円を手にしている。その後、吉蔵はいったん自宅に戻り、定も別の男と会っていたが、気持ちは離れがたく11日に再び満佐喜へ。そして事件は起きる。

ちなみに、この満佐喜は事件後、客寄せのため、定と吉蔵が泊まった桔梗の間に、２人の写真や彼ら使ったドテラ、読んでいた雑誌『主婦の友』を展示。また、定が捕まった品川館は彼女の部屋をそのまま保存し、旅館の主人はスクラップブックを片手に、熱弁をふるってその夜の定を再現したという。さらに、逮捕前に定に呼ばれて体を揉んだマッサージ師は新聞社や雑誌社の取材に対し多額の謝礼を条件に「あんた、新聞読んだ？　私、怖いので見出しだけしか見なかったので、聞かして頂戴」と定に言われ下腹部を切った話をしたところ、彼女が満足そうにニヤッと笑いゾッとしたなどと大げさに証言。得た金でマイホームを新築したそうだ。

警察の取り調べに対し定は素直に犯行を認め、「石田を非常に愛していたので、彼の全てが欲しかった。私たちは正式な夫婦ではなかったので、石田は他の女性から抱きしめられることもできた。私は彼を殺せば、他のどんな女性も二度と彼に決して触ることができないと思い、彼を殺した」と殺害動機を語り、局部切断に関しては「私は彼の頭か体と一緒にいたかった。いつも彼のそばにいるためにそれを持っていきたかった」と供述した。初公判は11月25日。定の人気は凄まじく、東京地裁には前夜から傍聴希望者が押し寄せて列を作り、やむを得ず、裁判所は午前9時の傍聴券抽選時間を午前5時に繰り上げた。

12月21日、判決公判。残忍性淫乱症（サディズム）と節片淫乱症（フェチズム）との精神鑑定結果を踏まえ、裁判長は定に殺人および死体損壊罪で懲役6年を言い渡す（求刑10年）。検察、弁護側ともに控訴せず刑が確定。収監先は当時全国に7ヶ所あった女子専用刑務所のうちの一つ栃木刑務所で、3ヶ月後に宮津《みやず》刑務所（京都府）へ移送された。

服役直後の定は精神的不安定で、自分が殺害した吉蔵の一周忌（1937年＝昭和12年5月18日）を迎える頃には泣き喚《わめ》いたり、看守に水をかけるなどの奇行を繰り返した。が、教誨師の説得により徐々に平常心を取り戻した後は模範囚となり、普通の女囚が日に1千320枚ずつこなすセロハンの紙細工を2千300枚ずつ消化した。一方、刑務所収容後もその人気は衰えず、送られてきた定への結婚申し込みは400通以上、出所後は1万円（当時で約2千万円）でスカウトしたいと申し込んできたカフェーが2店、

霙降る日·溫い判決
お定に懲役六年
裁判長「氣をつけて行けよ」
おとなしく服罪す
出廷するお定

判決を伝える1936年12月22日付けの東京朝日新聞

映画会社が1社、中には何かの拍子に外に出て来るかもしれないと期待して刑務所の門前に弁当持参で来る常連もいたという。

1940年（昭和15年）に「紀元二千六百年」の恩赦で残りの刑期が半分に減刑され、翌1941年（昭和16年）5月17日、35歳で出所。出迎えた姉・トクの家に身を寄せた後、以前、自分を芸妓屋に売った秋葉正義宅に下宿する。当時、秋葉は保険業を生業としており、以後、彼は妻のハナとともに定の親代わりとなる。世間の注目から避けるため警察が用意した「吉井昌子」を名乗った定は、ほどなく勤務先の赤坂の料亭で知り合ったサラリーマンの男性と結婚（事実婚）。終戦後は埼玉県川口市に居を構え平穏な暮らしを送っていたが、それも長くは続かない。戦後に再び起きたエログロナンセンスブームのなか、1947年（昭和22年）に事件を興味本位で扱った「お定本」と呼ばれるカストリ本（粗悪な用紙に印刷された大衆向け娯楽雑誌）が次々と出版され話題に。新聞や雑誌の記者が定のもとに取材に訪れたことで、ひた隠しにしていた過去が夫にバレてしまったのだ。自分の妻があの阿部定であると初めて知った夫はショックを受け失踪、二度と定の前に姿を現さなかったという。

この一件で定は再び秋葉の家に下宿すると同時に、堂々と本名を名乗り、1949年（昭和24年）には開き直ったかのように劇団の座長となり、舞台で自ら事件を〝再現〟して半年ほど地方を巡業。その後は京都、大阪、伊豆などでホステスや仲居として働いていたが、1954年（昭和29年）夏、上野・稲荷町《いなりちょう》の割烹「星菊水《ほしきくすい》」社長に前金10万円（現在の約300万円）でスカウトされ仲居に。宴会の終盤に「お定でございます」と本人が宴席に登場し、客をもてなした。星菊水を辞めた後は、上野の国際通りで小さなバーを経営し、1967年（昭和42年）に長らく住んでいた秋葉の家を出て浅草におにぎり屋「若竹《わかたけ》」を開店、店の裏の6畳間を住まいとする。おにぎり屋とはいえ店はカウンターで客に酒を飲ませ、芸能人や力士、国会議員などで繁盛した。が、その一方で事件当時を知る警察関係者や司法関係者が店に訪れ金をせびったり体を要求することもあったという。

　1969年（昭和44年）、63歳のとき、世間から事件を好奇心の目で見させない真実を伝えることを約束したうえで、映画「明治・大正・昭和 猟奇女犯罪史」に定本人として出演。事件当時のことを聞かれ、次のように答えている。

「（吉蔵は）殺してくれって何度も私に言ったのね、あのとき。愛してたからね。だったら、アソコを切って持ってくるしかないわね。人間一生に一人じゃないかしら、好きになるのは。ちょっと浮気とか、ちょっといいなあと思うのはあるでしょうね、いっぱい。それは人間ですからね。けどね、真に好きになるのは一人だけよね」

浅草のおにぎり屋「若竹」を経営していた62歳の頃

1969年の映画「明治・大正・昭和 猟奇女犯罪史」に阿部定本人として出演

１９７０年（昭和45年）３月、若竹から突然失踪。真相は不明ながら、このとき関西で自殺を考えていたというが、思い直して再び上京、１９７１年（昭和46年）１月から千葉県鋸南町《きょなんまち》「勝山ホテル（現・廃業）」で「こう」という名前で働き始める。当時、すでに65歳という高齢だったが、若い男に金品を貢いでは気を引いていたという。しかし、同年６月頃に「リウマチを治療し、７月８月が過ぎたら戻る」という置き手紙を残し、浴衣一枚だけを持って行方不明に。以降の消息は不明ながら１９７４（昭和49年）前後の３ヶ月間、浅草にある知人の旅館で匿まわれていたという情報や、１９５５年（昭和30年）定が吉蔵の永代供養の手続きをした久遠寺《くおんじ》（山梨県身延町）で、定の失踪後も命日に送り主不明の花束が届けられており、これを定によるものとする説もある。

波乱万丈を地で行く人生を歩んだ阿部定。その生き様は人々を魅了し、田中登監督の「実録阿部定」（１９７５）、大島渚監督の「愛のコリーダ」、大林宣彦監督の「ＳＡＤＡ～戯作・阿部定の生涯」（１９９８）など彼女を題材に制作された映画はいずれも高い評価を受けている。

# チフス饅頭事件

## 年下の夫に大金を貢ぎ裏切られた女医の哀しい復讐

年下の男を愛した女が、その一途な気持ちゆえに大金を貢いだ挙句、無惨にも捨てられる——。どの時代でも起きる痴情の問題だが、ここで紹介するのは、男の裏切りが許せず大胆な復讐劇を敢行した女の実話。真面目な中年の女医が、一方的に自分との関係を絶った夫の家族に毒入り饅頭を送り無差別な殺害を図った「チフス饅頭事件」だ。

1939年（昭和14年）4月26日、兵庫県明石郡西垂水町《にしたるみちょう》（現在の神戸市垂水区）の須磨病院副院長・佐藤幹男《さとうみきお》（当時37歳）の家に百貨店「神戸大丸」から、元患者の名前でカルカン饅頭の詰め合わせが届いた。鹿児島名産のその和菓子が大好物だった幹男は開封するや2個を食べ、勧められるまま弟の律男（同32歳）もこれを口にする。2日後の28日、幹男の妹で小学校教師の文子（同30歳）が、残りの饅頭を勤務先の神戸市立川池小学校（現在の会下山《えげやま》小学校）へ持参、同僚教師9人に配り皆で食べたところ、29日から9人全員が体調不良を訴え、病院で腸チフスと診断された。一方、幹男は重体に陥ったものの一命を取り留めたが、弟の律男は意識不明のまま帰らぬ人となる。

当初は食中毒と思われた本事件は、兵庫県警の調べで饅頭の表面にチフス菌が塗られていたことが判明、計画殺人の疑いが強まる。そこで、チフス菌の入手経路などを調べたところ、幹男の内縁の妻で、細

チフス菌殺人企つ
愛怨に狂ふ女醫の犯行
恨みの主・醫博は重體
廣田きく子
海上へ
タンクつけ替へ

事件を伝える大阪毎日新聞と、
犯人の広瀬菊子（当時39歳）

菌研究所にも出入り可能な医師の広《ひろ》瀬《せ》菊《きく》子《こ》が捜査線に浮上。警察が事情を聞いたところ、菊子は素直に犯行を自供した。曰く、犯行は1年前から計画、細菌研究所からチフス菌の培養器2基を持ち出したうえで、4月25日に大丸でカルカン饅頭を50個買い求め、地下の便所でその全てにあらかじめ用意してきた注射器で1個残さずチフス菌を注入、発送したのだという。犯行に皮のない乳白色のカルカン饅頭を選んだのは、チフス菌を培養器で培養した際の色と似ておりチフス菌の注射が発見されにくいため。また、相手が万が一チフス菌の予防注射をしていた場合はチフス菌だけでは感染しないため、パラチフスA、B菌の2種類を混ぜ万全を期したのだそうだ。そこまでしてチフス菌を感染させたかった相手は、他ならぬ内縁の夫である幹男。菊子は夫の勉学のために欠かさず仕送りをしていたものの未入籍のままで、幹男の家族からも疎まれ、挙句に幹男が他の女性との結婚を考えている事実を知るや、どうしても許せないと恨みを募らせ犯行に及んだのだという。

菊子は幼少期から頭脳明晰で、医師を目指し入学した東京女子医専（現在の東京女子医科大学）を1924年（大正13年）に卒業。無事に医師の免許を取得し、神戸市民病院に勤務する。転機が訪れるのは5年後の1929年（昭和4年）7月。当時まだ京都大学医学部の学生だった幹男が同病院へ見学に訪れたのだ。互いに惹かれ合うように文通を始め、1年後の8月に再び幹男が見学に来た際に2人の仲は急接近。幹男が菊子に結婚を申し込む。対し、彼女は幹男が1つ年下だったことや性格に合わない点があったことなどから、このプロポーズを拒否。しかし、幹男は決してあきらめず、ある日、手紙を送ってくる。そこには、両親が結婚を承諾したことが書かれており、菊子は幹男の求婚に根負けする形で結婚を受け入れる。

1931年（昭和6年）4月10日、2人は幹男が神戸市に新しく借りた家で小規模な結婚式を挙げる（籍は入れていない）。しかし、新婚生活は菊子が望んでいたものとはかけ離れていた。大学を卒業した幹男はそのまま大学院に進み「自分はどうしても博士になる」と宣言、神戸の新居ではなく、京都に下宿し大学院の研究室に通うようになる。同居生活はわずか10日間。さらに幹男の実家は経済事情が悪く、彼の学費は菊子が負担せざるをえなくなった。何とも理不尽な話だが、愛する夫の学費を稼ぐため菊子は故郷の高知県高岡郡戸波村《へわむら》（現在の土佐市の南西部）に戻り開業医として再スタートを切る。雨の日も風の日も山道を駆けずり回りながら患者の家を訪問し診察する暮らし。その往診範囲は東西12キロ、南北16キロに及んだ。こうした努力もあって、菊子は毎月平均60円～70円（現在の貨幣価値で約13～15万円）を幹男に送金。彼が博士の学位を取れば一緒に住めると信じ、4年間ずっと仕送りを続け都合4千円（現在の約867万円）もの大金を費やした。

1936年（昭和11年）、ついに幹男が医学博士の学位を取得。通知を受けた菊子は喜び勇んで京都へ駆けつける。が、同居の話は一向に進まない。どころか、幹男は学位取得の印刷費や恩師への謝礼名目で300円（現在の約60万円）を要求。言われるままその金を用立てた菊子は改めて幹男に告げる。同居を強要するつもりはない、将来の方針を立ててほしい、と。至極真っ当な言葉に幹男は真摯に向き合わず、「貢いでくれた金は倍にして返すから」というドライな言葉を口にする。遠回しに別れを切り出したのだ。これに菊子は絶望し、泣き崩れたという。

その後、菊子の実兄が「せめて1日、3日でも5日でも家に入れてくれ。悪いところがあれば私が引きとります」と懇願。必死の訴えが響いたのか、ようやく菊子は幹男の実家に迎え入れられる。が、そこで彼女を待ち受けていたのは、幸せとは真逆のものだった。まず菊子が荷物を解こうとしたところ、家族から「あなたはいつ帰らねばならなくなるかもわからないから解かない方がいい」という衝撃的な言葉が浴びせられる。幹男も、菊子を庇うどころか、なるべく2階にいてくれと指示。さらに家族は、暑い夏の時期でもカーテンやすだれを閉め切り、まるで菊子の姿を近所に見せてはいけないような行動をとる。また、菊子が玄関で下駄を脱いだままの状態にしていると下駄を隠したり、菊子の洗濯物だけを洗濯屋に出さず女中にこっそり洗わせるなど、明らかに彼女だけを別物扱いしていた。極めつけは幹男の浮気である。独身を装い他の女性と文通したり写真を撮るなど、すでに彼の心の中に菊子はいなかった。

結局、同居生活は2ヶ月で終わりを迎える。菊子が暮らしに絶えきれず家を出たのだ。それは、幹男との離婚を意味していた。別れの際、幹男は「自分は本当は博士になりたくはなかった。地位や名誉はいらない」と、菊子の4年にも及ぶ仕送り生活が無駄だったような言葉を口にしたそうだ。また、離婚にあたっては交渉に当たった弁護士の助言により菊子が幹男に慰謝料1万円（現在の約2千万円）を要求。1938年（昭和13年）中に3回分割で支払うことで決着したのだが、菊子にはこれも大きな疑問だった。自分に貢がせていたにもかかわらず、なぜ、そんな大金が用意できるのか。そこまでしても自分と縁を切りたかったのか。菊子の中で憎悪の炎がめらめらと燃え上がる。

1938年4月、彼女は以前から出入りしていた神戸市内の木村細菌研究所に出向く。もっとも、この時点で明確な意図があったわけではなかった。が、研究所の細菌培養基がたくさん並んでいるのを見るや、幹男がチフスにでも罹患して苦しめばよいと思い立ち、研究所の職員からチフス菌を入手。ついに犯行に及ぶ。ただ、菊子は自分の行為により死者が出たことや学校の教諭までもが発病したことを逮捕されるまで知らなかった。取り調べで兵庫県警湊川《みなとがわ》署の刑事から事実を聞かされた彼女は愕然として机に打ち伏し「そうでございましたか。誠に申し訳がありません」と泣き崩れたそうだ。

神戸地裁での一審公判は１９３９年（昭和14年）10月5日から始まった。事件の詳細が新聞で大きく報じられたこともあり傍聴希望者が殺到、抽選で傍聴券を手にした者は当日午前7時頃から地裁に詰めかけ、午前8時半には法廷をぎっしりと埋め尽くす。一般傍聴席の8割が、菊子に同情した女性だった。

証言台に立った菊子は改めて、犯行に至るまでの経緯を説明し、復讐のターゲットはあくまで幹男で、チフスに罹患して苦しみ悔悟の念を抱かせることが目的で、他に被害者が出ることまで想像できなかったと供述した。それを補足するように、担当の弁護人が犯行は幹男に肉体的・精神的・経済的苦痛を与えたかっただけであり、さらにチフス菌感染の死亡率は18〜20％と低く、殺意はなかったと主張した。

10月6日には証人として幹男が出廷し、裁判長の質問に次のように答えた。大学院での学費をせがんだことはなく苦境を訴えたところ菊子自ら援助を申し出た。彼女の苦労にはいまなお感謝しているが、医学博士の学位を取得する前から、女としてのたしなみの悪さや自分の親を侮辱されたことで嫌気がさし徐々に気持ちが離れていった云々。被告弁護人による「あなたから菊子宛ての手紙に、一度も主婦としての修養をしてくれとのことがなく、いつも金のことばかり言っているが、どういうわけか？」との問いかけには「そう言われると困ります」と言葉を濁した。

10月17日、検察は幹男を「身勝手であり利己主義」として菊子に同情的な論告を展開したが、「苦闘に同情すれど他戒を忘れえず」として無期懲役を求刑。対し、弁護側は「被告は医師であるがためにチフス菌を摂取すれば罹病をすることも知り、その死亡率も知っているが、一方、医師なるがゆえにチフスで死ぬ人が少ないことも知っていた。本件は未必の故意による殺人ではなく傷害致死だ」と述べたうえで「法律的には本件は被告が加害者であるが、実質的には被告が被害者である」と情状酌量を訴えた。果たして、裁判所が下した判決は懲役3年。菊子に同情した裁定に傍聴席からは拍手喝采が起きたという。検察側は即日控訴し、1940年（昭和15年）3月4日、大阪控訴院での控訴審判決は「死の転機を生ずるかもしれぬことを予見しながら」と未必の故意を認定し、殺人と殺人未遂を適用して懲役8年の刑を言い渡した。同年6月27日の上告審で大審院が控訴審判断を支持して上告を棄却。刑が確定する。

菊子は京都府宮津の女囚刑務所に送られ約2年8ヶ月服役、模範囚だったことで刑期を短縮され1943年（昭和18年）4月29日の天皇誕生日に仮釈放となる。その後は中国大陸に渡り終戦を迎え、引き揚げ後は故郷に戻り、1947年（昭和22年）年4月30日施行の高知市議会議員選挙に立候補、35議席のうち唯一の女性として見事に当選を果たす。まだ人々の記憶に残っていたチフス菌饅頭事件による同情と共感が集めた票だった。また、市議と兼ねて高知軍政部保健衛生課に勤務し、高知県内を巡回して生活保護受給世帯の実態調査を行った。市議は1期のみで退任し、その後、厚生労働大臣の尽力もあり医師免許が回復したため勤務医として活躍。1957年（昭和32年）、56歳のとき、毎日新聞高知版で当時の日赤高知病院勤務の医師との新春女性対談にて、昔を思い起こさせる次のような発言をしている。

「男が浮気するのは当たり前ですよ。男の本能は多角的放散的で、女を見ると『ちょっといけるな』あんな女と遊んでみたいという気を起こす。この正体を女が理解していないと大変な家庭騒動や悲劇が起こり

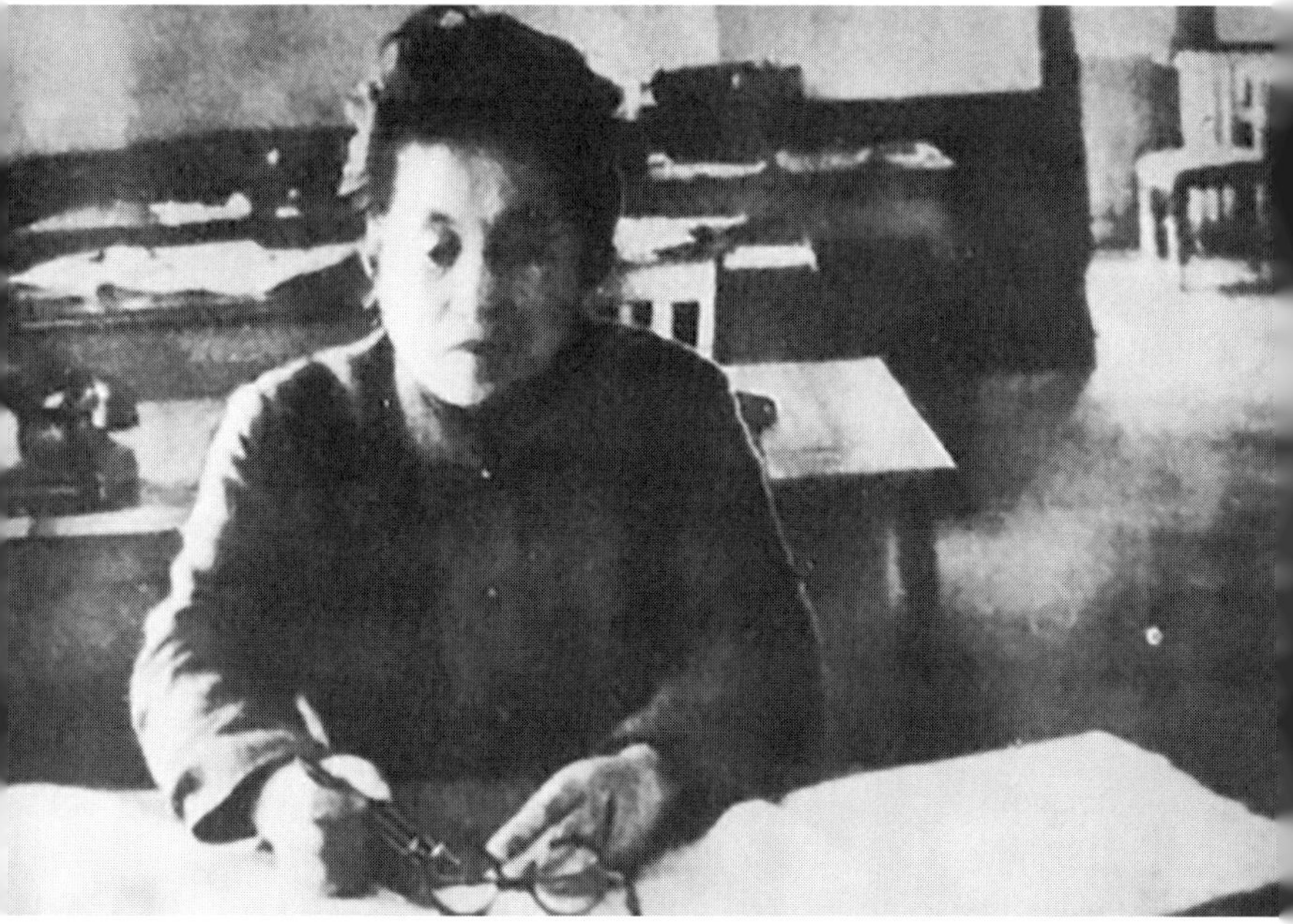

高知市議を務めていた1949年（昭和24年）当時の菊子

ます。男は軽い、いたずらっ気で一晩遊んで来たのが、妻にとっては心から信じていた夫に裏切られたと思い込んだり、自分は捨てられたんだと思ったりする。男の宿命的な性を、女は十分腹に入れてやたらに角を出さずに女の性を守って生きていくことです」

菊子の晩年を伝える最後は1979年（昭和54年）。すでに78歳になっていた彼女はこの時点でも現役医として週に3日病院で診察に当たり、他は、自宅横の小さな畑の草取りなどをして静かな余生を送っていたという。

第5章

# 驚愕

# 宮城県「仮の一夜」事件

## 花嫁が義理の父親と性行為に及ぶ奇習の最中に2人とも怪死

「初夜権《しょやけん》」という言葉をご存知だろうか。領主や酋長などの権力者、または神官や僧侶などの聖職者、あるいは長老や年長者といった世俗的人格者などが、所有する領地や統治する共同体において、婚約したばかりの男女や結婚したばかりの新婚夫婦が存在した場合、その初夜において新郎（夫）よりも先に新婦（妻）と性交することができる権利のことだ。主にヨーロッパの中世（5世紀頃～15世紀頃）の中世で存在したとされるが、日本においては20世紀以前に全国各地の集落で初夜権に関連した風習があり、ここで紹介するのも、花嫁の処女をめぐる村独特の伝統儀礼がもたらした怪死事件である。

1883年（明治16年）1月24日夜、宮城県宮城郡花渕浜《はなぶちはま》の1軒の家で結婚式が執り行われた。花嫁を迎える新郎宅には親戚や村人が集まり、屋内は祭りのような雰囲気だった。三々九度の盃の儀式が済み、宴会が始まる。が、当時この地域では〝飲めや歌えや〟より重要な儀式があった。婚礼の晩に花婿の父親が花嫁と同衾《どうきん》（一緒に寝ること）し、性行為をした後に祝言《しゅうげん》の杯を取り交わす「仮の一夜」と呼ばれる奇習である。

まだ参列者もいるなか、花嫁が宴の場を離れ奥の屏風の間に行き長襦袢《ながじゅばん》に着替える。そこに新郎の父親が向かったのは21時頃のことだ。仮の一夜は形式的なもので、短時間で儀式を終えた花嫁と父親は元の衣装で宴の場に戻ってくるのが慣例だった。しかし、なぜか1時間が経過しても2人が一向に戻ってこない。

**明治時代の結婚式の様子。** 本文とは直接関係ありません

最初のうちは父親が花嫁を気に入り通常より時間をかけて行為に勤しんでいるものと思われたが、さすがに2時間が過ぎると参列者は異変を疑う。さらに不思議なことに、奥の間からは物音すら聞こえてこない。それでも事が事だけに、様子伺いに出向くのははばかれる。そして、さらに1時間が過ぎた午前零時になったところで、ようやく仲人の男性が奥の間の前へ足を運ぶ。そこで彼が覗き見たのは、抱き合ったまま横になっている父親と花嫁の姿だった。仲人はまだ行為の最中だと思い、仕方なく宴席へ引き戻す。しかし、その後も2人が姿を現す気配はない。午前2時が過ぎ、新郎の堪忍袋の緒が切れ、彼は直接、奥の間に出向く。

「父さん！　いい加減に起きなさらぬか！　もう夜が明けちまうぜ！」

叫べども返事はない。いったいどうなっているのか。新郎は2人に近づき腰を抜かす。父親、花嫁ともにすでに死亡していたのだ。すぐに警察が呼ばれたが、死因がはっきりしない。外傷はなく、そもそも花嫁と義理の父が一緒に死ぬ理由がない。では、男女揃って腹上死か、あるいは毒を使った心中か。様々な憶測が流れるも、奇習の最中での突然死だっただけに真相は解明されぬままお蔵入りとなった。

# 新潟一家四人死刑事件

## 父親殺しで家族4人に死刑判決、控訴審で長男の単独犯とされるも冤罪の疑い濃厚

大正時代の初め、新潟県で農家の主人が撲殺される事件が起きた。逮捕されたのはその妻、長男、次男、義母の4人。一審では全員に死刑判決が下されたが、控訴審では一転、長男の単独犯とみなされ他の3人は無罪に。長男は無実を訴えながら死刑に処されたものの、事件は冤罪で犯人は別にいるという説が根強い。

1914（大正3年）12月30日の朝、新潟市の南約12キロにある新潟県中蒲原郡横越村《なかかんばらぐんよこごしむら》（現在の新潟市江南区《こうなんく》）で農業を営む細山家で、当時14歳の養女が朝食の準備ができた旨、納屋で米つきをしていた当主の幸次郎《こうじろう》（当時49歳）に伝えに行き仰天する。幸次郎が変わり果てた姿で倒れていたからだ。鮮血が地面に流れ、はりや壁に血の飛沫が付いている。殺されたのは明らかだった。通報を受けた警察が調べた結果、頭部に6〜7ヶ所、体にも数ヶ所の傷があることが判明。当日は大雪だったにもかかわらず外部から侵入した形跡がないこと、血の付いた服が屋根裏に隠されていたことなどから警察は家族が米つき用の杵《きね》で殴って殺害したものと断定、その日のうちに、妻マサ（同43歳）、長男・要太郎《ようたろう》（同23歳）、次男・幸太《こうた》（同17歳）、義母ミタ（同66歳。マサの母親）を逮捕する。

翌31日の予審において、次男・幸太が犯行を自供する。それによると、12月29日の夜、幸次郎が外出していた留守に祖母が話を切り出したのだという。幸次郎は働きもせず酒を飲み、借金を作るばかりか生命

したため精神錯乱せるものならんかと

悉く死刑《しけい》

極悪人《ごくあくにん》親子《おやこ》の果《はて》

客年十二月三十日の朝祖母及び母子四名共謀の上杵を以て其戸主細山幸次郎(六十)を殺害し横越村の惨殺事件として世人の耳目を聳動せしめたる中蒲原郡横越村大字横越幸次郎養母細山ミク(七…)幸次郎妻細山マサ(四十…)

一審の判決結果を伝える新潟新聞

保険にも加入しており家のためにならない。いっそ殺してはどうか。この提案に母、兄、自分も同意し、翌30日の朝5時半、日課の米つきのために納屋へやって来た父を待ち構え、自らが杵で頭部、胸部、背部を乱打。兄・要太郎が後ろに回り襟巻きで首を絞めて殺害したのだそうだ。

しかし、他の3人はそのような相談事はしておらず、殺害にも関与していないと犯行を否認。幸太も、取り調べ中に母や祖母が拷問を受けて泣いているのが聞こえ、それに耐えられずウソの自白をした供述を翻した。ところが、翌1915年（大正4年）1月15日の第2回予審において、今度は長男・要太郎が、他の3人は事件に無関係で、自分1人で父を殺害したと自供する。なんでも12月28日に新潟へ友人と遊びに行き新潟遊郭を見学、店先に立ち並ぶ綺麗な娼妓を見て遊びたいと思ったが金がない。そこで遊興費を作るため、自宅の米を盗み売却することを計画。30日の早朝、納屋に行ったのは、父が翌日の大晦日から正月の間、仕事をしないから盗むならその日しかないと思った。が、六斗（約108リットル＝約90キロ）俵を臼《うす》の上に乗せて担ごうとしたところ、ちょうど父が現れたため、咄嗟に杵で滅多打ちにして撲殺したのだという。しかし、要太郎もほどなく自白を撤回する。曰く、監獄の外に残された幼い弟妹が心配だったことに加えて70歳近い祖母が獄死するのではないかと恐れて、自分1人で罪を被ろうとしたのだそうだ。

4人全員が犯行を否認し、自白も兄弟間で食い違うという異例の展開のなか、同年4月10日、予審判事は次男の自白に沿い、母と祖母を殺人罪で、兄弟を尊属殺人罪で新潟地裁に起訴する。翌日4月11日付けの新潟新聞によれば、起訴内容は以下のとおりだ。

〈被告ミタは貧窶《ひんる》（※非常に貧しい）の間に成長した人間で、その性格は甚だ強欲。そのために義理、人情も顧みず、亡夫とともに営々貯蓄してやや富を成すに至った。養った被告マサと孫の被告要太郎、幸太はいずれもミタ夫妻の感化を受けて利欲にさとく、家産の増殖を図ったのに反し、婿養子の幸次郎は性質温順で利殖の道に疎かった。いわゆる好人物だったことから、ミタ、マサ、要太郎らは平素幸次郎を軽侮、疎外し、ために一家に風波を生じることがあった。大正3年12月中、たまたま幸次郎が１５０円（現在の約50万円）を借金したことが判明。ミタと幸次郎が言い争いになった。以来、ミタは幸次郎を疎外することがさらに激しくなり、幸次郎が家産を傾ける恐れがあると思うに至った。幸次郎が同年2月中、大同生命保険株式会社と３００円（同約１００万円）の生命保険契約を結んだのを知ったことから、むしろ幸次郎を殺害して家運の衰退を未然に防ぐとともに、保険金を取得して幸次郎の債務を弁済するに越したことはないと決意した〉

記事は殺害実行の具体的内容へと続く。

〈ミタは同月29日、自宅茶の間でマサ、要太郎、幸太にその旨を告げたうえ、同意を求め、さらに実行を迫った。ここに4人は幸次郎殺害を計画。翌30日早朝、要太郎、幸太の両名は自宅納屋に至り、父幸次郎が来るのを待った。午前5時頃、幸次郎が入ってくると、幸太はその場にあった杵で幸次郎の頭部、胸部、背部などを乱打。倒れるのを見て要太郎は、幸次郎が着けていた襟巻きで首をしばって即死させた。マサはその間、その場にいて応援し、血痕の始末をした〉

新潟地裁での初公判は同年5月26日。法廷で4人は改めて無罪を主張したが、同年6月2日、裁判長は検察側の主張を全面的に認め、全員に死刑判決を下した。一審弁護人を務めた今成留之助《いまなりとめのすけ》（1882－1965）によれば、検事は弁護側の証人申請にもほとんど同意せず、裁判長も即決同様に判決を下してしまったという

被告4人は直ちに控訴を申し立て、審理は東京控訴院へと移行。控訴審から弁護を担当することになった大場茂馬《おおばしげま》（1869－1920）は、事件の筋立てに数々の不可解な点があることを公判で次々に指摘する。

第一に、自白では被害者が怠け者であるための犯行とされているが、実際の被害者は借金の分を差し引いても先代より財産を増やしていたほどの働き者である。家族仲も悪くなく、300円程度の保険金を目当てに殺害に及んだというのは、動機として極めて弱い。第二に、自白では犯行前日に家族で殺害計画を練っていたところ、21時頃に父が帰ってきたため話し合いを中止したとされる。しかし、兄弟はその日の20時半まで村の青年会に出ていたことが確認されており、2人には共謀行為に参加する時間的余裕がない。第三に、要太郎は検察の主張どおりなら、獰猛《どうもう》で極悪な人物ということになるが、実際は極めて温順な性格である。横越村には「忠誠會」という青年会があるが、要太郎は衆望《しゅうぼう》を担って会長を務め、酒も飲まず、

控訴審から被告の弁護を担当した大場茂馬。長男・要太郎が処刑された3年後の1920年（大正9年）に逝去。右は大場弁護士の事件回想録

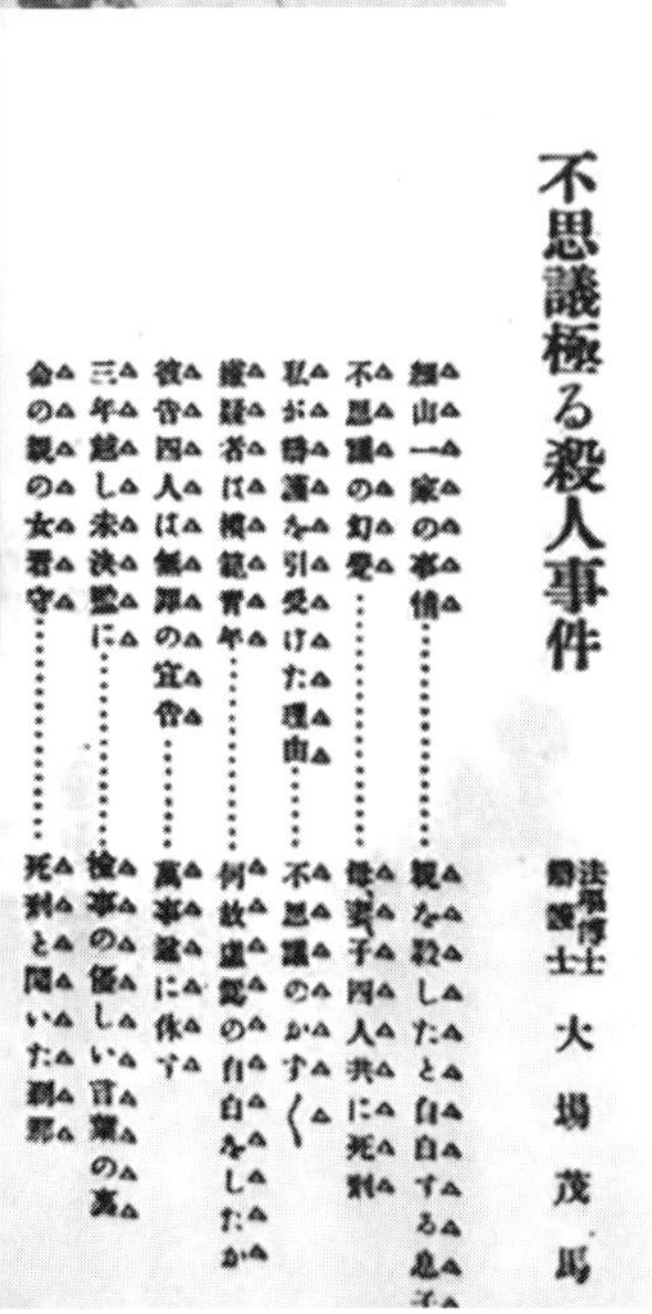

不思議極る殺人事件

法學博士 辯護士 大場茂馬

細山一家の事情……親を殺したと自白する息子
不思議の幻覺……母、妻、子四人共に死刑
私が辯護を引受けた理由……不思議のかず〳〵
嫌疑者は模範青年……何故虚僞の自白をしたか
被告四人は無罪の宣告……萬事茲に休す
三年越し未決監に……検事の優しい言葉の裏
命の親の女看守……死刑と聞いた刹那

遊里に足を踏み入れず、業務に勤勉な村の模範青年。小学校を卒業した後も中学の講義録を取って仕事の余暇に勉強し、忠誠會の夜学に通学していた。第四は、凶器の矛盾点。幸次郎の頭部の傷は7ヶ所。杵で殴ったとすれば、頭部は微塵に砕けたり割れる可能性が高いが、傷はいずれも口を開いている。1寸（約3センチ）に1寸3分（約3・9センチ）の「く」の字型の傷は凶器が杵でないことが雄弁に語っている。医師の鑑定でも、幅7分（約2センチ）、長さ2寸（約6センチ）以上の鈍器としており、この点からも杵が凶器でな

いことは明白である云々。外部からの侵入の跡がないことを内部犯の証拠として挙げた検察側に対しては、事件直後の現場に雪がなかったとする捜査員の証言に信憑性がないこと、あるいは反対に足跡が大雪で消された可能性などを指摘。さらに、要太郎と幸太が自供したことについては、予審判事や検事による誘導があったと主張した。

一方、検察側は一審では4人全員に死刑を求刑したのとは打って変わり、要太郎を除いた3人には自ら証拠不十分による無罪を求刑。要太郎の自白のみ採用し、事件を要太郎による単独犯行と主張を変更する。その根拠とされたのは遺体の鑑定結果だ。予審第2回の時点で要太郎が行った自白には、犯行様態について「杵ヲ以テ胸ヲ打チタリ」とあり、予審第3回での自白には「前額部ヲ打チ後頭部、背部等ヲメッタ打チニ打チ、ソシテ又胸ヲモ打チマシタ」とある。しかし、遺体にあった右肋骨の骨折は外表からは確認できないものであり、この事実は鑑定を行った者以外には犯人しか知ることができない。すなわち、要太郎が胸への打撃を自白していることは秘密の暴露に当たり、犯人であることの証明であるというわけだ。

控訴審は1916年（大正5年）4月11日に結審し、同月27日に判決公判。結果は、検察側の主張が採用され要太郎のみ死刑。他3人に無罪判決を言い渡された。その後、要太郎は大審院へ上告して無実を訴えたが、同年7月8日に上告は棄却され刑が確定する。しかし、あくまでも彼の冤罪を確信していた大場弁護士は、当時の司法大臣に直接、要太郎の特赦を求める請願書を書き送った。前述のとおり、彼が酒も女もやらず、小学校卒業後も独学して村の夜学で教鞭をとるほどの勉強家で、青年会の会長も務める模範青年でもあり女買いたさに親を殺すような凶悪犯とは人物像が一致しないこと。要太郎の自白では、犯行を決意したのは12月28日夕方に新潟市にある遊廓の前を友人とともに通りかかった時とされているが、その日も要太郎は、18時頃から20時半頃まで村の夜学で指導していたことが確認されており、夕方に村から3里離れた新潟市にいたということはあり得ないこと。加えて、当局はその遊廓の人間にも、長男に同道したという友人にも何らの捜査も行っていないこと。さらに、事件現場は血塗れになっていたにもかかわらず、要太郎の犯行当時の着衣とされた衣服にも家族のもとから押収された衣類の数々にも、警察が行った鑑定では一切の人血反応が表れていないこと（屋根裏に隠されていた服の血痕は、後にニワトリの血であることが明らかになっている）。その他、要太郎の自白には、父が日課の米搗きに来ることを知りながら、その時間に納屋へ盗みに入っていることや、大雪の日に六斗俵を担いで持ち出そうと

●横越事件三人無罪
（要太郎のみ依然死刑
要太郎は控訴棄却、他の三人は證據不十分にて無罪を言渡さる（東京電話）

控訴審では長男以外無罪に（新潟新聞より）

したことなどの不自然性が指摘されていることなどを書き綴った。しかし、その嘆願が受け入れられることはなく、１９１７年（大正６年）12月８日午前10時18分、要太郎は東京監獄において絞首刑に処される（享年26）。その18分前、彼は家族と大場弁護士に宛て、次のような遺書を記している。

「私は今、冤罪によりて刑に処せられんとします。しかし神は必ず我心《がしん》の公明なる事を知り給ふ事と信じます。此の期に及んで何も言ひ遺す事はありません。私の霊魂なき死骸は何の宗教に依つて葬るとも差支ありません。今や私は神の大なる恩恵に依りて天國に赴かんする所です。決して御歎《おなげ》きなさらぬ様に願ひます」

要太郎の処刑から数年後、事件当時に居候弁護士として大場に協力していた海野普吉《うんのしんきち》（１８８６－１９６８）が捜査記録を見直していたところ、警察による遺体の鑑定書が、長男が自白する前日の時点ですでに予審判事のもとへ届けられていたことが判明した（この時点で大場弁護士は故人）。つまり、予審判事は要太郎を取り調べる前から遺体の胸の傷について知っており、要太郎の自白は秘密の暴露ではなかったことになるというわけだ。海野は、殺害を実行したのはやはり外部犯で、一家は４人とも無実であったものと推測、この事件を生涯の教訓としたという。

# 元スター女優・中山歌子一家殺害事件

## 貸金業者の男が自供するも獄死。後に別の殺人事件で逮捕された男2人の犯行と判明

大正時代末期、日活の元スター女優だった中山歌子《なかやまうたこ》の自宅で家族3人が殺害される事件が起きた。1年後に1人の男が犯行を自供するも物的証拠は皆無で、男はほどなく獄中で死亡。事件はそのまま迷宮入りするものと思われたが、別の強盗殺人事件で逮捕された男2人が中山家の殺人にも関与していたことが判明する。発生から解決まで3年以上を要した凶悪事件、その驚きの顚末。

中山歌子(本名:中山さだ)は1893年(明治26年)、東京市本郷区(現在の文京区)で生まれた。1911年(明治44年)、この年に設けられた帝劇歌劇部に第一期生として加入。新劇のトップスターだった松井須磨子《まついすまこ》(1919年=大正8年に32歳で自殺)亡き後は、新芸術座で『カルメン』の主役を演じるなど、第一線の歌劇女優として活躍し、1920年(大正9年)からは日活向島撮影所に入社、瞬く間にトップ女優に上り詰めた。1922年(大正11年)に歌手として「船頭小唄」をレコーディングし大ヒット。しかし、ほどなく肺結核を患い、1923年(大正12年)、30歳の若さで芸能界を引退する。

事件が起きたのはそれから2年後の1925年(大正14年)9月5日のことだ。当時、歌子(32歳)は荏原郡碑衾村《えばらぐんひぶすまむら》(現在の東京都目黒区)大岡山の豪邸に住んでいたが、同年6月より病気療養のため鎌倉方面に出かけており、義妹の中山愛子《なかやまあいこ》(本名:ぬひ。同23歳)、愛子の夫・清水徹三《しみずてつぞう》(同25歳)、歌子の

日活のトップ女優として活躍していた頃の中山歌子

養女・ふさ子（同9歳）が留守宅を預かっていた。3人が最後に目撃されたのは4日の18時頃。散歩姿で外出するのを近隣住民が見ていたが、翌5日の夕方になっても家の戸は閉められたままで人のいる気配がない。心配した近所の住民が雨戸をこじ開けて屋内に入り2階の居間を覗き驚愕する。蚊帳の中で愛子と徹三、ふさ子が布団に枕を並べ絶命していたのだ。直ちに目黒分署に通報、警視庁鑑識課、捜査課員らが駆けつけ現場検証を行ったが、争った様子はなく、遺体に外傷も見つからない。当初の見立ては自殺。しかし、検死により全員の首に絞められた痕が見つかり、彼らは何者かに殺害されたものと判明、捜査が始まる。

事件の一報を受け、翌6日に鎌倉から自宅に戻った歌子立ち合いのもとで行われた現場検証で、枕元の仏壇の引き出しから現金90円（現在の貨幣価値で約14万円）、ふさ子名義の三菱銀行5千円（同約788万円）の定期預金証書、600円（同約95万円）が預けられていた東京貯蓄銀行目黒支店の通帳、ふさ子の実印、愛子所有の真珠の指輪、金時計が失くなっていたことがわかった。これを受け、捜査員が東京貯蓄銀行目黒支店に確認に出向いたところ、行員から重大な証言が得られる。事件が発覚した5日の午前10時半頃、男がふさ子名義の通帳と実印を手に現れ520円（同約82万円）を引き下ろしたというのだ。男は年齢40歳前後、みすぼらしい上下の衣服に麦わら帽を被り、右目に眼帯をした職人風だったそうだ。男が犯人であることに間違いなかった。

しかし、捜査は遅々として進まない。犯行時前後の目撃情報が皆無だったなか、警察は歌子の家に金品があることを知っていた者として彼女の身内を疑い、姉や甥《おい》、徹三の兄やその知人らを徹底的に取り調べたものの、全員がシロ。心に大きなダメージを受けた歌子は、現実から逃げるように天理教に入信し信仰の道に入る。

事態が動くのは事件から1年が経過した1926年（大正15年）9月21日のこと。荏原郡平塚町（現在の品川区）の貸金業者・田宮頼太郎《たみやらいたろう》（同28歳）が詐欺被害に遭ったとして日暮里警察署に告訴状を提出した。が、その後、詳しい事情を聞こうと署員が呼び出しても全く応じない。自分で告訴状を出しておきながらどういうことか。どこか不審なものを感じた警察が田宮の自宅に出向いたところ、不自然なまでに怯えている。何か隠し事があるに違い

事件を報じる國民新聞

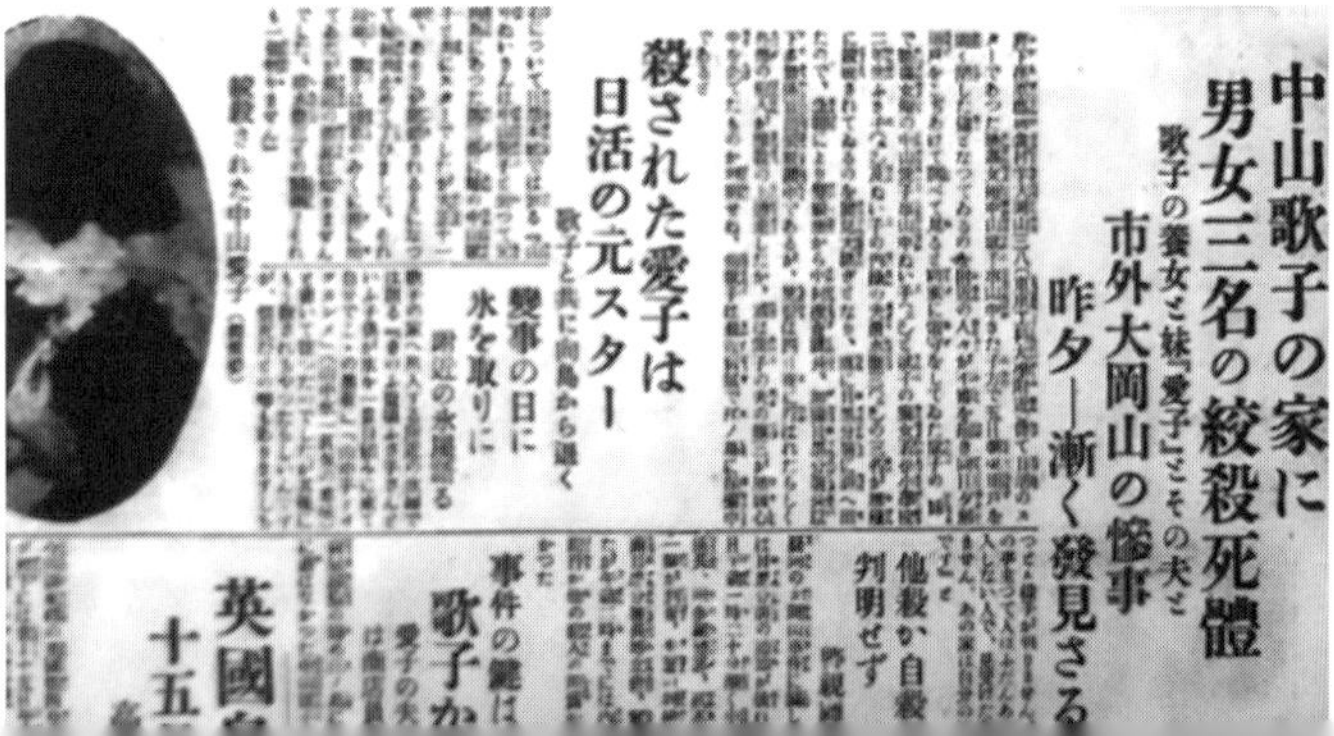
中山歌子の家に
男女三名の絞殺死體
市外大岡山の慘事
昨夕―漸く發見さる
他殺か自殺
判明せず
殺された愛子は
日活の元スター
變事の日に
氷を取りに

犠牲となった歌子の義妹・愛子（右）と養女のふさ子。愛子も一時期、歌劇や映画に出演する女優として活躍していた。左は犯行を自供、後に獄中死を遂げた田宮頼太郎。右目の眼帯は警察が意図的に付けさせたもの

ない。警察は田宮を日暮里署に連行し、その隠し事を追及した。と、過去に1千円（約1600万円）の詐欺を働いたことがあるという。ただ、それを告白しても田宮の顔は怯えたまま。まだ余罪があるものと警察が身辺を洗ったところ、田宮がよく寝泊まりしていたという友人男性から意外な情報がもたらされる。真夜中になると突然大きなうなり声を発し「悪かった、悪かった」「何とも申し訳ない。どうか勘弁してくれ」などと不気味な寝言を口走るというのだ。友人が心配しても本心は打ち明けず、毎夜のごとく女を相手に酒をあおっていたらしい。これを聞きつけた警察が改めて田宮を追及した結果、9月28日、突然「大岡山の3人殺しは自分がやった」と刑事が想像だにしなかったことを口にする。

新聞各紙は「嫌疑者自白」と大々的に報じ、右目に眼帯をした田宮の写真を掲載した（後に写真は警察が意図的に目撃証言に合致する格好をさせ撮影したことが判明）。しかし、起訴には至らない。自白だけで物的証拠が全く見つ

からなかったからだ。田宮は予審のため市ヶ谷刑務所に収監されている間に結核を患い、１９２８年（昭和元年）１月26日に死亡。後に判明することだが、大岡山の３人殺しについて、田宮は全く関与していなかった。では、なぜウソの自供をしたのか。実は大岡山の事件の３年前の１９２２年（大正11年）12月30日未明、東京府下大崎町桐《きり》ヶ《が》谷《や》（現在の品川区大崎４丁目）の洋品店に賊が押し入り、手斤のような凶器で主人夫婦と長男、長女、妻の妹、主人の従兄弟の計６人を殺害される凶悪事件が発生していた。遺留品はなく、奪われた物もなかったことから、物取り・痴情・怨恨など動機もはっきりしないまま迷宮入りしていたが、警視庁ではこれが田宮による犯行だったのではないかとの説が有力視されていたという。その根拠は定かではないものの、田宮が桐ケ谷一家殺しを隠蔽するため、自分と犯行を結びつける証拠のない大岡山の事件を己の犯行としたとしても不思議ではない。真相は闇の中だ。

　ちなみに、歌子が事件のあった大岡山の家で息を引き取ったのは、田宮の死から３ヶ月後の１９２８年４月。享年34だった。

田宮の関与が疑われる桐ケ谷一家６人殺し
（1922年＝大正11年12月30日発行の東京朝日新聞の紙面）

桐ケ谷の大惨劇
唐物屋の家族 五人惨殺され 一名も重傷で瀕死
—附近で美人と評判の女
犯人はそれ等の痴情
瀕死の
犯人の
梯子の
惨殺された高木の妻よし

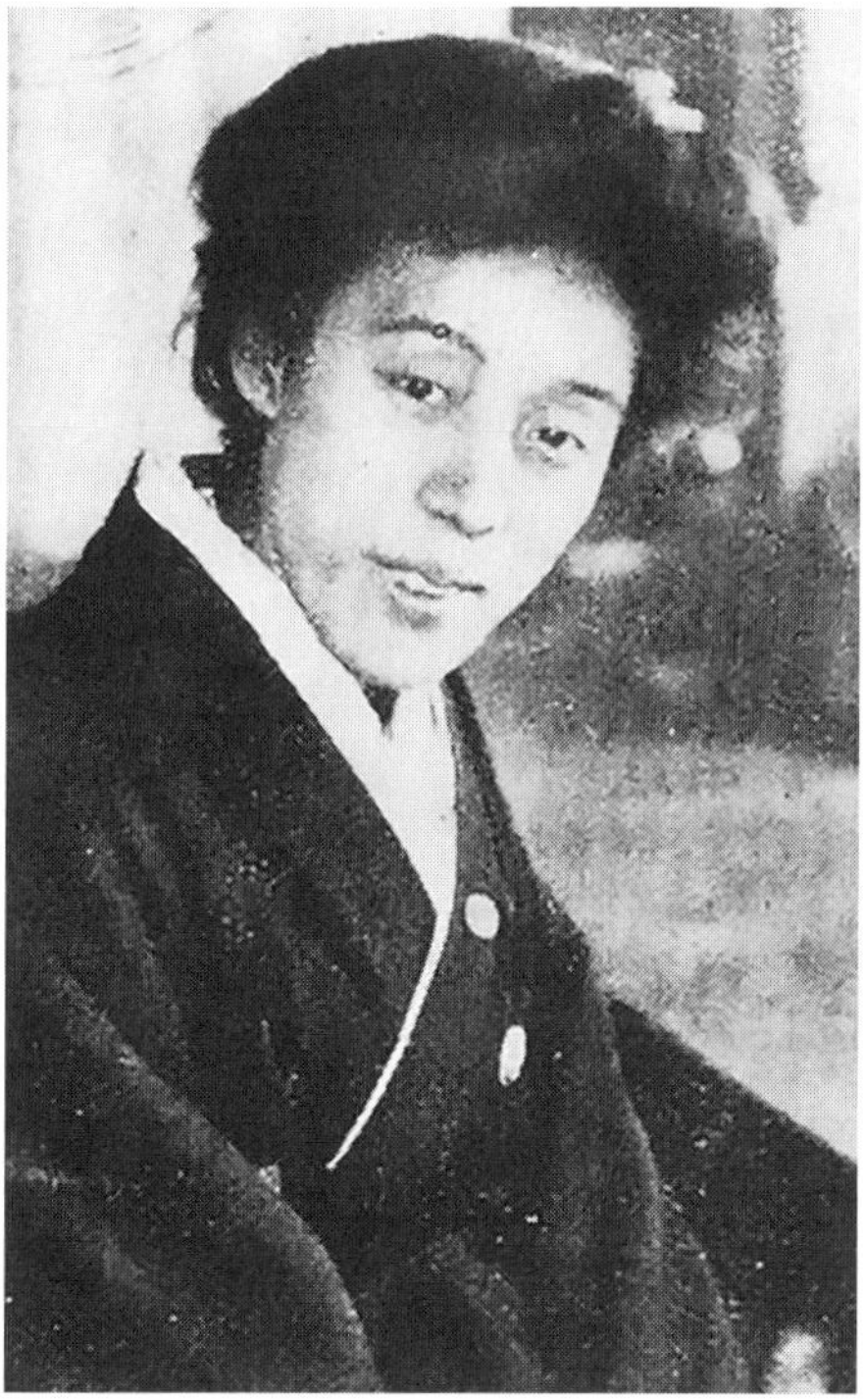

**歌子は事件後、天理教に帰依し、34歳の若さでこの世を去った**

それから4ヶ月が過ぎた同年8月21日23時40分頃、千住町（現在の足立区）の味噌醤油小売業・山田勝三郎《かつさぶろう》（同50歳）宅で、妻のまつ（同43歳）、雇い人の渡邊《わたなべ》嘉一郎《かいちろう》（同16歳）が屋内で絞殺されているのが、偶然訪ねてきた夫婦の親戚により見つかった。主人の勝三郎の姿はどこにもなかった。警察は強盗殺人として捜査を始め、ほどなく山田家の借家に住み家賃を滞納していた他、勝三郎から多額の借金をしていた自動車運転手の五味鐵雄《ごみてつお》（同37歳）が事件に関与しているものとみて追及。27日になって、運転手仲間の田中藤太《たなかとうた》（同40歳）と共謀し犯行に及んだとの自供を得る。五味の供述によれば、金を返すよう勝三郎から再三催促されたことから、同月19日午後、「金を返済する」と勝三郎を田中の家に呼び出し、田中が口を塞いでいる間に五味が首を絞めて殺害。その後、2人で山田宅へ行き、まつと嘉一郎を絞殺し、21日夜に勝三郎の遺体だけを行李に詰め川に遺棄したのだという。

警察は強盗殺人、死体遺棄容疑で2人を逮捕するが、捜査はこれで終わらない。実は五味の妻は中山歌子宅で絞殺された清水徹三の姉で、事件当時に取り調べを受けていた。その際は犯行を裏づける証拠が見つからなかったが、千住の3人殺しを自供した男が大岡山の事件と無縁だったとは考えにくい。そこで、改めて五味を徹底的に追及したところ、当事件も自分と田中による犯行であることを自白。歌子宅より奪われた指輪と時計が五味と田中の家から発見されたことを決定的な証拠に、2人を強盗殺人罪で再逮捕するに至る。

大岡山、千住の両事件を併合した裁判は1931年（昭和6年）3月から東京地裁で始まった。公判で五味は犯行を素直に認め、田中はあくまで

千住3人殺しを報じる東京朝日新聞

千住町の酒屋夫婦
何者にか絞殺さる
死體を押入れに隠してあるを
二日目に漸く發見

二階と下と
別々の押入れに
布團を出さうとして
ころがり出た死體

姿を消した
奇怪な小僧
慘劇の翌日家を出て
そのまゝ歸らぬ不審

殺された酒屋夫婦

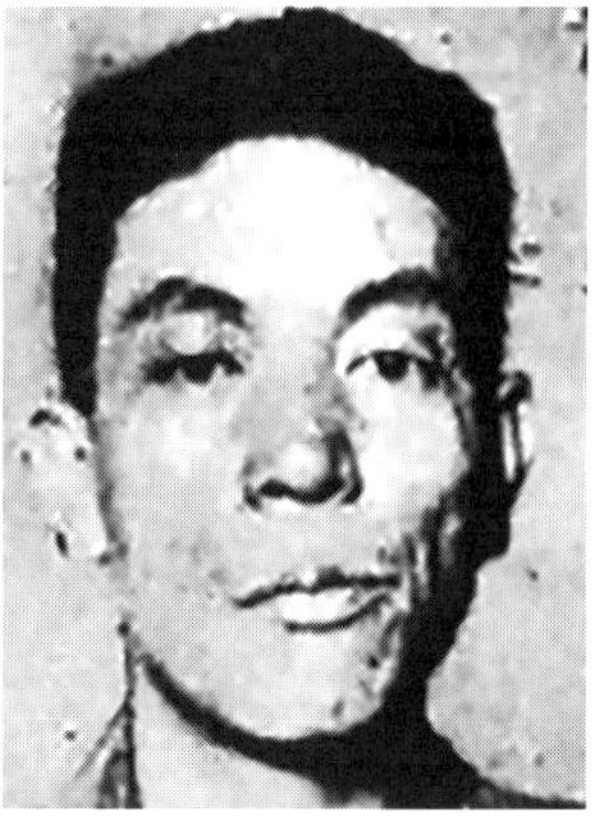

真犯人の五味鐵雄（上）と田中藤太

手伝いに過ぎないと供述する。どころか、五味には一切の反省がなかった。6人もの人間を殺しておきながら「責任は全く感じない」と述べ、さらには「人殺しは私の終生の仕事で、私は人を殺すために生まれてきたものと考えています」と口にし傍聴席を震撼させた。また、無実の罪で逮捕され獄死した田宮については「ヘマな馬鹿野郎」と突き放している。

同年4月20日、裁判長が下した判決は2人とも死刑。このとき、五味は突如立ち上がり「即時死刑執行を願います」と述べ控訴しないことを表明。対し、田中は五味に無理やり手伝わされた自分までも極刑になるのは納得がいかないとして控訴、上告したが、いずれも棄却され1932年（昭和7年）4月5日に刑が確定する。絞首刑執行は両人ともに1年後の1933年（昭和8年）3月7日のことだった。

# 小笛事件

## 47歳の女性が20歳下の恋人の殺害と見せかけ子供ら3人と心中

元号が昭和に変わる半年前の大正時代末期、京都で子供を含む女性4人の変死体が発見された。当初は他殺として一家の女主人の愛人男性が逮捕されたが、非公式なものを含めると8回もの法医学鑑定の後、最終的に事件は女主人が愛人の犯行と見せかけるため、偽装工作のうえ義理の娘や知人の娘を殺害した後、自殺を図ったものと結論づけられる。大正時代最大の冤罪ミステリーとも言われる「小笛事件」の驚くべき顛末。

京都市出町柳《でまちやなぎ》に住む大槻太一郎《おおつきたいちろう》と妻のしげが、長女・喜美代《きみよ》（事件当時5歳）と次女・田鶴子《たづこ》（同3歳）を、かねてから懇意にしていた平松小笛《ひらまつこふえ》（同47歳）に預けたのは1926年（大正15年）6月27日のことだ。しかし、それ以来、小笛から一切何の連絡もないことを不審に思った母しげが30日午後、巡査を介して京都帝国大学農学部にほど近い京都市北白川にある小笛の自宅内を確認し腰を抜かす。小笛が縁側の鴨居で兵児帯《へこおび》（男物の和服の帯の一種）で首をつり死亡、寝床で精華女学校（現在の京都精華学園高等学校）に通っていた小笛の養女・千歳《ちとせ》（同17歳）、しげの娘の喜美代、田鶴子が布団で絶命していたのだ。急報を受け現場に駆けつけた京都府警下鴨署の調べにより、小笛は首に帯の圧迫による縊死《いし》、他3人はいずれも首を絞められたことによる窒息死と判明する。

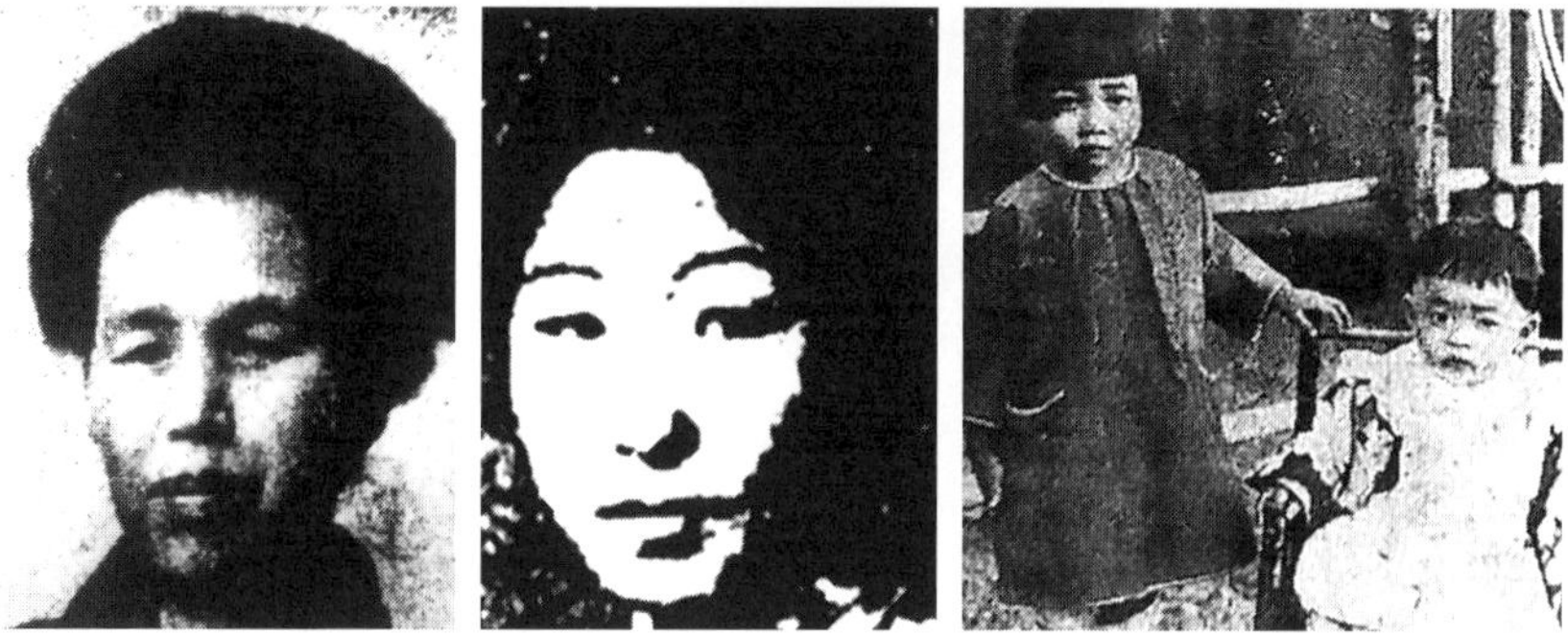

**遺体で見つかった4人。左から平松小笛、養女の千歳、知人の娘である喜美代（左）と、田鶴子**

さらに聞き込みにより、小笛がたびたび近所の知人から金を借りており金銭的に困窮していたこと、養女の千歳が心臓の病を患い医者から長くは生きられないと言われていたことがわかり、こうした事情から当初は小笛が知人の娘2人を道連れに母子心中を図ったものと思われた。が、その見立てはすぐに崩れる。検死の結果、小笛の首に絞められた際にできる索《さっ》溝《こう》の痕が2ヶ所あることが明らかになったのだ。加えて、両足が床に着くほどに帯の位置が低いことも自殺にしてはいかにも不自然。もしかしたら、第三者が娘ら3人を絞殺した後、小笛を首つり自殺に見せかけ殺す偽装工作を行ったのではないか。警察内部でにわかに他殺説が浮上する。それを後押ししたのが現場検証にも立ち会った京大医学部法医学教室教授の小南又一郎《こみなみまたいちろう》による法医解剖で、鑑定結果は次のとおりだった。

〈小笛の遺体は、同家奥六畳間の東側の鴨居の中央からやや南側に寄った所に首をつった状態で、黒のしごき（兵児帯）によって下がっていた。頭頂は鴨居の一番下から約25センチ。両足は確実に鴨居か畳に触れており、両足の間に高さ約30センチの唐金火鉢と、それに沿って横倒しになった中型のまな板があった〉

〈小笛の頸部に確認できる索溝「イ」は幅1・8センチ、褐色のへこんだ

# 小笛事件

惨劇のあった小笛邸

首をつり死亡した小笛の実際の写真と
首つりの状態を描いたスケッチ

最初に小笛の遺体の鑑定し他殺の結論を出した京大医学部法医学教室教授の小南又一郎

小笛の頸部に認められた「イ」「ロ」の2条の索溝。これが後の裁判で自殺・他殺の大きな争点となる

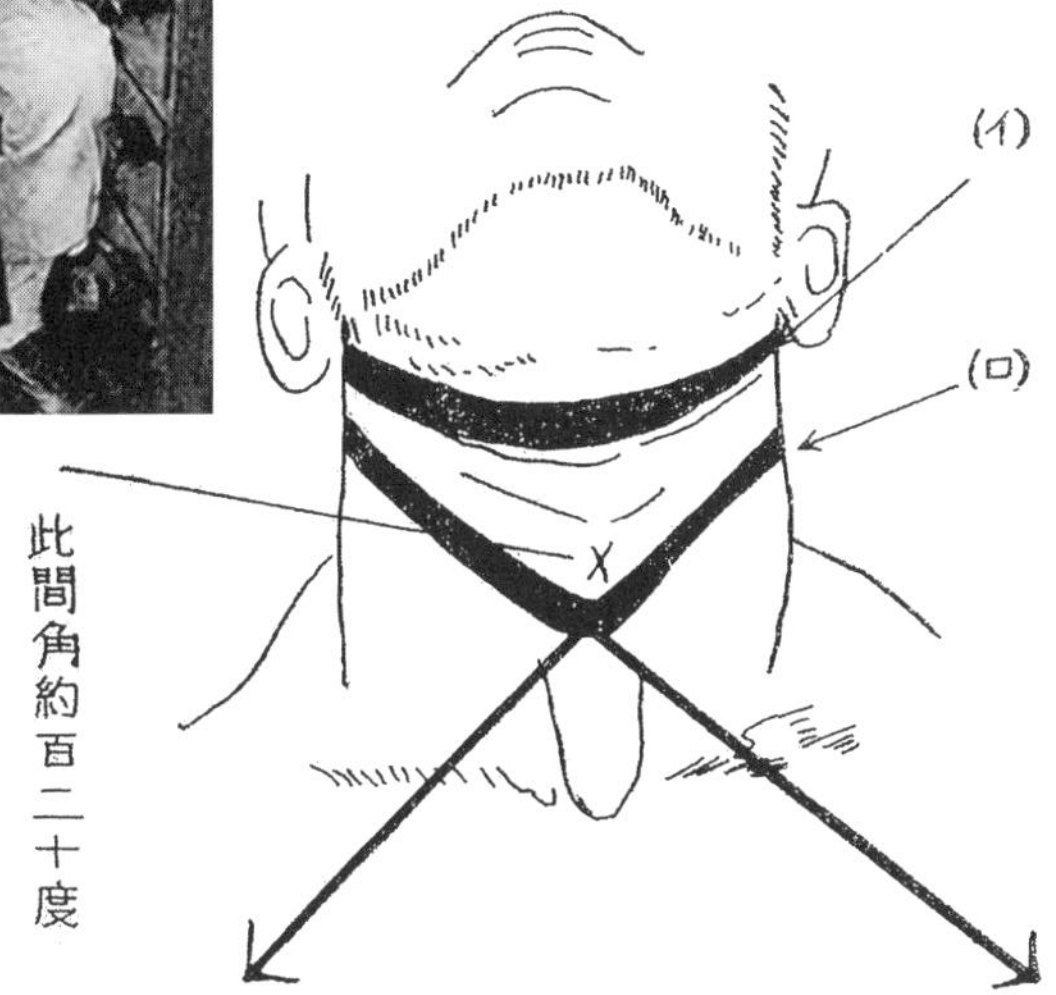


皮膚変色を起こしており、喉のすぐ上方をほとんど水平に走り、そこから下あごの隅に沿った後、上方に上がり、耳たぶの直下に接して終わる。「イ」の索溝から下方約2センチの所に幅約2センチの淡い赤紫色の索溝「ロ」がある。その左右の端は両下あご隅のすぐ下3センチの所に始まり、そこから発する2つの線はわずかに斜め内側に走り、「イ」とは平行せず、前方にわずかに開いた角度をとり、所々にヒエの粒かアワの粒の大きさの濃い紫色の皮下出血がある。この左右の2つの線はほとんど首の中央から上方に向けて約120度の角度を成している。先端部には少しも索溝が見られない。「イ」

「ロ」の間の皮膚には全く異常はない。皮下出血が「イ」には見られず、「ロ」に顕著だったことからも、「イ」は死後あるいはそれに近い段階で生じ、「ロ」は生前に生じたとみなすのが合理的〉

〈私は、他人が小笛を絞殺し、その後、鴨居につるし、自分で縊死したように装ったとすることが最も妥当と考える〉

警察が他殺の疑いを強めたのは、現場に小笛直筆の次のような遺書が残っていたこともある。

——〔隣人〕さんに頼む。有る品物は、お寺（※小笛の亡夫の骨がある知恩院）にあげてください。実子（※生後まもなく小笛が捨てた男児で当時28歳。後述）には、簪もやらないでください。広川さんが生きては添わせませんで、二人が死んでしまいます。〔隣人〕さんに大島《おおしま》一重《ひとえ》と木綿縮緬《もめんちりめん》とを三枚あげます。千歳が可愛いが、丸太町（※同地に構えていた心

現場に遺されていた小笛直筆の遺書。
文字は全てカタカナで書かれていた

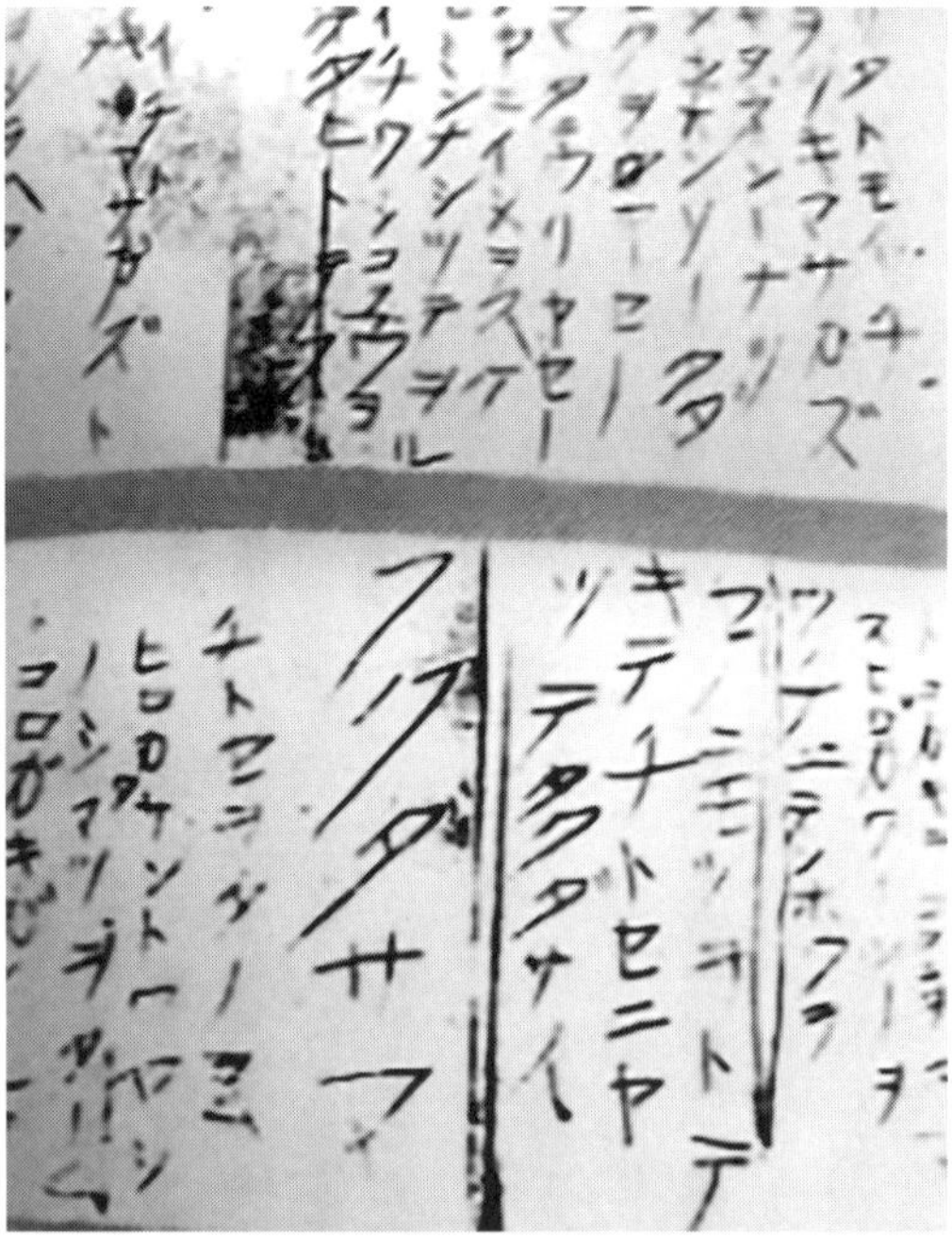

霊治療師を指す）に、この子は私のためにはならないと、言われたので、何にも楽しみはない。そいで広川さんと、二人で死にます。小笛、条太郎（※広川印あり）死ぬ言うて嘘言うたらいかぬよ。千歳は貴方が殺すのですね。私は先に死にます、千歳を頼む——

着目すべきは、遺書に書かれていた広川条太郎《ひろかわじょうたろう》（同27歳）の名だが、事件にも大きく関係する彼との関係を説明するには、まず小笛の波乱万丈な半生を知っておかねばならない。彼女は1880年（明治13年）、愛媛県に生まれ、15歳のときに山口県で女中として働いていた際、近所の下駄屋と恋仲となり18歳で未婚のまま男児（前出）を出産。3ヶ月後、赤ん坊を置き捨てて実家に戻る（ちなみに、その赤ん坊は26歳のとき、生みの親である小笛を探し出し、京都で対面。妻子と一緒に暮らそうと提案ししばらく同居生活を送ったが、2ヶ月ほどで小笛の方から別れを告げている）。そこで恋仲となった男と岡山に移り住んだが関係は長続きせず、ほどなく一人身となった。その後、平松という男性と知り合い結婚。朝鮮に渡り雑貨屋兼質屋のような商売を営み成功、その際に迎えたのが養女の千歳である。しかし、夫はまもなく病死し、小笛は夫の入院先で知り合った男と再婚する。男も妻に先立たれた似たような境遇の相手だった。やがて家族で日本に帰ってきたものの、夫が若い女を作り家出。小笛は知人を頼って京都に出てきて、1921年（大正10年）7月に、下柳町の下宿屋を下宿人付きのまま譲り受ける。このとき下宿人だったのが、殺害された喜美代、田鶴子の両親である大槻夫妻と、京都大学に入学したばかりの広川、他2人の学生だった。小笛は新潟県の資産家の息子である広川を大層気に入り、大槻夫婦と学生らが他に移り住むや、しつこく誘惑をかけ、1年半後に男女の関係となる。まだ女を知らなかった広川にとって小笛との性行為は溺れるに価するもので、関係はずるずると2年あまり続く。とはいえ、広川の目的はあくまで小笛の体。大学を卒業し下宿屋を出れば自然と縁が切れるものと神戸の信託会社に就職するも、小笛が関係の継続を強く望んだことで、優柔不断な広川は渋々これを承諾。どころか、週末に京都に通ううち、小笛の養女である千歳とも関係を持ってしまう。怒った小笛は千歳を嫁にもらって責任を取るよう迫ったものの、広川は首を縦に振らず、代わりに慰謝料として250円（現在の約100万円）、さらに小笛との手切れ金として120円（現在の約48万円）を支払う。が、それでも関係は断てない。別れるくらいなら自殺する、他の女と結婚しようものなら婚礼の場で暴れてやると小笛に脅かされたからだ。

後の広川の証言によれば、そんな泥沼のような関係が続いていた1926年6月20日、自ら小笛に、もう京都には来られないと告げる。対し、小笛は一緒に死んでくれと泣きじゃくった。そんなことを考えてはいけないと広川がなだめるも埒《らち》が明かない。1週間後の26日、小笛が神戸に出向き、仕事帰りの広川を連れ京都へ。翌27日、広川は小笛、千歳に加え、この日から小笛宅にやってきた喜美代、田鶴子と夕食を共にする。そして事件当日の28日午前5時半頃、小笛に朝食を用意してもらった広川は彼女に見送られ家を出る。惨劇が発覚するのはそれから数時間後の同日午後のことだ。

この日の夜、神戸の自宅を直接取材に訪れた記者から小笛らの死を聞かされた広川は、すぐさま京都行きの列車に飛び乗り、翌7月1日の深夜零時37分に京都駅に着いたタイミングで刑事に身柄を拘束、下鴨署へと連行される。取り調べで警察がまず問いただしたのは、広川が車中で、上司や親族へ宛てて「小生

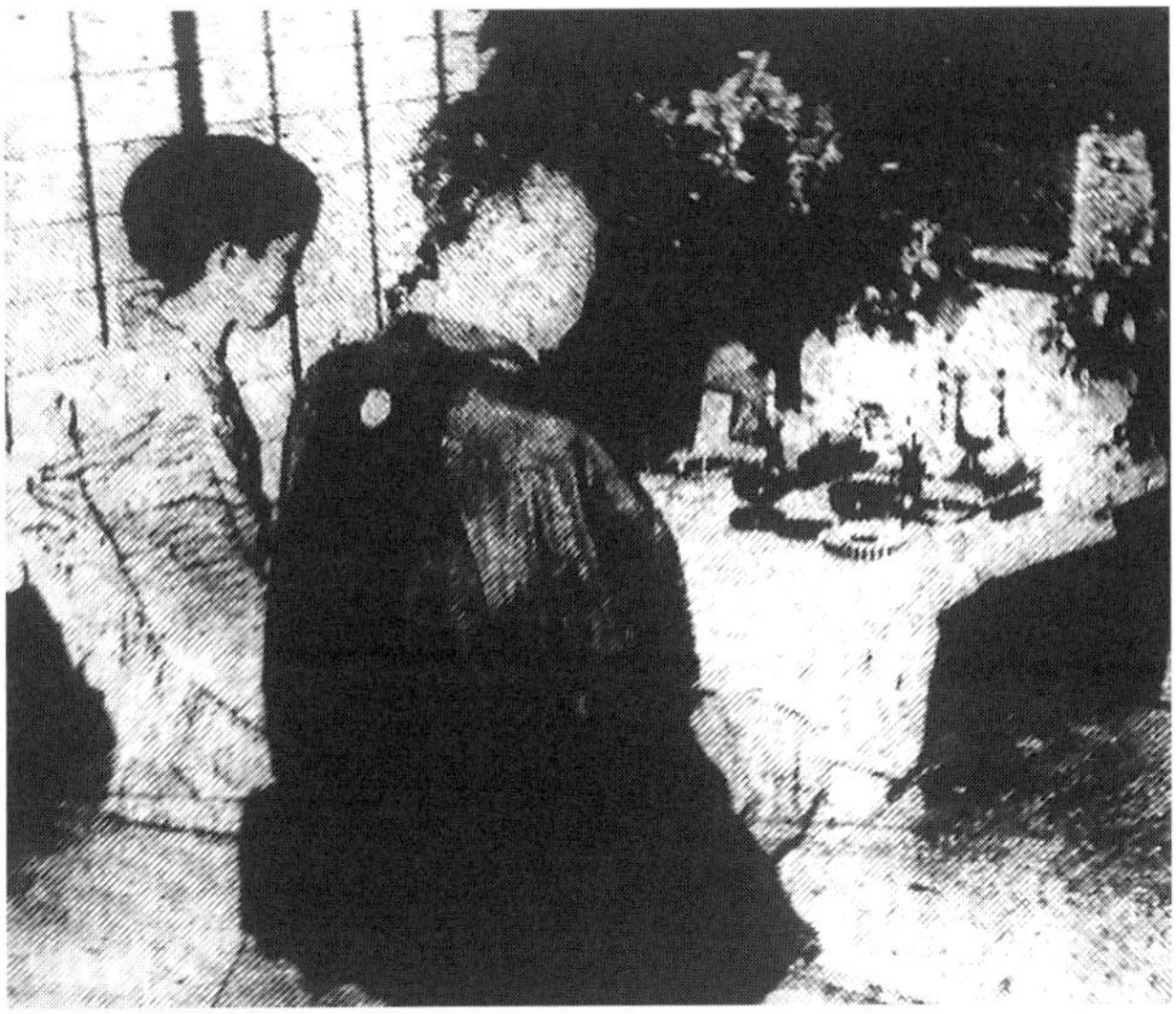
殺害された喜美代と田鶴子の霊前に座す両親

の不徳より終《つい》に二名の人命を縮め陳謝の辭じ（ことば）なし」「從來の恩義深く謝す」といった内容の遺書をしたためていたことだ。対し、広川は小笛のことが世間に知られたら、自分のことを信頼してくれていた両親や職場の上司らに迷惑をかけることになり、いざというときは自殺する覚悟で記したと供述。さらに、6月30日の午前中、喜美代、田鶴子の母親から小笛と連絡が取れず、もしかしたら彼女が娘たちを連れ神戸に来ていないかとの電話を受けたとも証言し、自分は事件には無関係であると主張した。しかし、電話の後、広川が娘たちの両親と小笛宛に書いていた手紙の内容に不自然な点があることが判明する。両親には近所の人が何か知っているかもしれないので確認したらどうかと娘たちを心配する文言を記す一方、小笛には新しい家が見つかったかどうかを尋ねただけで娘たちについては一切触れていなかったため、4人が死亡しているのを知ったうえで偽装工作を図ったのではと疑われたのだ。

状況は極めて怪しい。が、広川は容疑の一切を否認した。一方、検察は広川の起訴に向け、疑問点を整理する。まず小笛の遺書は、広川の署名部分も含めて全て小笛の筆跡であることがわかった。遺書の押印《おういん》は、広川のベストのポケットに入っていたものを小笛が持ち出したもの。また、遺書に使われた用紙、鉛筆なども広川の家にあったものを小笛が自分の部屋を訪れた際に持ち出したとする広川の主張をウソと認定する証拠はない。千歳の布団の上に広川の名刺が散乱していたことについても、小笛が自分の犯行に見せかけるための偽装工作だという主張も筋は通っている。しかし、小南鑑定は他殺と結論づけており、何より、広川には小笛を殺害するに十分な動機がある。

検察がどこまで自信を持っていたのかは定かではないが、1926年7月13日、広川は殺人罪で京都地裁に起訴され、予審を経た後、1927年（昭和2年）6月27日より公判が始まる。争点は、やはり小笛の首にあった索溝だった。小南鑑定を基に他殺を唱える検察に対し、弁護側は草刈春逸《くさかりしゅんいつ》・京都帝大医学部講師の意見書（非公式）を提出し反論する。草刈鑑定の結果は以下のとおりだ。

〈そもそも絞殺体の索溝というものはほぼ胴体に水平に、首の周りをむらなく囲んでいるのが定型であり、この時点で索溝「ロ」は絞殺痕の定型ではない。非定型的な絞殺痕が形成される可能性もあるが、それは全て否定される。①前方から帯を押しつけた場合は絞殺は困難であり、「ロ」のように深い索溝も残らず、また力のかかり方から索溝も水平にならざるをえない。②首に背後から帯を回し、犯人が体を背負って締

小笛の愛人で容疑者とされた広川条太郎

め上げたとしても、2人の体勢から考えて生じるはずの頭髪の乱れが小笛の遺体にはみられない。③柔道技のように襟で締め上げたという考えも、溝「ロ」は明らかに襟などで形成されうる形状をしていない〉〈帯が溝「イ」まで滑ったならば2つ索溝の角度は違っていて当然であり、小南鑑定も認めているような遺体の腐敗の激しさからすれば、2溝の間の皮膚に異常がないと断定はできない。そもそも柔らかい布では索溝から生活反応が表れないことはままあり、皮下出血がない点をもって溝「イ」が死後に形成されたと断定することはできない。よって、小笛の死は自殺と考えるのが最も自然である〉

この意見書を証拠に弁護側は京都地裁に再鑑定を申請。裁判所はこれを採用し、大阪医科大学教授の中田篤郎《なかたとくろう》、東京帝国大学医学部教授の三田定則《みたさだのり》、九州帝国大学医学部教授の高山正雄《たかやままさお》の3人に鑑定を実施させる。結果は中田と高山が他殺、三田が自殺（縊死の研究者である警察医・矢野春利《やのはるとし》による鑑定結果も自殺）と真っ向から意見が対立した。

同年11月19日、検察は論告で主張する。

❶事件前日の夕食時刻について、広川が予審

半ばまで一貫して19時頃であると述べていたものを、小南鑑定が出された後になって20時半頃と変更したのはいかにも不自然。

❷今までほとんど小笛に手紙など書かず「小笛が神戸に来ては困るので自分が京都に出向いている」と公言していた広川が、6月30日に「皆さんお誘ひの上でお遊びに御出でて下さい。須磨へ御案内致します」などと書いているのは明らかな偽装工作である

❸小笛の死因を自殺とした三田鑑定は、九大法医学教室で開かれた法医学会でこの問題が議論の対象となったが、誰一人として三田の主張に賛同する者はおらず信頼性に欠ける。

❹小笛は共に情死するという広川の言葉を信じたがために、ほとんど抵抗することなく殺害された。他3人の犠牲者についても、やはり全員が広川によって殺害された。

以上の論告に基づき検察側は、広川が小笛と情死を約束するに至った経緯には酌むべき事情があるものの、他3人の殺害については何ら同情の余地はないとして、広川に死刑を求刑した。対し、弁護側は次のとおり最終弁論で反論する。

**1** 小笛が自己中心的で自己愛の強いヒステリー気質であるとの評判は周囲も同意するところで、たびたび自殺をほのめかす発言をしていた。

**2** 内気な千歳と広川は小笛に支配される関係にあった。小笛の千歳に対する愛情や知人の娘たちへの可愛がり方は正常な形のものではなく、よって3人を殺害したのも小笛当人に他ならない。

**3** 遺書の文面は、そもそも広川が現場に居合わせたのなら「死ぬ言うて嘘言うたらいかぬよ……」以下

の文言は口で伝えればよく、遺書に書く必要もない。また、2人分の署名を両方とも小笛が書いている点も不自然で、そもそも広川が犯人であれば、明らかに自分が疑われるような遺書や名刺を現場に残しておくはずがない。

**4** 法医鑑定の結果は三田鑑定が正しく、他2人の鑑定は説得力がない。

以上の点から事件は小笛が3人を殺害した後、自ら命を絶ったもので、広川は無罪であると主張。果たして同年12月12日に下された判決は証拠不十分で無罪だった。

これを不服として検察側が控訴し、1928年（昭和3年）5月18日から大阪控訴院で控訴審が始まる。6月の公判で検察側から小笛たちの遺体の再々鑑定の申請が出された。しかし、長崎医科大学教授の浅田《あさだ》一《はじめ》、東北帝国大学医学部教授の石川哲郎《いしかわてつろう》とともに結果は自殺。2人とも三田博士と同様、

裁判所へ護送される広川に群がる見物人たち

一審判決言い渡し時の広川。下は釈放後、家族と（右から2人目）

2本の索溝は首をつった際に位置がずれてできたものであると報告した。

同年11月30日、検察側は異例の論告を行う。広川の容疑は濃厚だが、積極的な証拠がないため「疑わしきは罰せず」の刑法の原則に則《のっと》り、無罪を相当とすると、これまでの主張を根底から覆したのだ。弁護側は論告を辞退するとともに検察側の態度を称賛、同日中に広川は大阪刑務所の未決監から2年7ヶ月ぶりに釈放された。新聞記者の取材に対し広川は「国家の裁判は正しい、最初からこうした日が来ることを確信していた」と語り、翌日の新聞には「冤囚の　壁にしみこむ　祈りかな」と広川が詠んだ句が掲載された。大阪控訴院が正式に広川に無罪判決を言い渡すのは12月5日のことだ。

広川の無罪判決後、小南博士は取材に対して「私は世間から大変誤解されているが、私はいまだかつて広川が犯人だと言ったことはない」「小笛が殺されたにしたところで広川が犯人と決まらない」と弁解した。これに対し、早くから小笛の自殺を主張していた医学者の田中香涯《たなかこうがい》は、犯人の追及が法医学者の役割でないのは当然で、今さらになって小南がこのように発言するのは「輕忽《けいこつ》のテレ隠しで、笑止千萬《しょうしせんばん》の沙汰」と批判している。

裁判所の判決どおり、事件は小笛が広川へ寄せた偏った愛情の逆恨みで起こした手の込んだ自殺だったのだろう。では、なぜ無関係な女児2人まで巻き添えにしたのか。そこに、どんな思惑があったのか。真相は闇の中だ。

# 日大生殺し事件

## 両親と妹が自堕落な長男を葬った日本犯罪史上初の保険金殺人

「強盗に入られて、兄さんが殺されました。すぐに来てください！」

1935年（昭和10年）11月3日午前2時半頃、寝間着姿で裸足の少年と少女が東京市の本富士《もとふじ》警察署壱岐坂《いきざか》派出所に駆け込んだ。通報を受け警察官が本郷弓町《ほんごうゆみちょう》（現在の文京区本郷1丁目）の徳田家に向かうと、一家の長男・貢《みつぐ》（当時24歳）が血まみれで倒れている。いったい何が起きたのか。貢の母親ハマ（同46歳）が事情を説明した。

「午前2時頃、押し入ってきた20歳くらいの男が、私を起こして、金を出せと出刃包丁を突きつけてきたんです。怖くて60円（※当時の大卒の初任給は約70円）を差し出したんですが、2階に寝ていた長男が騒ぎに気づいて降りてきて、男を捕まえようとしたんです。包丁を振りかざす男に、柔道2段の長男が組みついたんです。男は長男をメッタ刺しにして、60円を奪って逃げたんです」

このとき家にいたのは、ハマと貢の他、長女・栄子《えいこ》（同21歳）、次女・秀子《ひでこ》（同17歳）、次男・充《まこと》（同11歳）の5人。派出所に駆け込んだのは次女と次男で、父親の寛（同52歳）は北海道の北・樺太《からふと》で経営する病院にいた。

強盗殺人事件として本富士署は緊急警戒網を張り、タクシー業者や旅館などに聞き込みをかけ、ラジオを通じて目撃者を探す。が、何ら手がかりは掴めない。それもそのはず、ハマの証言は全てウソで、貢を

暗闇で強盗と死闘
日大生刺殺さる
賊は兇器を捨てゝ逃走す
祭日の晩・本郷の惨事

「強盗殺人」として事件の一報を伝える東京朝日新聞の紙面

殺害したのは彼女と長女の栄子だったのだ。

徳田家の主《あるじ》・寛は1913年（大正2年）に独学で医師試験に合格して医師となり、以後は炭鉱会社の嘱託医として福島県下を転々とし、1928年（昭和3年）に樺太に移転。敷香町《しすかちょう》で徳田医院を開業する。が、妻がありながら女遊びに耽り、そのせいか病院経営が不振に陥る。そこで病院の売却を画策するも買い手が見つからなかったため、1934年（昭和9年）3月頃に病院を放火し日本海上火災と契約していた保険金約2万8千円を詐取しようと計画。これは未遂に終わり、表沙汰にもならなかった。

徳田夫妻にはもう一つ悩みがあった。4人の子供のうち貢だけが手に負えない不良だったのだ。中学時代から学校嫌いで、すでに酒、タバコをやり、日本大学専門部歯科に入ってからはカフェー、ダンスホール、麻雀クラブ、遊郭などに入り浸る日々。送られてくる学費は全て使い果たし下宿料も滞納、さらには衣類や家具ですら売り飛ばす破綻状態に陥っていた。1932年（昭和7

年）9月、妹の栄子が日本女子大学家政学科に通うため上京、貢と同居を始める。しかし、貢の生活態度は変わらず、栄子に金をせびったり勝手に彼女の所持品を売り飛ばし、それを栄子が怒ると妹に殴る蹴るの暴行を働いた。結果、彼女は学校を中退することを余儀なくされている。1933年（昭和8年）9月頃、貢の監督役としてハマが秀子と充を連れ上京。貢、栄子と一緒に暮らし始めたが、半年後に貢が企て失敗した保険金詐欺を知る者がハマを恐喝し始め、この対策のため貢も家族の住む本郷の家に移る。事件が起きる1ヶ月前、1935年（昭和10年）10月のことだ。

ここで寛は、長男の変わらぬ生活ぶりを目の当たりにして覚悟を決める。かくなるうえは貢を殺すよりほかない。ならば、自身の金欠を解消するため保険金をかけて殺害するのが得策ではないか。実は前年の時点で寛とハマは貢を殺して保険金を得ようと話し合っていたことがあった。そこでもともと貢にかけていた第一生命の保険金を1千円に2万円、明治生命にかけていた5千円に2万円を加え、新たに帝国生命に1万円と、計6万6千円（現在の貨幣価値で1億数千万円）の保険金を契約する。

殺害の方法も、寛とハマの間で話し合われた。寛は梅毒治療の名目でモルヒネを混ぜて注射するのが良かろうと提案したが、ハマは保険金のこともあるからと薬を飲ませて腹痛に見せかけた方が良いと言い、その役目も自ら引き受けると夫から毒性の強い亜ヒ酸を受け取った。しかし、計画は思うように運ばない。1935年6月10日頃、毒薬を貢の好物だった柳川鍋に入れ息子に食べさせるも薬が上手く溶解せず失敗。悩んだハマは7月初旬、食事作りを担当していた栄子を犯行に取り込まなければ殺害は成功しないと考え、彼女に貢の謀殺計画を打ち明け協力を求める。それを聞いた栄子は当初、猛反対した。が、兄と2人で

**徳田家の人々。左から次女・秀子、長女・栄子、母ハマ、長男・貢、当主・寛、次男・充**

の同居時代や大学中退に至った経緯などで遺恨があったのか、母の粘り強い説得の末、ついに同意。ほどなくハマから受け取った毒薬をコロッケに混入し夕食として出したが、薬の入っていないコロッケが貢に回り、またも失敗に終わった。8月、夏休みに家族全員で樺太に帰った際、寛が看護師に命じて「カルピス」という蒼鉛剤《そうえんざい》を制限分量以上に注射させようとしたが、これを不審に感じた看護師が注射を拒否。さらに10月2日と12日の2回、栄子がカルピスをご飯に混入し貢に食べさせるも、1度目は少量過ぎで効果が出ず、2度目は逆に多すぎて吐き出されてしまう。

度重なる失敗に、寛から「自分が引き受けると言いながら、何もできていないではないか」と詰問されたハマは、自ら刃《やいば》を振るうことを決意。10月30日に三越銀座店で出刃包丁を購入、これを磨き台所に隠し置いた。そして運命の日が訪れる。寛が樺太に行き家を留守にしていた11月3日午前1時頃、貢が酒に酔って上機嫌で帰宅した。思ったより帰りが遅かったが計画に支障はない。ハマと栄子は玄関先の貢に手招きし言った。

「秀子と充には聞かせたくない話があるから、こっちへおいで」

貢をおびき寄せ、ハマはさらに問いかける。

「学校はどうなんだい？　おまえが改心するつもりがあるなら、私たちは生活が苦しくても学校を続けさせるよ」

このとき貢は歯科の3年生だったが、学校にはほとんど通っておらず2度留年、親が学校に頼みこみ何とか在籍している状態だった。とはいえ、このときハマと栄子は、貢から誠意ある返事があれば犯行を思い留まるつもりでいた。しかし、貢は母親の言葉を遮るように「今日は遅いからもう寝る」と自分の部屋へ向かおうとする。もはやこれまで。ハマは栄子に目配せし殺害実行に至る。

「まだいいじゃないの。明日は日曜日だし。あ、そうだ、栄子、この前やっていた遊びあるだろ？」

「あれね。母さんは上手くいかなかったけど、兄さんは器用だからできるかもしれないよ」

寝床につこうとする貢を前に、母と娘が事前に打ち合わせていた会話を交わし手ぬぐいを取り出す。ハマの言う遊びとは、手ぬぐいで両手首を縛り口を使って解《ほど》くというもの。いかにも幼稚かつ怪しいが、アルコールが入っていた貢はあっさり乗ってくる。そして1つ目の結び目を口で解いた瞬間、ハマは息子の肩に出刃包丁を突き刺す。突然の出来事に顔を上げた貢の前には返り血を浴び鬼の形相をした母の姿が。

貢は全てを察し、逃げながら言った。

「母さん、僕が悪かった。許して！」

貢の命乞いにハマは聞く耳を持たず「仕方がないだろ。母さんを苦しめたんだから」と滅多刺し。貢は「わかったよわかったよ、死ぬよ死ぬよ…死ぬ、医者、末期の水をくれ！」と絶叫し死んでいった。実に刺し傷17ヶ所、切り傷5ヶ所、体中にある傷は、足裏にまで及んでいた。ほどなく騒ぎを聞きつけた秀子と充が2階に降りてきて、ハマの指示で警察へ。一切、計画を知らされていなかった2人は「強盗が入って貢兄さんが殺された」という母の言葉を本気で信じていた。ちなみに、ハマは事件の4日後に帰京した夫・寛に、貢の遺骨の前で「喜んでください。私がやりました」と報告したという。


事件から1ヶ月が経っても手がかりを得られなかった警察は、次第に貢の家族へ疑いの目を向け始める。ハマが強盗が侵入したと申し出た場所にその形跡がない。ハマと栄子は強盗が貢を殺すところを見ていない。畳の上の血の足跡は全てハマと栄子のもの。凶器となった包丁は台所の流しにあったが、血が洗い流されていて指紋が採れない。逃走するのが目的だった犯人が、貢の足の裏まで刺しているのは不自然。ハマや栄子が目撃した犯人の服装が貢の服装と全く同じ。さらに、過去に寛が保険金目的で放火を企てたり貢を毒薬注射によって殺害しようとしていたこと、貢名義の多額の保険金がかけられ、事件後にそれが徳田家に支払われていることなどから、1935年12月6日、本富士署は寛、ハマ、栄子を召喚拘置。3日目に、ハマと栄子が犯行を自供するに至った。寛は否認し続けたが、寛とハマは殺人ならびに殺人未遂罪及び詐欺罪、栄子は殺人および殺人未遂罪で起訴された。

第一審は１９３７年（昭和12年）５月24日から東京地裁で始まり、公判でハマは「私一人が悪いのです。私だけを罰してください」と述べたが、寛は事件との関わりを否定し、ハマに亜ヒ酸を渡したことについても「ネズミ捕りのため」などと主張し、傍聴人の失笑を買う。一方、栄子は肉親謀殺の悩みを綴った手記を獄中で書いており、それが女性の間で読まれていたため、彼女が尋問に立つ日には日本女子大学の生徒らが押し寄せ若い女性を中心に法廷は超満員となった。そんななか、栄子は「私も関わった」と共犯を認める供述を行った。

同年7月19日、判決で寛に死刑、ハマに無期懲役、栄子に懲役6年の刑が下った。控訴審では寛に無期懲役、ハマは懲役15年、栄子は懲役4年の刑が下り、ハマと栄子は上告せずに確定。寛は無罪を主張して上告したが、１９３８年（昭和13年）12月23日に棄却された。寛は巣鴨刑務所に服役、後に東北の刑務所に移され終戦後に仮出所した後に、死亡した。

この時代、生命保険などをかけるのは金持ちだけだっただけに、当事件は日本における保険金殺人の第一号と認識されている。

# 浜松一中大福餅食中毒事件

## 運動会の大福を食べた44人が死亡。後の731部隊の中心メンバーが真相解明

凄惨！毒魔蹂躙の濱松
相次ぐ死者・已に三十八名
疑問は遂に重大化
猛毒物混入の怪事實
俄然當局緊張して大活動
誤入か・計畫的か
劇毒を裏書する症狀
内務省も技師急派
齋藤知事上京

事件を報じる東京朝日新聞

1936（昭和11年）5月10日、静岡県立浜松第一中学校（現・静岡県立浜松北高等学校）で運動会終了後に配られた大福餅を食べた生徒、教員、その家族ら2千人以上が翌日以降に食中毒を発症、44人が死亡する大事件が起きた。真相解明のため駆り出されたのは、第二次世界大戦中に非道な人体実験を行ったとされる731部隊（関東軍防疫給水部）の中心メンバーだった。

「そちらの生徒に食中毒の疑いがあります。心当たりはないでしょうか」

浜松市内の病院から浜松一中に電話が入るのは運動会の振替休日となった同年5月11日のことだ。当直で出ていた教師はすぐに校長に連絡、その後も同様の電話が相次ぐ。学校側には思い当たる節があった。同校では毎年、運動会終了後に市内の和菓子店・三好野《みよしの》が製造・販売していた紅白の大福餅6個を生徒や教師、保護者らに配布するのが慣例になっていたのだが、これが食中毒の原

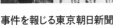

## 浜松一中大福餅食中毒事件

因ではないかと考えたのだ。しかし、三好野に問い合わせても「ご冗談でしょう。絶対に大福ではないですよ」とまともに取り合ってもらえない。確かに、運動会当日は好天だったものの季節はまだ5月。教室に置いていている間に傷んだ可能性は低いと思われた。

しかし、時間の経過とともに中毒者は増え、翌12日は全生徒の3分の2に当たる660人が欠席。学校は13日から臨時休校とする。一方、所轄の浜松警察署は大福を製造した三好野で検事立ち会いのもと現場検証を実施。同店に〝打粉《うちこ》〟を卸していた業者と〝白あん〟を納入していた業者を取り調べる。このとき警察が特に不審視していたのが中毒症状の重さだ。軽症者は38℃から39℃の熱と下痢や嘔吐だったが、重症者になると熱は40℃を超え、下痢や嘔吐に加え、痙攣、意識混濁など深刻な状態に陥っていた。浜松では過去にも食中毒事件が起きていたが、これほどの惨状は初である。そのため警察は毒物混入も視野に入れ捜査を開始。疑いを向けたのは三好野を解雇され恨みを持った元従業員、繁盛する三好野を妬む同業者、浜松一中に憎しみを抱く者など。警察は三好野の店主夫婦や職人らを呼び事情聴取を行うが、犯罪に繋がるような手がかりは皆無。さらに大福を検査しても危険な毒物は見つからなかった。

そんななか、ついに恐れていた最悪の事態が起きる。重症の15歳の男子生徒が死亡したのだ。が、これは始まりに過ぎず、同日夕方から学校へ続々と訃報が届く。その数、なんと16人。さらに生徒の家族にも続々と死亡者が出て小学生5人、未就学児1人、母親1人の計7人が絶命。こうして悪夢のような12日が終わるが、翌13日、4月まで三好野で働いていた27歳の菓子職人の男性が捜査線に浮上。男の周辺では盗難事件が頻発しており、店主が問い詰めたところ激怒し自ら店を辞めていた。警察は動機を持つ者として男の下宿先を急襲、重要参考人として徹底的に追及する。
一方、遺体から手がかりを探るため名古屋医大から法医学専門の教授が呼ばれ司法解剖に当たる。対象となったのは最初に亡くなった15歳の生徒で、胃や腸、肺などを綿密に調べるも特に異常なし。結果、人為的な毒物混入事件の可能性は低いことだけが判明する。警察もすでに事件は食中毒の線に狙いを定めつつあった。連行した元従業員に完璧なアリバイがあったこともさることながら、この頃、浜松一中と関係ない場所で中毒患者が出てきたのだ。範囲は広く、市内の小学生60人、織物工場の女工60人、浜松市役所の職員とその家族30人、陸軍の軍人40人など年齢も場所も様々。共通していたのは運動会当日に三好野で大福を購入していたことだ。実はこの日、三好野では小学校に収めるはずだった大福約２５０個が余ったため、店頭でも販売していたのだ。最終的に中毒者は生徒８８３人、生徒の家族１千１６１人、職員21人、職員家族51人の計２千72人、そのうち生徒29人、生徒家族15人の合計44人が命を落とす。

陸軍では内部で被害者が出たこともあり、医師18人を浜松へ派遣する。その中心となったのが東京帝国大学医学部出身の北野政次《きたのまさじ》（１８９４－１９８６）。後に生物兵器の開発や人体実験を行ったとされる７３１部隊で部隊長を務めることになる人物だ。北野ら軍医は14日早朝に到着、すぐに検査に取りかかり、その日の夕方には原因を突き止める。彼らが発見した病原菌の正体はゲルトネル菌。これはサルモネラ菌の一つで、主に牛や豚、鶏などの動物の消化管に生息し、感染すると下痢、胃腸炎、発熱などを起こす危険な代物だ。北野らが、この病原菌を発見できたのには理由がある。数年前より、国内でゲルトネル菌に

# 浜松一中大福餅食中毒事件

よる食中毒事件が度々起きており、陸軍でも千葉や京都、鳥取などで計３回発生。中でも鳥取の演習中に起きた食中毒では兵士54人が発症し、うち４人が死亡していた。地元住民が開いた歓迎会に出されたタコ、ちくわ、かまぼこ、サバなどに菌が混ざっていたのだ。これらの経験から、事前にゲルトネル菌が原因と考えていた北野は浜松に出向く際に同菌の血清《けっせい》を持参。ただちに原因を特定する。なお、この血清は静岡県衛生部に渡され、翌日には正式に世間に公表。毒物混入の噂にパニックになっていた市内はようやく落ち着きを取り戻す。

では、なぜゲルトネル菌が大福に入ったのか。原因究明のため陸軍は北野に代わり、新たな調査チームを現地に送る。指揮を執ったのは、後に７３１部隊を率いる軍医の石井四郎《いしいしろう》（１８９２－１９５４）だった。石井ら調査班は三好野の店内を徹底調査しネズミを介して菌が運ばれたことを特定する。店の天井にネズミ捕りを仕かけたところ４匹が引っかかり、その体内からゲルトネル菌が検出されたのだ。さらに天井裏には無数のネズミの死骸と糞が散乱、そこからも菌が検出されたため、調査班はネズミの糞が混入ルートと断定。さらに大福の打粉からもゲルトネル菌が発見されたことで事件は決着したかのように思えた。

残る疑問は一点。三好野の店主や従業員も同じ大福を食べているのに、なぜ無事だったのか。石井ら調査班は「店主たちが食べたのは製造直後でゲルトネル菌の量が少なかったため中毒にならなかったのでは」との仮説を立てる。つまり、長時間放置すると菌が致死量まで増えるのでは考えたのだ。そこで、実験として打粉にゲルトネル菌を加え湿度30％、室温25℃の状態で保管。すると、菌は６時間後に５００倍、12時間後には１万倍まで増加することが明らかとなる。運動会当日の最高気温は24・４℃。さらに大福は竹の皮で包まれていたため、菌がより増殖しやすい高温多湿の状態となっていた。こうして大福の菌は致死量まで増加。結果、未曾有の惨事を引き起こされたというわけだ。

ちなみに、第二次世界大戦勃発直後に、中国・広州《こうしゅう》を制圧した日本軍部隊は、香港から逃げ込んだ中国人避難民を収容所に入れたが、あまりの人数の多さに苦慮。食物に細菌を混入させて殺害しようとした。しかし、チフス菌などを入れても効果がなく、部隊長は７３１部隊に相談。１９４２年（昭和17年）春、ゲルトネル菌を使って大量殺害に成功したという。これが北野や石井が深く関与した浜松の事件をもとに計画・実行されたのは言うまでもない。

原因を解明した軍医の北野政次（上）と石井四郎。下は事件後、校庭に建立されて慰霊碑

かぜにより1920年までに国内で約40万人死亡 ※日本の総人口5,465万5,021人
●**1919年**(大正8年)**6月6日▶鈴弁殺し事件発覚**(**本書84P**) **6月28日**ドイツが連合国とヴェルサイユ条約を締結
●**1920年**(大正9年)**5月2日**上野で日本初のメーデー開催
●**1921年**(大正10年)**11月4日**原敬首相、東京駅で暗殺死 ※西洋ファッションのモボ・モガが流行
●**1923年**(大正12年)**1月**第二次護憲運動 **9月1日**関東大震災発生。死者・行方不明者10万人以上 **9月6日▶福田村事件**(**本書136P**) **9月16日**無政府主義者の大杉栄らを憲兵隊が扼殺 **12月27日**虎ノ門事件。無政府主義者が皇太子を狙撃
●**1924年**(大正13年)**7月28日▶連続少女殺人事件・吹上佐太郎逮捕**(**本書32P**) ※女給の濃厚な接客を売りにした「カフェー」がブームに
●**1925年**(大正14年)**3月22日**現在のNHKがラジオの本放送開始 **5月5日**普通選挙法公布。満25歳以上の男性に選挙権が **5月12日**治安維持法施行 **9月5日▶中山歌子一家殺害事件**(**本書220P**) **12月13日ピス健事件・大西性次郎逮捕**(**本書90P**) **12月24日**イタリアでムッソリーニの独裁政権誕生
●**1926年**(大正15年)**3月25日**朴烈・金子文子夫妻が大逆罪によって死刑判決 **6月28日▶小笛事件**(**本書228P**) **8月20日～9月30日▶鬼熊事件**(**本書172P**) **12月25日**大正天皇崩御。昭和天皇即位

## 昭和

●**1927年**(昭和2年)**3月20日**川端康成『伊豆の踊子』刊行 **5月20日**リンドバーグが大西洋無着陸飛行に成功 **6月17日**現在の墨田区で小4女子が同級生女子を怨恨で撲殺 **7月24日**作家・芥川龍之介が服毒自殺(享年35) **12月30日**日本初の地下鉄、銀座線開通(上野～浅草)
●**1928年**(昭和3年)**6月4日**張作霖爆殺事件(後に関東軍の犯行と判明)
●**1929年**(昭和4年)**2月19日**岡山県御津郡で9歳児が隣家の6歳児を射殺 **5月16日**第1回アカデミー賞授賞式開催 **9月**～アメリカの株式大暴落による世界大恐慌勃発
●**1930年**(昭和5年)**3月▶谷口富士郎事件発覚**(**本書100P**) **11月14日**濱口雄幸首相襲撃事件。9ヶ月後に死亡 ※エログロナンセンスがブームに
●**1931年**(昭和6年)**9月18日**柳条湖事件に端を発する満州事変勃発
●**1932年**(昭和7年)**1月8日**桜田門事件(昭和天皇の馬車へ手榴弾が) **2月～3月**血盟団事件。井上準之助と團琢磨が暗殺死 **3月1日**日本の傀儡政権である満洲国建国 **3月5日▶首なし娘事件・増淵倉吉自殺**(**本書179P**) **3月7日▶玉の井バラバラ殺人事件発覚**(**本書142P**) **5月14日**喜劇王チャールズ・チャップリン来日 **5月15日**五・一五事件。犬養毅首相ら暗殺死 **5月9日**坂田山心中。映画「天国に結ぶ恋」大ヒット **12月16日**百貨店・白木屋火災。14人死亡 ※ソ連のウクライナ地方で人工的飢饉ホロドモール発生
●**1933年**(昭和8年)**1月10日**ヒトラー率いるナチ党がドイツの政権掌握 **2月20日**プロレタリア作家・小林多喜二が虐殺死 **3月27日**満洲からの撤退勧告を受け国際連盟を脱退 **6月18日▶安田銀行玉島支店強盗殺人事件**(**本書184P**) **11月**東京・赤坂を舞台に不良華族事件発覚
●**1934年**(昭和9年)**6月14日▶隅田川コマ切れ殺人事件発覚**(**本書148P**) **11月2日**初の日米野球。ベーブ・ルース来日
●**1935年**(昭和10年)**11月3日▶日大生殺し事件**(**本書242P**) **11月21日▶浅草青酸カリ殺人事件**(**本書153P**)
●**1936年**(昭和11年)**2月26日**二・二六事件。高橋是清大蔵大臣らが暗殺死 **5月10日▶浜松一中大福餅食中毒事件**(**本書249P**) **5月18日▶阿部定事件**(**本書187P**)
●**1937年**(昭和12年)**2月17日**死のう団事件。日蓮会の青年団5人が割腹自殺 **5月6日**ドイツの飛行船ヒンデンブルク号爆発事故 **7月7日**盧溝橋事件により日中戦争勃発 **12月**南京事件
●**1938年**(昭和13年)**5月21日▶津山三十人殺し**(**本書40P**)
●**1939年**(昭和14年)**6月▶チフス饅頭事件**(**本書200P**) **6月17日**千葉県印旛郡で15歳工員が幼女2名を殺害 **9月1日**独軍がポーランドに侵攻、第二次世界大戦勃発
●**1940年**(昭和15年)**9月27日**日独伊三国同盟締結
●**1941年**(昭和16年)**8月～1942年8月▶浜松9人連続殺人事件**(**本書54P**) **10月18日**東條英機内閣成立 **12月7日**日本海軍が米真珠湾を攻撃、太平洋戦争勃発
●**1942年**(昭和17年)**6月4日～7日**ミッドウェー海戦で米海軍に大敗
●**1945年**(昭和20年)**3月26日▶群馬連れ子殺人・人肉食事件**(**本書158P**) **5月7日**ドイツ、降伏(4月30日、ヒトラー自殺) **8月6日**広島に原子爆弾投下。約14万人死亡 **8月9日**長崎に原子爆弾投下。約7万4千人死亡 **8月15日**天皇陛下による玉音放送。日本の降伏を発表

# 参　考　年　表

## 明治

●**1868年**(明治元年)**10月12日**明治天皇即位。天皇を中心とした新国家体制に ※江戸を東京に改称

●**1871年**(明治4年)**8月29日**廃藩置県実施

●**1872年**(明治5年)**10月14日**新橋〜横浜間に日本初の鉄道開業

●**1876年**(明治9年)**3月28日**廃刀令発布

●**1877年**(明治10年)**1月〜9月**西南戦争。西郷隆盛を中心とした士族反乱　**4月12日**東京帝国大学(現・東京大学)創立

●**1878年**(明治11年)**5月14日**紀尾井坂の変。政治家・大久保利通が暗殺死

●**1880年**(明治13年)**7月23日**吉原七人斬り。現役巡査が娼妓らを滅多刺し

●**1882年**(明治15年)**10月21日**大隈重信が早稲田大学(旧・東京専門学校)創設

●**1883年**(明治16年)**1月24日▶宮城県「仮の一夜」事件(本書210P)**　**11月28日**外交用施設・鹿鳴館が東京・麹町に開館

●**1885年**(明治18年)**12月22日**伊藤博文が初代内閣総理大臣に就任

●**1887年**(明治20年)**2月11日**大日本帝国憲法発布　**3月25日**日本初の火力発電所から家庭へ電気供給開始

●**1889年**(明治22年)**5月6日**パリ万博開催(3月15日、エッフェル塔完成)

●**1890年**(明治23年)**7月1日**第1回衆議院議員総選挙**10月30日**「教育ニ関スル勅語」(教育勅語)発布　**12月16日**電話サービス開始(東京〜横浜間)　※旧々刑事訴訟法制定(1922年、旧刑事訴訟法制定)

●**1893年**(明治26年)**5月25日▶河内十人斬り事件(本書8P)**

●**1894年**(明治27年)**4月22日**奈良県大淀村で31歳の男が痴情絡みで8人殺害　**7月25日**日清戦争勃発(1895年4月17日、日本勝利で終結)

●**1896年**(明治29年)**4月6日**第1回夏季オリンピックがアテネで開催　**6月15日**明治三陸地震。死者・行方不明者約2.2万人

●**1899年**(明治32年) ※日本初の劇映画「ピストル強盗清水定吉」上映

●**1902年**(明治35年)**1月25日**八甲田山雪中行軍訓練で兵士199人死亡　**3月27日▶少年臀部削ぎ取り殺害事件(本書108P)**

●**1903年**(明治36年)**5月22日**旧制一高生、藤村操が華厳滝で投身自殺　**12月17日**ライト兄弟が人類初の動力飛行に成功

●**1904年**(明治37年)**2月6日**日露戦争勃発(1905年9月5日、日本勝利で終結)

●**1905年**(明治38年)**6月21日▶堀江六人斬り事件(本書14P)**　**10月6日**夏目漱石『吾輩は猫である』発刊

●**1906年**(明治39年)**2月12日▶青ゲットの殺人事件(本書62P)**

●**1909年**(明治42年)**10月26日**伊藤博文、中国ハルビンで暗殺死 ※日本人の平均寿命44.25歳

●**1910年**(明治43年)**5月19日**ハレー彗星大接近、世界各地で大騒ぎに　**8月29日**日本が韓国を併合、統治下に(終戦まで)

●**1911年**(明治44年)**1月18日**明治天皇暗殺容疑で幸徳秋水ら24人に死刑判決　**3月1日**日本初の西洋式劇場、帝国劇場オープン

## 大正

●**1912年**(大正元年)**4月15日**タイタニック号沈没(日本の元号は明治)　**7月30日**明治天皇崩御につき大正天皇即位　**8月5日**東京・銀座に日本初のタクシー会社設立

●**1913年**(大正2年)**2月**第一次護憲運動(立憲政治を擁護する運動)　**6月4日▶愛知貰い子殺人事件発覚(本書116P)**　**8月13日**吉田岩窟王事件。1963年、再審で無罪に

●**1914年**(大正3年)**1月〜3月**シーメンス事件(日本海軍への贈賄事件　**7月28日**第一次世界大戦勃発　**8月23日**日本、第一次世界大戦に参戦。日独戦争勃発　**12月20日**東京駅開業　**12月30日▶新潟一家四人死刑事件(本書212P)**

●**1915年**(大正4年)**3月15日▶小石川七人斬り事件(本書28P)**　**4月30日▶鈴ヶ森おはる殺し事件(本書164P)**　**5月7日▶岡山・少女串刺し殺人事件(本書66P)**　**8月8日▶尼僧連続殺人事件・大米龍雲逮捕(本書22P)**　**8月18日**第1回全国中等学校優勝野球大会開催　**12月9日〜14日▶三毛別羆事件(本書120P)**

●**1917年**(大正6年)**2月〜3月▶下谷サドマゾ事件(本書130P)**　**2月24日▶イルマ・ザルデルン殺害事件(本書76P)**　**3月▶キリスト教伝導師・島倉儀平事件発覚(本書69P)**　**11月**レーニン指導による十月革命。ソビエト連邦樹立 ※浅草オペラ大流行(関東大震災まで)

●**1918年**(大正7年)**6月**野口英世がエクアドルで黄熱病の病原体発見　**7月〜9月**富山県でコメの価格高騰による米騒動勃発　**11月11日**第一次世界大戦、連合国の勝利で終結 ※スペイン

# 戦前の日本で起きた35の怖い事件

2023年5月24日　第1刷発行

編　著　鉄人ノンフィクション編集部

発行人　尾形誠規

発行所　株式会社　鉄人社
〒162-0801 東京都新宿区山吹町332 オフィス87ビル3F
TEL 03-3528-9801　FAX 03-3528-9802
http://tetsujinsya.co.jp/

デザイン　鈴木 恵（細工場）

印刷・製本　新灯印刷株式会社

**主な参考図書**　「強盗殺人実話：戦前の凶悪犯罪事件簿」（河出書房新社）「戦前昭和の猟奇事件」（文春新書）「日本猟奇・残酷事件簿」（扶桑社文庫）「犯罪の大昭和史 戦前」（文春文庫）「戦前の少年犯罪」（築地書院館）

**主な参考サイト**　Wikipedia　文春オンライン・昭和事件史　産経WEST　殺人博物館　東日本歴史事件簿　現代ビジネス　重大歴史懸疑案件調査疑案辦公室　KSB瀬戸内海放送　NHK千葉放送局　かくも完璧な世界　百度百科　NewSee　トコトコ鳥蔵　暮らしの顛末　コロナッシングラボ　れおんの言霊　オカルト・クロニクル　HoshiyanのAbamaブログ　ミドルエッジ　サイゾーウーマン

**主な参考YouTube**　ゆっくり事件・犯罪史解説　事件簿チャンネル　あるごめとりい　暗黒広場　へんないきものチャンネル　世の中の闇　パニックモンキー　怖い事件　話題の事件　しまゆーのアトリエ　樽之介　食の裏歴史

※その他、多くの資料、サイトを参考にさせていただきました。

ISBN978-4-86537-258-8　C0076　